LA

GUERRE AU MEXIQUE

JOURNAL DE MARCHE

DU 7e RÉGIMENT D'INFANTERIE

(1863-1867)

(Avec un croquis du Mexique)

PAR

le Colonel BOURDEAU

Ubi signum, ibi patria.

PARIS

LIBRAIRIE MILITAIRE R. CHAPELOT ET Cie

IMPRIMEURS-ÉDITEURS

30, Rue et Passage Dauphine, 30

1907

LA
GUERRE AU MEXIQUE

LA
GUERRE AU MEXIQUE

JOURNAL DE MARCHE

DU 7e RÉGIMENT D'INFANTERIE

(1863-1867)

(Avec un croquis du Mexique)

PAR

Le Colonel BOURDEAU

Ubi signum, ibi patria.

PARIS
LIBRAIRIE MILITAIRE R. CHAPELOT ET Cie
30, RUE ET PASSAGE DAUPHINE, 30

1906

PRÉFACE

> « Il serait à souhaiter que, dans chacun des plus considérables régiments, quelque officier se laissat piquer pour la gloire de ceux qui l'y ont précédé, sans quoi leurs plus belles actions demeureront ensevelies dans l'oubli. »
>
> (*Histoire de la Milice française*, par le P. DANIEL.)

De toutes les expéditions lointaines qui ont signalé la période contemporaine, la plus impopulaire a été, sans contredit, celle du Mexique. Entreprise sans aucun de ces motifs graves qui touchent aux intérêts vitaux de la France, elle dégénère dès le début en guerre ouverte contre les institutions républicaines du pays; pendant plusieurs années nous combattons pour imposer au Mexique un prince de cette maison d'Autriche contre laquelle nous luttions nous-mêmes naguère dans les plaines de la Lombardie.

Pendant ce temps les événements qui se précipitent en Europe nous font cruellement sentir l'absence d'une fraction notable de nos meilleures troupes. Sadowa hâte le rappel du corps expéditionnaire; nous abandonnons au Mexique le prince étranger qui a reçu la couronne de nos mains et qui paie de sa vie l'honneur de rester à son poste de combat. L'attitude menaçante des Etats-Unis, dont l'intervention en faveur de Juarez a été à peine déguisée, rend encore plus pénible pour notre amour-propre national l'abandon du Mexique.

Telles sont les principales causes qui ont rendu, à juste titre, cette campagne impopulaire : il n'est pas jusqu'au nom de l'homme chargé du commandement en chef qui n'ait contribué, de nos jours, à jeter sur cette entreprise une ombre de défaveur.

Et cependant si l'expédition du Mexique a été une lourde faute politique, au point de vue militaire elle mérite d'être tirée de l'oubli et de figurer honorablement dans les fastes de notre histoire. Jamais nos soldats n'ont montré plus de vigueur, de discipline, de résistance à la fatigue ; jamais nos officiers n'ont fait preuve de plus d'initiative, de coup d'œil, d'intelligence. Isolés dans un pays inconnu, au milieu d'une population hostile, entourés d'ennemis insaisissables qui trouvent un refuge assuré dans leurs montagnes et des complices parmi les habitants, nos soldats marchent jour et nuit, sous un climat meurtrier. A chaque pas surgissent devant eux des obstacles de toute sorte et des périls inouïs ; loin de la mère-patrie ils n'ont, pour soutenir leur courage dans ces rudes épreuves, que le sentiment du devoir : la satisfaction de lutter corps à corps avec l'ennemi leur est même refusée et, cet adversaire qui se dérobe à leurs coups, ils le sentent présent partout, devant eux, sur leurs flancs, sur leurs derrières. Dans cette situation pleine de périls il ne faut commettre aucune faute : toute imprudence se paie cher, témoins Camaron, Veraños...

On a donc le droit de dire que l'expédition du Mexique a été des plus honorables pour nos armes ; ajoutons qu'elle a été une excellente école pour nos troupes dont elle a développé les qualités naturelles, l'initiative chez le chef, l'endurance à la fatigue chez le soldat. Près d'un demi-siècle s'est écoulé depuis ces évènements; toute trace de dissentiments a depuis longtemps disparu entre les deux nations : en juin 1891 le Conseil municipal de Mexico a décidé que le nom de Lazare Carnot serait donné à l'une des plus grandes avenues de la ville. A la tête de la République mexicaine se trouve le président Porfirio Diaz qui a été l'un de nos adversaires les plus ardents, mais les plus loyaux, l'un de ceux qui ont déployé pour la défense du territoire mexicain le plus de bravoure et de ténacité. Ajoutons qu'il a su se montrer le plus généreux de nos adversaires; son humanité après le combat, les soins et les égards qu'il prodigua aux blessés et aux prisonniers sont restés dans la mémoire de tous : c'est lui qui fit rendre les honneurs funèbres au commandant Testard, tombé sur le champ de bataille de la Carbonera, et qui renvoya son épée et sa croix à sa famille avec une lettre noble et touchante; c'est lui qui assura une protection absolue à nos compatriotes, lors de la reprise de Mexico en 1867, et sut maintenir dans la ville l'ordre le plus complet.

Il est temps de rendre justice, de notre côté, aux modestes héros dont les ossements jalonnent la marche de l'armée française depuis la Vera-Cruz jusqu'au fond de la Sonora, à tous ces obscurs soldats qui ont porté fièrement le drapeau de la France jusqu'aux limites du Nouveau-Monde. C'est aux régiments du corps expéditionnaire qu'il appartient de faire la lumière sur les grandes actions accomplies par nos soldats : chacun d'eux, en apportant sa pierre à l'édifice, contribuera à faire connaître sous un nouveau jour cette longue et pénible campagne et à mettre en relief les qualités innées du soldat français, gage précieux de victoire pour l'avenir. Cette tâche, nous allons essayer de la remplir pour le 7ᵉ de ligne, l'un des régiments qui ont le plus marché et souffert au Mexique, bien qu'il soit à peine fait mention de lui dans le principal ouvrage d'ensemble, le meilleur assurément, écrit sur cette campagne [1]. Ce silence est dû à cette particularité que le 7ᵉ de ligne a eu rarement la bonne fortune de se mesurer avec les Juaristes pendant les quatre années qu'il a passées au Mexique; la seule affaire, mentionnée à son actif dans l'ouvrage de M. le Général Niox, est relative aux combats de San Antonio et d'Ayotla (10 août 1864.)

En écrivant *l'Historique du 7ᵉ de ligne,* l'un des plus anciens régiments de l'infanterie française, puisqu'il peut se considérer comme l'héritier du Régiment de Champagne, nous avions été frappé du rôle considérable qu'il a joué au Mexique. L'*Historique* a dû résumer très succinctement ce rôle, afin de ne pas attribuer un développement disproportionné à cette période de notre histoire militaire; mais nous nous étions promis d'écrire un jour le récit complet de cette expédition en ce qui concerne le 7ᵉ et de faire connaître dans tous ses détails l'odyssée de cette poignée de braves perdus dans un immense pays, luttant sous un climat effroyable, au milieu des dangers de toute sorte. Fidèle à ses traditions, le soldat français a montré une fois de plus, cette tenacité et cette belle insouciance du danger qui font de lui ce merveilleux instrument que peuvent seuls apprécier ceux qui ont eu l'honneur de le conduire au feu.

C'est cette promesse que nous tenons aujourd'hui.

1. *L'Expédition du Mexique*, par le capitaine, aujourd'hui général, Niox. (1 vol. Chapelot, Paris).

Nous n'avons pas hésité à entrer dans les plus petits détails et à relater des faits en apparence insignifiants : marches, bivouacs, convois, incidents de toute espèce : il nous a semblé que c'est avec cette poussière d'histoire que l'on écrira un jour le récit définitif de nos campagnes. Ce sont tous ces détails, pris sur le fait, qui donnent une impression vive de la guerre et mettent en relief le rôle joué par nos troupes au milieu de difficultés inouies, dues plutôt au pays, au climat, aux habitants, à l'inconnu, qu'à l'ennemi lui-même. Que ne donnerait-on pas aujourd'hui pour posséder de semblables documents sur toutes nos campagnes, principalement sur celles de la Révolution et de l'Empire? Non que les mémoires fassent défaut : depuis quelques années ils sont devenus légion ; mais ils mettent surtout en scène un personnage, ils ont le défaut commun de ne donner que l'impression ressentie par un acteur du drame. Or celui-ci en admettant son absolue sincérité, voit les choses sous un certain angle, qui lui est personnel; il a une tendance à tout rapporter à lui-même, à juger les évènements d'une façon en quelque sorte subjective.

Au contraire le récit que nous entreprenons est extrait de l'historique même du 7e, c'est-à-dire des comptes-rendus établis et controlés au jour le jour; il comprend l'ensemble du régiment et présente, est-il besoin de le dire, une impartialité absolue. Enfin nous avons tenu à en communiquer la rédaction aux anciens officiers du 7e, survivants du Mexique, qui nous ont obligeamment aidé à mener à bonne fin cette publication [1];

1. Nous devons remercier, en particulier, M. Nottin, officier démissionnaire après 1870, qui a conservé le culte de tout ce qui touche au vieux 7e ; M. le général Gérard, qui commandait une compagnie de Grenadiers au Mexique ; M. le colonel Sorlin, dont on lira le rôle si brillant avec la compagnie franche

nous sommes heureux de leur adresser ici tous nos remerciements.

Ce travail comprend deux parties.

La première étudie sommairement les moyens employés par nos troupes pour vivre, marcher et combattre au Mexique. Notre but est de fixer par quelques traits la physionomie particulière de cette campagne. Bien qu'il n'y ait pas, à proprement parler, d'enseignements tactiques à tirer de cette guerre, il n'est peut-être pas inutile, à une époque où les expéditions lointaines sont à l'ordre du jour, de mettre en lumière les méthodes employées avec succès dans un pays qui se rapproche un peu des colonies où nos soldats luttent chaque jour pour défendre les intérêts de la France et l'honneur national.

Après avoir jeté un rapide coup d'œil sur le pays et les habitants à l'époque de l'expédition, nous exposerons sommairement l'organisation des colonnes qui sillonnaient le territoire mexicain, le fonctionnement des postes chargés de protéger notre ligne de communication et de surveiller le pays, les procédés employés pour assurer la sécurité de nos troupes en marche et en station, pour faire subsister les hommes et les animaux, pour transporter les vivres et les munitions. Enfin nous indiquerons quelle était la tactique habituelle de nos colonnes à la poursuite des bandes ennemies; comment elles se renseignaient sur les projets et les forces des Juaristes; comment elles procédaient dans le cas d'une rencontre avec ceux-ci. Ce récit, emprunté en grande

du 7e ; M. le capitaine Hurault, officier-payeur au Mexique, grièvement blessé en 1870, qui nous a fourni de précieux renseignements pour la première partie de ce travail ; enfin M. le capitaine Béret dont une grave blessure, reçue sous les murs de Metz, a interrompu une carrière qui s'annonçait des plus belles.

partie aux souvenirs d'officiers qui ont fait la campagne du Mexique, fera ressortir les difficultés que nos troupes ont rencontrées dans l'accomplissement de leur tâche, et permettra d'apprécier les qualités qu'elles ont déployées au milieu des épreuves de toute sorte.

La deuxième partie constitue le « Journal de marche du 7e au Mexique ». Toutes les opérations auxquelles le régiment a pris part y sont relatées dans leur ordre chronologique. Afin d'en rendre la lecture plus claire, ce récit a été réparti en un certain nombre de chapitres correspondant aux principales périodes de l'expédition : chacun de ces chapitres débute par un coup d'œil sur la situation d'ensemble et sur la marche générale de l'expédition, de telle sorte que les opérations de détail, exécutées par les divers fractions du 7e, se placent d'elles-mêmes dans leur cadre naturel. On a cherché ainsi à introduire un peu d'ordre et de clarté dans cette succession ininterrompue de marches, convois, incidents divers, au milieu desquels le lecteur, sans cette précaution, risquerait de s'égarer.

Tel est le but de ce travail : il apporte sa modeste pierre à l'édifice que nos petits neveux élèveront un jour aux combattants du Mexique.

Colonel BOURDEAU

EN RETRAITE

Villeneuve-sur-Lot, Novembre 1906.

PREMIÈRE PARTIE

LA GUERRE AU MEXIQUE

CHAPITRE PREMIER

COUP D'ŒIL SUR LE PAYS ET LES HABITANTS A L'ÉPOQUE DE L'EXPÉDITION

Les Terres-Chaudes. — La région tempérée. — Les Terres-Froides. — Régime des eaux, barrancas, etc. — Bétail, chevaux et mulets. — Lieux habités, moyens de communication. — Les habitants : Mexicains et Indiens. — Nourriture, monnaies, etc. — Relations entre Français et Mexicains.

Sans entrer dans la description du Mexique, nous allons signaler les points principaux qui peuvent offrir de l'intérêt au point de vue militaire, ou qui ont trait aux difficultés du terrain, aux ressources du pays, aux mœurs des habitants.

Les Terres-Chaudes. — La région appelée *Terres-Chaudes* comprend les zones de faible altitude qui avoisinent les deux océans; elle présente la faune et la flore des climats tropicaux. A côté des bois précieux : acajou, ébène, palissandre, on y voit le caoutchoutier, le cotonnier, le palmier, le bananier, etc. On trouve dans les jardins les tomates, citrouilles, concombres, melons, la vigne vierge et certaines productions particulières au pays, telles que; le *zapote*, espèce de fruit à gros noyaux semblable à une pomme blette; chayotl et le *tomatl*, sortes de cucurbitacées: le *chirimoya*, la goyave, la pomme-liane et la pomme-cannelle, espèce de gros fruit semblable à une grenade.

Le *papayolt*, ou arbre à melons; le *mesquite* et le guacimale, sortes d'acacias ; le petit chêne, toute la famille des cactus, le ricin, les lianes, les fougères poussent dans la plaine, ainsi que le *higuerone*, espèce de grand figuier, et le *hava* arbre à feuille de sycomore, qui produit un gros fruit non comestible.

Dans les champs poussent le maïs, la canne à sucre, le tabac (tabac-arbre et tabac-plante) et, sur le bord des ruisseaux, les herbes odorantes, thym, menthe, etc.

Les oiseaux ne sont pas moins variés : ce sont des perruches, de gros perroquets, l'*ara* et l'*huacamaya*, l'uraca au plumage bleu, les *cocotli* ou tourterelles, le cardinal, le toucan, l'oiseau-mouche, l'oiseau-fleur, etc., et les oiseaux aquatiques, pélican, canard, grue, héron, etc.

Parmi les oiseaux du Mexique, il en est un, le *zopilote*, qui joue un rôle spécial : c'est une sorte de vautour qui suit les colonnes et les troupeaux pour se nourrir du cadavre des animaux. Dans la plupart des villes, ces oiseaux restent seuls chargés du soin de nettoyer les rues et de faire disparaître les immondices : une amende est frappée sur quiconque tue un zopilote, et le Mexicain n'est pas loin de le considérer comme un oiseau sacré.

Les reptiles et les insectes malfaisants sont nombreux et redoutables ; ce sont d'énormes cousins, une sorte de scorpion que les Mexicains appellent *alacran*, la tarentule, de très gros crapauds, des serpents à sonnette, le serpent-corail ou *corali*, dont la piqûre est mortelle, la couleuvre sourde, les iguanes, sorte de grands sauriens. Pour se protéger contre ces reptiles, autant que contre les voleurs, les Indiens construisent souvent leurs habitations au-dessus du sol, sur des piliers de bois de palmier, et ils se servent d'échelles mobiles, qu'ils retirent le soir.

Dans toute cette région, le climat est des plus malsains : la fièvre jaune et le vomito règnent en maîtres pendant la plus grande partie de l'année. Le terrible fléau exerce ses ravages principalement sur la côte : près de la Vera-Cruz est un cimetière français que nos troupiers, toujours spirituels, ont surnommé le *jardin d'acclimatation* (1).

La région tempérée. — La zone des plateaux ou des terres tempérées se rapproche davantage, par ses productions et son aspect général, des contrées de l'Europe. Cette région est fertile en céréales, mais l'eau y fait souvent défaut, et les habitants ont alors recours soit à des puits, soit à des réservoirs à ciel ouvert, formés par des barrages artificiels. La végétation y est peu développée; on y voit surtout des aloès, des cactus et quelques arbres rachitiques, mais aux environs des villes apparaissent les champs de blé, d'orge et de maïs; l'eau y est moins rare, les moulins tournent, les jardins potagers et les vergers se montrent de distance en distance. Une épaisse poussière recouvre toute cette région et rend les marches très pénibles.

L'époque des pluies régulières s'étend du mois de juin au mois de septembre sur les plateaux; en octobre commence l'hiver, qui est l'époque la plus favorable pour les marches : c'est une sorte de printemps européen. A cette époque il se produit des différences de température considérables entre le jour et la nuit; de là de nombreux cas de maladie chez nos hommes couchés sous la tente. Le 10 novembre, à Jalapa, le thermomètre marquait 35° le jour et descendait à 1° la nuit.

La saison sèche comprend les mois de mars, avril et mai, qui sont les plus difficiles à supporter pour l'étranger, car le manque de vapeur d'eau rend la respiration pénible.

Les Terres-Froides. — Dans les régions montagneuses, ou froides, on ne trouve plus que des solitudes, des plateaux

(1) Lorsque le 7e de ligne s'embarqua pour le Mexique à Cherbourg, un pharmacien de cette ville, trouvant l'occasion belle pour écouler ses drogues, vendit à nos militaires un spécifique qui devait infailliblement les préserver du vomito. Un vieux sous-officier de Crimée, le sergent garde-magasin Thomas, en avait fait pour sa part une ample provision. Or, à peine débarqué à la Vera-Cruz, la première victime du vomito fut précisément l'infortuné Thomas dont les poches étaient encore garnies du précieux spécifique.

dénudés, des montagnes aux flancs escarpés que séparent de profonds précipices au fond desquels coulent quelquefois des ruisseaux. En certains endroits les difficultés du terrain sont telles que nos hommes, pour gravir ces escarpements, étaient obligés de s'accrocher aux arbustes et de se hisser en se donnant la main. Dans ces gorges étroites, dans ces terrains ravinés, il y a peu de végétation et presque pas d'habitants ; sur les hauts plateaux on trouve des cimes couvertes de neige en toute saison et l'on rencontre quelques tribus à demi sauvages. Dans les sierras, les ravins sont moins nombreux et l'on trouve de belles forêts ; le sapin et le grand chêne dominent sur les plateaux ; sur les pentes croissent l'yeuse, le cèdre, le cyprès et le chêne blanc.

Il y a peu de bêtes féroces, même dans ces parages ; le lion du pays appelé *puma*, est une sorte de loup-cervier ; le *coyote*, espèce de chacal, l'once, le chat sauvage et quelques petits ours habitent ces solitudes, mais attaquent rarement l'homme.

Régime des eaux, barrancas, etc. — Le régime des rivières et des ruisseaux est très variable ; la plupart sont à sec pendant la plus grande partie de l'année et se transforment, à la saison des pluies, en véritables torrents. On y trouve du poisson, quelques crevettes d'eau douce, des tortues sur le bord des ruisseaux, etc.

Les plus grandes rivières, celles qui ont de l'eau toute l'année, sont rarement navigables par suite de l'inégalité de leur cours : c'est le cas de la Lerma, que l'on traverse à gué sur certains points, sauf à l'époque des crues ; il en est de même du rio de Nazas. Ces gués, parfaitement connus des Mexicains, leur ont maintes fois permis d'échapper à notre poursuite.

Les Mexicains désignent, sous le nom de *barrancas*, des ravins de profondeur très variable dont les bords sont généralement escarpés. Les unes, peu profondes, proviennent de l'action des eaux; d'autres atteignent une profondeur de 1.000 à 1 500 mètres et constituent de véritables failles ou des crevasses dues à l'action de la chaleur interne ou à des mouvements géologiques. Les barrancas d'Atentique et de Beltran, près du volcan de Colima, ont près de 1.700 mètres de profondeur.

On trouve, principalement dans le nord du pays, de vastes plaines qui ont été, à l'origine, des mers intérieures et que recouvrent aujourd'hui de hautes dunes : les Mexicains les appellent des *Llanos*.

La même région présente des dépressions ou *laguna* qui sont des fonds d'anciens lacs, devenus de véritables déserts de sable; la principale est la laguna de Mapimi, sorte de grand bassin intérieur dans lequel coulent des rivières qui se perdent dans les sables. Quelques-unes de ces rivières, comme le rio de Nazas, sont assez abondantes pendant la saison sèche et se transforment, à l'époque des pluies, en un fleuve large et profond, difficile et dangereux à traverser.

En général, les eaux du Mexique étaient de bonne qualité; quelquefois cependant, comme à Orizaba, l'eau de puits contenait des serpents d'eau, fins comme des cheveux; l'emploi d'un filtre devenait alors nécessaire et, dans ce cas, la plupart des maisons de la ville en étaient munies. En route, nos colonnes utilisaient surtout l'eau de source ou de rivière; il n'y a pas eu à signaler, à ce point de vue, de maladies graves.

Bétail, chevaux et mulets. — Le Mexique regorge de bétail; même dans les régions qui ne sont pas habitées, des troupeaux paissent en liberté : ils sont surveillés de temps en temps par des Indiens qui, tous les ans, prennent au lasso un certain nombre d'animaux destinés à être vendus. Les prairies encloses dans lesquelles le bétail est enfermé portent le nom de *potrero*. Outre l'orge, la paille et le foin (celui-ci en petite quantité), une herbe, appelée *sacate*, pousse dans les prairies et donne un fourrage précieux pour la nourriture des animaux.

Les bœufs du pays, de très petite taille, valaient en moyenne 40 francs ; pendant toute l'expédition, nos troupes ont trouvé à s'approvisionner de viande de boucherie à très bon compte.

Le cheval mexicain descend du cheval andalous croisé avec d'autres races ; il est de petite taille, a peu d'allure, mais il est vigoureux et résistant ; son prix variait de 200 à 400 francs. Les Mexicains recherchent de préférence les chevaux et délaissent les juments : c'est une honte pour eux de monter une jument ; aussi celles-ci restent-elles dans les haciendas ; leur queue et leurs crins servent à confectionner des lassos.

Nos beaux chevaux arabes, transportés au Mexique, ont soutenu avec avantage la comparaison avec la race du pays ; les riches Mexicains admiraient beaucoup les chevaux de nos officiers de chasseurs d'Afrique et n'hésitaient pas, quand ils pouvaient se procurer un beau cheval arabe, à le payer fort cher, jusqu'à 3.000 à 4.000 francs.

Les mulets sont nombreux au Mexique ; nos remontes obligées dès le début d'en acheter aux Etats-Unis, ont pu ensuite s'en procurer facilement dans le pays. Les mules sont préférées aux mulets comme plus vigoureuses, et leur prix est sensiblement plus élevé : une bonne mule valait, à la remonte de Mexico, de 600 à 800 francs, un mulet de 400 à 500 francs. Les mules et les mulets blancs sont moins recherchés, à cause de leur peu de vigueur.

Les Mexicains se servent de bâts très défectueux, consistant en une sorte de sac, bourré de paille et de laine, qui adhère complètement au dos du mulet ; avec les chaleurs du Mexique, il était bien rare qu'un mulet, à l'arrivée à l'étape, n'eût pas le dos entamé. Nos bâts, mieux conçus, ne blessaient pas les animaux ; ils permettaient d'accrocher de chaque côté les cantines des officiers et de placer au-dessus les effets de couchage, ainsi que certains objets utiles en campagne, lanternes, cages à poulets, etc.

Lieux habités, communications. — Dans les villes, les maisons sont généralement construites en pierre et susceptibles d'une défense sérieuse, surtout les églises et les couvents qui sont très nombreux. Certaines habitations sont garnies de vérandas, soutenues par des piliers en bois ou en maçonnerie; elles n'ont souvent qu'un rez-de-chaussée avec une cour intérieure ou *patio* plantée d'arbrisseaux.

Le village ou *pueblo* est composé tantôt de maisons couvertes en tuiles et ayant assez bon aspect, tantôt de misérables cases couvertes en chaume ou en feuilles de palmier.

On désigne, sous le nom de *rancho*, *rancheria* un groupe de cases habitées par les Indiens et construites autour de la maison du maître ou *ranchero*. Les *ranchitos* sont de petits hameaux composés de quelques cabanes; celles-ci prennent quelquefois le nom de *jacales*.

L'*hacienda* est un domaine, une exploitation agricole qui a généralement une étendue considérable. Dans ce pays où la propriété n'est pas divisée, l'hacienda forme, au milieu de la solitude d'un centre habité, cultivé et entouré d'enclos; le propriétaire est appelée *hacendero* (ou hacendado); les travailleurs attachés à la culture sont désignés sous le nom de *peons*.

Les agglomérations de cabanes dans un endroit déboisé portent le nom de *parajes*. Les villages indiens sont formés de cases ou de maisonnettes en branchages, de forme conique, entourées de jardins ou de basses-cours. Dans les villages mexicains, on trouve quelques boutiques ou *tiendas* contenant soit des objets d'épicerie et de quincaillerie, appelés *abarrotes*, soit des étoffes de toute sorte ou *zopa*; celui qui tient la boutique est le *tiendero*.

L'habitation principale de l'hacienda est toujours fortifiée et en état de soutenir une attaque. La population qui habite autour de l'hacienda s'élève quelquefois jusqu'à 1.000 ou 1.500 habitants; ces peons, sorte de serfs, sont payés tantôt en nature avec une faible partie de la récolte, tantôt avec une monnaie spéciale à chaque hacienda. Le peon est ainsi obligé de s'approvisionner à la tienda qui appartient à son maître; celui-ci lui vend tout à un prix excessif et reprend ainsi peu à peu à ses travailleurs le faible salaire qu'il leur a donné.

Il y avait au Mexique, au moment de l'expédition, très peu de chemins carrossables, et ils étaient si mal entretenus que dans la saison des pluies, les voitures n'y pouvaient circuler qu'avec les plus grandes difficultés. Un seul chemin de fer, celui de la Vera-Cruz à Puebla, était en construction : quelques kilomètres seulement étaient achevés, de la Vera-Cruz à la Tejeria.

Les voitures dont se servaient les Mexicains étaient attelées d'un grand nombre de mules, dix au moins, qu'ils conduisaient avec une très grande habileté.

Dans les montagnes, les chemins se réduisaient à des pistes accessibles seulement aux mulets; sur certains points, ces sentiers présentaient des passages très dangereux et côtoyaient des précipices appelés *voladeros*. Malgré leur sûreté de pied, les mulets perdaient quelquefois l'équilibre, entraînés par leur chargement; ils roulaient alors au fond des précipices où ils devenaient la proie des zopilotes.

Les habitants; Mexicains et Indiens. — Les riches Mexicains, rancheros ou hacenderos, portent un costume de cuir fauve brodé d'argent; les coutures du pantalon et de la veste sont garnies de petites pièces d'argent cousues sur le vêtement; ils sont coiffés d'un riche *sombrero* garni d'une ganse d'argent; leurs montures consistent en mules ou en petits chevaux du pays.

Les *arrieros* ou muletiers, requis pour le service de nos

colonnes, sont réunis par tribus, chacune d'elles formant un groupe, avec un chef appelé *majordome*. On place ordinairement en tête de chaque groupe une jument tranquille, portant au cou une clochette; les mules la suivent docilement. Les arrieros portent un large pantalon blanc et un immense sombrero; les majordomes, armés de fusils, munis d'énormes éperons et vêtus de vestes et de pantalons garnis de boutons d'argent, sont montés sur des mules et excitent les animaux du convoi, tout en surveillant les arrieros.

Souvent ceux-ci emmènent avec eux leurs femmes, qui suivent à pied ou sur des ânes; à l'arrivée à l'étape, elles préparent le repas, qui consiste surtout en galettes de maïs appelés *tortilles*. Pour obtenir les tortilles, on fait cuire le maïs dans l'eau, on l'écrase et l'on en forme des galettes que l'on fait griller à l'aide d'une plaque placée sur les charbons.

A côté des Mexicains vivent ou plutôt végètent les Indiens dont le sort est des plus misérables. C'est principalement parmi eux que nous avons trouvé des courriers et des espions qui nous ont rendu de très grands services: ils exigeaient souvent une somme assez considérable, plusieurs onces d'or, ce qui représentait pour eux une fortune; mais, à ce prix, ils risquaient leur vie, et plus d'une fois le cadavre d'un Indien, pendu à un arbre et déchiqueté par les zopilotes, a témoigné de la justice sommaire des Juaristes.

De leur côté, les Indiens avaient recours à toutes les ruses pour dépister leurs adversaires : ils ne se chargeaient que de dépêches écrites sur de très petites feuilles de papier et les dissimulaient d'une façon très ingénieuse dans la bordure de leurs vêtements, dans la ferrure de leur mule, au milieu de la moelle du bâton qu'ils portaient à la main, etc.

Ces Indiens nous servaient aussi de porteurs et franchissaient les passages les plus dangereux avec leurs fardeaux; enfin, c'étaient d'excellents coureurs, et ils étaient capables de faire jusqu'à trente lieues en vingt-quatre heures dans des chemins horribles, C'est grâce à eux que nous avons pu être renseignés sur les mouvements de l'ennemi, sur ses forces et ses projets.

Dans certaines régions, notamment dans le nord-ouest, des Indiens sauvages parcouraient le pays par petites bandes, saccageant tout et échappant à toute poursuite. Ces Indiens, très redoutables, appartenaient aux tribus des Apaches et des Comanches; quelques-uns étaient armés de fusils, la plupart avaient encore des arcs, des lances et des boucliers.

Nourriture, monnaies, etc. — Outre les tortilles, la nourriture habituelle des Mexicains comprend les *tamales* ou boulettes de maïs sucrées, l'*atolli* ou bouillie de farine de maïs, une sorte de patates qu'ils appellent *camotes*, diverses viandes grillées et relevées par une sauce au piment; enfin, les *frijoles* ou haricots, qui constituent, avec les tortilles, le vrai mets national.

La production des légumes diffère suivant les régions; dans le nord, de Guanajuato à Chihuahua, par exemple, nos troupes ont trouvé des légumes en quantité suffisante; pommes de terre, choux, carottes, et des laitues superbes; à Durango, les légumes étaient presque aussi abondants qu'en France.

Certaines rivières du Mexique, principalement au nord-ouest, étaient très poissonneuses; nos soldats prenaient le poisson avec leurs toiles de tentes, dont ils se servaient comme de filets. Le poisson, vidé et salé, était transporté très loin et rapidement par des Indiens coureurs : c'est ainsi qu'à Orizaba on mangeait le poisson pêché dans le nord du Mexique.

Nous avons vu plus haut que le bétail était abondant et à bas prix.

Les principales boissons populaires sont : le *pulque*, préparé avec le jus que l'on extrait d'une variété d'aloès appelé *maguey* et que l'on fait fermenter : c'est une liqueur blanche, légèrement sucrée, d'un goût peu agréable et qui produit des éructations; le *pache*, boisson des régions chaudes, faite avec du jus d'ananas, de la cassonnade et de l'eau; le *chilatl* ou extrait aqueux de piment; l'*aguardiente*, sorte d'eau-de-vie commune fabriquée dans le pays: le *mexcal*, autre sorte d'eau-de-vie extraite du maguey. On extrait également du zapote une eau laiteuse utilisée comme boisson. Dans le peuple, les verres sont souvent remplacés par des moitiés de callebasses séchées au soleil, que l'on appelle *tecoma*.

Nos hommes usaient peu des boissons du pays; ils leur préféraient le tafia de la Martinique, excellente liqueur tirée des résidus de canne à sucre. Ce tafia était distribué par l'administration, à raison d'un seizième de litre par homme et par jour : les officiers pouvaient également en prendre, au titre remboursable, au prix d'un franc le litre. A partir du 1er janvier 1864, ce prix fut élevé à deux francs le litre, à cause de la grande consommation et des exigences des fournisseurs.

Le Mexique produisait peu de vin ; dans l'État de Durango, nous avons pu nous procurer du vin à 2 fr. 60 le litre, pris par hectolitres; dans ces conditions, les officiers seuls et les hôpitaux ou infirmeries pouvaient en acheter, et encore n'était-il pas toujours facile d'en trouver.

Le pays produit du tabac excellent et à bon marché; nos hommes recevaient ce tabac en feuilles, sur distributions régulières, à raison de 12 grammes par soldat et par jour; ils en confectionnaient une carotte par escouade et la coupaient pour obtenir un tabac à fumer très passable.

Les principales monnaies en usage étaient, comme monnaie de cuivre : le *grano* (cinq centimes), le *cuartillo* (seize centimes), et le *medio* (trente-deux centimes); comme monnaie d'argent, le *real* (environ soixante-cinq centimes), la *piastre* ou *peso*, valant environ cinq francs (1), et la demi-piastre;

(1) Au Trésor, pendant toute la campagne, on comptait la piastre pour 5 fr. 20 aux officiers-payeurs.

comme monnaie d'or, l'écu (environ dix francs et l'once, qui valait un peu plus de quatre-vingts francs.

Relations entre Français et Mexicains. — Nos relations avec les autorités civiles étaient d'autant meilleures que celles-ci avaient besoin de notre appui pour se maintenir dans le pays. Il en était de même des troupes mexicaines qui avaient été formées en partie par nous et qui recevaient leur solde par nos soins.

Quant aux habitants, leur relations avec nous étaient bonnes en apparence, bien qu'au fond ils fussent hostiles à notre intervention. Dans les villes, ils nous faisaient généralement bonne mine et même fraternisaient avec le soldat français, dont l'esprit et la gaieté leur plaisaient.

Mais c'est surtout la partie féminine de la population qui appréciait le plus, s'il faut en croire la chronique, la bonne grâce de nos officiers, le caractère enjoué et la crânerie de nos troupiers: Tous les dimanches, le service religieux était célébré en grande pompe par le *padre* mexicain ; les officiers et la troupe y assistaient, avec un détachement en armes et la musique, la population tout entière s'y donnait rendez-vous, et plus d'une jolie Mexicaine y apportait des préoccupations étrangères à la cérémonie religieuse.

Dans la plupart des villes où nous tenions garnison, l'armée et la population se recevaient à tour de rôle. A Orizaba, le 7e de ligne offre aux habitants un bal qui dure jusqu'au jour et qui lui est rendu par la population. A Durango, toute la garnison, général en tête (1), offre un grand bal à l'hôtel de la division, qui est très confortable, et les habitants nous le rendent avec éclat. Le même général avait coutume de dire à ses officiers : « Souvenez-vous que « dans ce pays le meilleur moyen, pour tenir les hommes, « est de plaire aux femmes. »

(1) Le général de division de Castagny.

Les Mexicains des petites villes n'avaient pas des idées bien nettes sur la hiérarchie militaire et faisaient peu de différence entre les officiers et les soldats français. Dans un bal offert par les habitants d'une ville du nord aux officiers du 7e de ligne, plusieurs soldats s'étaient fait inviter, dans l'espoir de faire la fête, déguisés sous des costumes d'emprunt. L'un d'eux, le cuisinier du colonel, eut la mauvaise chance de se trouver face à face avec celui-ci au moment où, emporté par son ardeur et oubliant toute prudence, il exécutait un *cavalier seul* qui faisait l'admiration des Mexicaines. On voit d'ici la tête du malheureux cuisinier, que le colonel fit appréhender par la garde et reconduire au camp.

CHAPITRE II

ORGANISATION DES COLONNES EXPÉDITIONNAIRES.

Nature de la Guerre au Mexique. — Composition et formation des colonnes. — Matériel et transports. — Vêtements, chaussures, chargement du sac. — Chevaux et mulets. — Nourriture.

Nature de la guerre au Mexique. — La tactique employée par nos troupes au Mexique est celle de toutes les guerres de partisans. Elle consiste essentiellement à diriger, en secret et le plus rapidement possible, un certain nombre de colonnes convergentes : celles-ci ont pour mission d'enfermer les partis ennemis dans un cercle qui se resserre de plus en plus et de les couper ainsi de leur ligne de retraite. Chacune de ces colonnes doit être assez forte pour résister au besoin à une attaque de l'adversaire, et assez mobile pour marcher avec rapidité, de jour et de nuit, doubler l'étape, etc.

Souvent aussi nos colonnes opèrent isolément, par exemple lorsqu'elles ont un but spécial, tel que s'emparer d'une position, d'un gué ou d'un pont, châtier une ville insurgée, poursuivre une bande de peu d'importance.

De leur côté, nos adversaires appliquent avec beaucoup d'intelligence une tactique qui a mis plus d'une fois nos colonnes en danger. Elle consiste à réunir un certain nombre de bandes ou de partis pour nous combattre, et à les disperser subitement pour nous échapper et pour vivre sur le pays. Très bien renseignés sur tous nos mouvements, trouvant dans les habitants des complices et des espions, ils épient nos allées et venues, tombent sur nos détachements isolés et se dérobent à nos coups par une retraite précipitée.

Toute la campagne du Mexique se résume donc en une série de marches, rarement suivies de combats, à la poursuite d'un adversaire qui accepte la lutte lorsqu'il est dix contre un, et qui rôde constamment autour de nos colonnes pour leur faire payer cher une imprudence ou un faux mouvement.

Composition des colonnes. — Une colonne un peu forte comprend les troupes des trois armes, infanterie, cavalerie et artillerie; on lui adjoint un détachement du génie lorsqu'on prévoit la nécessité d'organiser solidement une position ou d'attaquer des retranchements pied à pied.

Elle comporte, en outre, une organisation plus ou moins complète du service de santé et des services administratifs. On lui adjoint, à cet effet, un convoi de vivres et de munitions, des mulets de cacolet et des mulets porteurs de cantines médicales, des animaux de bât en nombre suffisant pour transporter les bagages et quelques effets de rechange, notamment des chaussures.

Les évacuations sont assurées par des convois; les malades des divers corps, réunis en un seul convoi, sont escortés par des compagnies désignées à cet effet. Le 25 janvier 1866, une compagnie du 7e de ligne, en garnison à Durango, part de cette ville pour se rendre à Porfias, d'où elle ramène les malades et les malingres évacués par le 18e bataillon de chasseurs, en expédition.

La proportion des troupes mexicaines dans nos colonnes était généralement assez faible, environ le quart. Voici un exemple dans lequel cette proportion est assez exactement observée : deux compagnies françaises, soixante cavaliers français et cent vingt cavaliers mexicains, soit, au total, quatre cents hommes. Cependant, il est arrivé plusieurs fois que cette proportion a été dépassée; ainsi, la colonne d'Albici, qui opère dans le Michoacan, en avril 1865, comprend trois compagnies françaises, deux compagnies mexicaines, un escadron et demi mexicain et un escadron de contre-guerillas.

Les colonnes légères, chargées d'exécuter des reconnaissances à faible distance ou de poursuivre des bandes peu nombreuses, ne comprennent généralement que quelques compagnies et un peu de cavalerie française; on leur adjoint quelquefois une ou deux pièces d'artillerie; quelques cavaliers mexicains sont chargés du rôle d'éclaireurs. La colonne Thoumini de La Haulle, qui opère aux environs de Durango, en septembre 1866, et qui livre le petit combat de Porfias, peut servir de type à cet égard : elle comprend deux compagnies et un escadron français, une pièce de montagne et soixante-dix *exploradores* mexicains.

Enfin, les plus petites colonnes, chargées d'un coup de main ou d'un service de patrouille aux environs d'un poste, ne comprennent, la plupart du temps, qu'une compagnie; celle-ci se fractionne quelquefois elle-même, mais d'une façon temporaire. Lorsque la compagnie franche est présente, c'est à elle qu'incombe naturellement ce service particulier, à cause de sa connaissance du pays et de la meilleure composition de ses cadres et de ses hommes. Il arrive aussi parfois qu'on choisit, pour ces petites opérations, les hommes les plus valides dans une ou plusieurs compagnies; on en forme un détachement qui laisse ses sacs au camp et n'emporte que la petite tente, les cartouches et un ou deux jours de vivres.

Formation des colonnes. — La crainte de livrer nos approvisionnements aux entreprises d'un ennemi vigilant et toujours bien renseigné nous créait des difficultés pour la formation des colonnes, leur mise en route et leur ravitaillement. Il fallait puiser dans nos différents postes les troupes qui devaient faire partie de la colonne et assurer néanmoins la surveillance des postes ainsi dégarnis. Quelquefois les approvisionnements étaient évacués, soit sur un poste voisin, soit sur un point où la colonne en formation devait les enlever pour compléter son convoi. Si l'on songe que l'ordre de partir en expédition arrivait le plus souvent à l'improviste, que la mise en route devait s'effectuer sans retard, que les troupes englobées dans la colonne se trouvaient fréquemment elles-mêmes en route ou en reconnaissance, on se rendra compte des difficultés matérielles que devait rencontrer une semblable opération.

Au mois de novembre 1865, la colonne Billot, chargée d'opérer sur Chihuahua, se forme à Durango; outre les quatre compagnies, l'artillerie et la cavalerie qui sont à Durango, elle comprend une compagnie qui est à Papasquiaro et deux à Aviles. Le détachement de Papasquiaro a ordre de rejoindre directement à San Salvador; celui d'Aviles doit attendre l'arrivée des troupes qui le remplacent, et il est obligé de couper au court à travers champs pour rattraper la colonne en route. En outre, comme il importe d'occuper au plus vite La Zarca, où se trouve un petit dépôt de vivres destinés à l'expédition, on désigne dans la garnison de Papasquiaro deux compagnies qui se portent rapidement sur ce point et y attendent le passage de la colonne.

Matériel et transports. — L'artillerie consiste généralement en pièces de montagne qui peuvent être chargées à dos de mulet. Quelquefois la colonne a avec elle de l'artillerie de campagne; dans les mauvais passages, les voitures sont démontées, les pièces placées sur des traîneaux improvisés, et quelquefois même des relais d'Indiens sont organisés pour porter les pièces dans les endroits difficiles.

De même, les fours de campagne et tout l'attirail de boulangerie, lorsque la colonne en comporte, sont démontés et mis à dos de mulet ou placés sur une sorte de traîneaux.

Le transport des munitions offrant des difficultés particulières, les approvisionnements de cette nature sont, en général, peu considérables et deviennent insuffisants dans le cas d'une lutte sérieuse ; plus d'une fois, nos soldats ont été réduits à se servir des balles des Mexicains alliés, bien qu'elles ne fussent pas du même calibre que les leurs.

Le 16 août 1864, au moment où l'on craint un retour offensif de Porfirio Diaz sur Teotitlan, cette ville est renforcée à l'aide d'un détachement et d'une section de montagne, que l'on approvisionne à deux cents coups par pièce; mais, au mois de juillet précédent, la colonne de Teotitlan, placée sous les ordres du colonel Giraud, avait comme artillerie une section de montagne, approvisionnée seulement à soixante-dix coups par pièce.

On peut dire que, dans les rares affaires où nous avons eu le dessous, c'est le manque de munitions, plus encore que la supériorité numérique de l'ennemi, qui nous a fait cesser le combat.

Par suite du manque d'artilleurs, nous voyons souvent les pièces de canon servies par des fantassins; la colonne mobile du commandant Thoumini de La Haulle, qui se porte sur la Sauceda au mois d'août 1866, est appuyée par une pièce de montagne, que servent des soldats français du 6e bataillon de Cazadores.

L'organisation de petits dépôts dans chaque régiment permet d'approvisionner les diverses fractions du corps, détachées ou en colonne. Ce petit dépôt, qui se déplace lui-même à la suite du régiment, reçoit de la mère-patrie, achète directement ou fait confectionner dans le pays tous les effets nécessaires au corps. Lorsqu'une fraction constituée s'éloigne du petit dépôt pour un certain temps, on lui remet un approvisionnement d'effets pour la durée probable de son absence. Au mois de mai 1864, le 1er bataillon du 7e de ligne, organisé en bataillon de marches et dirigé sur Mexico, reçoit un approvisionnement de six mois en effets de toute nature.

Vêtements, chaussure, chargement du sac, etc. — Lors

de son passage à la Martinique, le 7e de ligne acheta 2.000 chapeaux de Panama pour la troupe, à raison de 5 francs pièce; cette somme fut payée sur les économies réalisées par l'ordinaire pendant la traversée. Ce prix comprenait également 2.000 rubans noirs sur lesquels on imprima en blanc les mots 7e *de ligne*, à l'aide d'une matrice en bois confectionnée par un officier du régiment; le reste de la traversée fut employé à ce travail, et lorsque nos hommes débarquèrent au Mexique ils étaient tous munis d'un excellent sombrero. Les officiers achetèrent presque tous des chapeaux plus larges et plus solides dont le prix variait de 18 à 25 francs, et qui firent un long usage. Plus tard ces chapeaux furent remplacés par des sombreros en feutre gris; cependant quelques officiers, surtout dans le nord du Mexique, se contentèrent de la casquette d'ordonnance avec le couvre-nuque.

Les soldats portaient le pantalon large avec les jambières, mais ils se débarrassaient souvent de celles-ci qui les gênaient ou les blessaient pendant les longues marches. Les officiers portaient presque tous un veston avec galons de grade en or placés autour des manches comme dans la marine; au 7e, le caporal-tailleur s'était procuré du drap bleu de sous-officier avec lequel il avait confectionné des vestons à bon compte pour les officiers du régiment; la plupart de ceux-ci portaient également la large ceinture des troupes d'Afrique, si utile sous un climat présentant des variations brusques de température et d'énormes différences entre la chaleur du jour et le refroidissement nocturne. Sur cette ceinture était bouclé le ceinturon soutenant le sabre et le revolver.

La chaussure d'ordonnance, vulgairement appelée *godillot*, était peu appréciée de nos hommes; quelques-uns l'enlevaient pour marcher nu-pieds lorsque le terrain le permettait, ou la remplaçaient par des chaussures du pays, espadrilles, etc.

On allégeait, autant que possible, le chargement du sac en ayant fréquemment recours aux animaux de réquisition sur lesquels on plaçait une partie des vivres de réserve, quatre jours, quelquefois huit. Les cartouches étaient toujours portées par les hommes; leur nombre variait suivant la nature de l'expédition et sa durée probable. La tente-abri, la demi-couverture et les ustensiles de campement complétaient le chargement du sac qui atteignait ainsi un poids énorme; c'était véritablement pitié de voir nos malheureux soldats, chargés comme des bêtes de somme, parcourir toute l'année les interminables routes du Mexique avec un courage et un entrain qui font le plus grand honneur à leur esprit de discipline et d'abnégation.

La tente abri se transformait en paillasse quand la troupe était cantonnée; la-demi-couverture, fendue au milieu, pouvait se placer sur les épaules de l'homme lorsqu'il était en faction. Les officiers avaient la tente dite *bonnet de police.*

Quand on faisait colonne dans des régions pourvues de chemins carrossables, ce qui constituait l'exception, on faisait mettre une partie des sacs sur des voitures de réquisition gardées par un détachement, et la colonne, devenue plus mobile, pouvait s'éloigner pendant quelques jours avec ses cartouches et ses vivres.

Les détachements, que n'accompagnait pas un médecin, étaient munis d'un sac d'ambulance contenant quelques médicaments indispensables; les hôpitaux et ambulances établis dans les principales villes étaient chargés de renouveler de temps en temps ces médicaments. Le chef du détachement passait la visite et faisait de son mieux pour soulager les hommes atteints d'affections légères; pour les autres, on les évacuait à la première occasion. Lors de notre départ du Mexique, tout le matériel des ambulances a été vendu à l'encan, afin de ne pas encombrer nos convois.

Chevaux et mulets. — En principe, les officiers supérieurs, médecins, adjudants-major et officiers payeurs étaient seuls montés; mais, vu les fatigues qu'imposaient aux officiers des marches incessantes, on leur permit, dans une large mesure, de se monter à leurs frais; c'est ainsi que tous les capitaines et les officiers munis d'un emploi spécial étaient montés. Dans la colonne du nord, qui s'est portée sur Chihuahua en novembre 1865, un seul officier du 7e était à pied.

Les officiers supérieurs avaient pu amener leurs chevaux de France; les autres officiers, montés aux frais de l'État, reçurent des chevaux par les soins de la remonte à la Vera-Cruz; ceux qui se montèrent à leurs frais trouvèrent facilement des chevaux dans le pays. La race était petite dans les Terres-Chaudes, un peu plus grande sur les plateaux; pour 300 francs en moyenne on pouvait se procurer un bon cheval ayant du feu, de l'ardeur, mais peu d'allure. Ces animaux étaient doux et se familiarisèrent très rapidement, grâce aux soins qui leur furent donnés et auxquels ils n'étaient pas habitués; leur bas prix, la facilité de les nourrir à peu de frais et les bons services qu'ils rendaient décidèrent bien vite la plupart des officiers à en acquérir. La nourriture des chevaux au Mexique comprenait surtout du maïs, de l'orge et de la paille; la ration habituelle était 4 kilogrammes de maïs et 6 kilogrammes de paille. Les harnachements apportés de France se trouvèrent trop grands pour les petits chevaux du pays et durent être transformés pour être adaptés à ces animaux.

Au début de l'expédition, le colonel et le lieutenant-colonel avaient chacun deux mulets, les chefs de bataillon un, chaque compagnie deux, il y avait, en outre, un mulet d'infirmerie et un pour la comptabilité. Mais ces moyens de transport devinrent bientôt insuffisants et l'on dut requérir dans le pays des mules ou mulets, à prix débattu.

Lors de la rentrée en France, tous les chevaux, mules et mulets de l'armée furent vendus; ceux du 7e de ligne furent cédés en bloc, à la Soledad, à raison de 40 francs par tête; plusieurs d'entre eux valaient jusqu'à 1000 francs, mais la place faisait défaut sur les transports de l'État.

Nourriture. — Dans chaque localité où nos troupes faisaient étape, le bétail sur pied était fourni par les soins de la municipalité. Le chef de la colonne prévenait l'alcade d'avoir à fournir tant de bœufs et lui en remettait directement le prix. Les animaux étaient abattus par la troupe et mis en distribution. De Mexico à Durango, le 7e a payé invariablement les bœufs 40 francs par tête et, à ce prix, les propriétaires étaient largement indemnisés. Lorqu'il n'était pas possible de distribuer du pain à la colonne, la troupe avait recours au biscuit transporté par le convoi; quant aux légumes frais, elle se les procurait directement dans le pays.

Nous verrons plus loin comment on ravitaillait les colonnes.

En colonne comme en station, les officiers vivaient en *popote*; la viande fraîche leur était fournie, comme à la troupe, par les distributions; ils trouvaient généralement à s'approvisionner de légumes; œufs, volaille, etc., ainsi que de gibier; ils avaient aussi des vivres de réserve, transportés à dos de mulet. Les popotes s'approvisionnaient de liquides dans le commerce; on les envoyait par caisses de la Vera-Cruz, et ils valaient l'absinthe, une piastre la bouteille; le vermout, une demi-piastre; le bordeaux, l'huile d'olive, le vinaigre, deux piastres, etc.

Le gibier très abondant fournissait un sérieux appoint à la nourriture des officiers; nos hommes, d'un goût moins raffiné, se contentaient souvent de mets peu délicats : c'est ainsi que dans le bassin du rio Blanco ils tuaient à coup de fusil des serpents gros comme le bras et les mangeaient, ainsi que des iguanes, des loutres etc...

CHAPITRE III

SUBSISTANCES ET RAVITAILLEMENT.

Organisation générale du service des subsistances. — Mode de paiement et règlement des comptes. — Du ravitaillement des colonnes.

Organisation générale du service des subsistances. — Au début de l'expédition, nous avons rencontré de grandes difficultés pour ravitailler nos troupes. Les moyens de communication et de transport faisaient défaut; la route de la Vera-Cruz à Orizaba, qui constituait notre principale ligne de communication, était en très mauvais état; les guerillas infestaient le pays, le vomito, et la fièvre jaune règnaient dans les Terres-Chaudes pendant une grande partie de l'année. Au mois de juillet 1862, Orizaba était menacée de la famine, un pain de munition d'un kilogramme valait cinq piastres; un convoi venant de la Vera-Cruz, était resté embourbé près de la Soledad, dont le pont était détruit, et les vivres entassés dans le port de la Vera-Cruz, ne pouvaient parvenir à l'intérieur du pays. Il fallut faire venir de New-York et de Cuba des moyens de transport, voitures et mulets, ainsi que de l'avoine, de l'orge, etc.

Peu à peu cette situation alla en s'améliorant; en prenant pied sur le plateau d'Anahuac nous trouvons du bétail en quantité, des granges pleines de céréales, de la paille, etc. L'administration peut alors constituer des approvisionnements de toute espèce et, au moment où commence le deuxième siège de Puebla, l'armée a devant elle trois mois de vivres. En même temps, notre ligne de communication est organisée solidement, des compagnies auxiliaires du train sont créées et des Mexicains engagés pour conduire les attelages.

La crainte des Dissidents a tout d'abord empêché les hacenderos et les Indiens de nous vendre leurs récoltes et leur bétails malgré leur vif désir. Ortega, qui commandait à Puebla, avait fait promettre aux propriétaires des environs de ne pas nous ravitailler; pour empêcher leurs moulins de fonctionner, il avait eu soin de faire enlever quelques pièces du mécanisme. Nous eûmes recours à un petit stratagème pour lever les scrupules de ces propriétaires, qui ne demandaient qu'à nous vendre leurs produits ; nos troupes enlevaient de vive force toutes les denrées nécessaires à l'armée et le prix en était payé argent comptant. Les moulins furent remis en état, on construisit des fours de campagne, et nos troupes reçurent leurs distributions régulières.

Après la prise de Puebla, les hacenderos, n'ayant plus de craintes, vinrent au camp nous offrir leurs denrées ; à partir de notre entrée à Mexico, nous n'eûmes plus à faire venir de la Vera-Cruz que les munitions, l'argent et le matériel spécial qui ne pouvait être confectionné dans le pays. Nous continuâmes à recevoir de l'extérieur certaines denrées, telles que : le vin, qui venait de France ; le tafia, de la Guadeloupe et de la Martinique, etc. Tout ce que le Mexique put fournir, nous le tirâmes du pays par voie d'achat direct ou de réquisition.

Enfin, au mois d'août 1864, un traité de gré à gré est conclu avec un entrepreneur civil, chargé d'assurer les transports de l'armée à un prix fixé; nous lui cédons à prix débattu notre matériel, voitures, chevaux et mulets, et les convoyeurs deviennent responsables des déficits, sauf en cas de force majeure. L'entreprise remplace ainsi la gestion directe et nous décharge d'un grand souci.

Mode de payement et règlement des comptes. — Le prix des transports et celui des achats effectués au compte de l'armée sont acquittés par nos payeurs d'armée : ce sont des employés du Ministère des finances, chargés en même temps des postes, montés aux frais de l'État et pourvus de bons traitements. Ils sont chargés d'émettre des traites sur Paris, et ce papier, étant donné le cours de la piastre, est très recherché des négociants mexicains, qui font venir les marchandises d'Europe par les paquebots français. La piastre mexicaine a toujours été cotée à un prix inférieur à 5 fr. 20, taux fixé pour la solde de l'armée; au début de l'expédition, la piastre était même comptée pour 5 fr. 32 dans la solde de nos troupes. Le Trésor français bénéficiait de la différence et a dû réaliser, de ce chef, de beaux bénéfices, car la cote de la piastre, qui s'établissait à Mexico, variait entre 4 fr. 75 et 4 fr. 25. Les officiers français pouvaient également recevoir de ces traites, mais seulement au prorata de leurs appointements.

Étant donnée l'extrême dissémination de nos troupes au Mexique, on conçoit que le règlement des comptes, et surtout celui des perceptions en nature, dut être long et difficile. Les troupes recevaient double solde, avec les vivres de campagne : viande, pain ou biscuit, riz, sucre et café, eau-de-vie. Le Ministre de la Guerre avait fixé un tarif maximum pour le prix des denrées réquisitionnées dans le pays à titre de vivres de campagne. Ainsi, il était défendu de payer le kilogramme de viande plus de 0 fr. 80; nous avons dit que le prix d'un bœuf ne dépassait guère, en moyenne, 40 francs, ce qui mettait le kilogramme à environ 0 fr. 30; il y avait donc une marge suffisante entre le prix moyen et le maximum fixé par les instructions ministérielles.

Depuis le 1er juillet 1865 jusqu'à la fin de l'expédition, toutes les denrées remboursables prises dans les magasins de l'administration durent être payées au comptant. Quant aux vivres remboursables distribués avant cette époque, ils ont fait l'objet d'un règlement de comptes spécial confié à une commission administrative siégeant à Mexico. Pour donner une idée des lenteurs et des difficultés que cette commission a rencontrées, les comptes du 7e de ligne pour le 4e trimestre 1864 n'ont pu être règlés qu'au mois de janvier 1867, bien que la commission pût se procurer sur les lieux toutes les pièces nécessaires à ce règlement de comptes.

Du ravitaillement des colonnes. — Chaque colonne assure sa subsistance en emportant un approvisionnement de vivres de réserve calculé, sur la durée probable des opérations, et en se ravitaillant de temps en temps sur l'un des postes voisins.

Comme il n'est pas possible de donner à chaque colonne un personnel administratif, elle est autorisée à prélever sur le pays, sous forme d'achat, les vivres et le fourrage qu'elle peut se procurer directement; ces dépenses lui sont remboursées sur le vu des bons de distributions et sur la déclaration des officiers qui ont fait l'achat ou exercé la réquisition. Ce mode de ravitaillement est excellent pour de petits détachements qui peuvent trouver aisément à vivre sur le pays; il a l'avantage de procurer aux troupes des vivres frais et d'alléger le convoi : pratiqué au Mexique sur une large échelle, il a donné d'excellents résultats.

Dans les colonnes plus importantes, un sous-intendant ou fonctionnaire est chargé d'assurer le service des subsistances à l'aide des ressources du pays mises en réquisition par ses soins, puis distribuées régulièrement aux troupes; des réserves de vivres, établies sur des points convenablement choisis, complètent ce système. Dans les régions peu habitées, comme celles que nos troupes avaient à traverser dans le nord du Mexique, on eut souvent de la peine à ravitailler nos colonnes; néanmoins, en tirant tout le parti possible des faibles ressources de la contrée et en utilisant à propros les vivres de réserve du convoi, on parvint toujours à assurer la nourriture des hommes et des animaux.

Les colonnes en route se ravitaillent fréquemment sur les postes qu'elles traversent ou à proximité desquels elles opèrent, lorsqu'elles sont peu nombreuses : c'est le cas, par exemple, des compagnies franches, qui marchent le plus souvent isolées. Au mois de novembre 1865, la compagnie franche du 7e de ligne, qui poursuit la bande de Fragoso au sud-est de Queretaro, se ravitaille au poste d'Arroyo-Zarco, occupé par une compagnie du régiment.

Lorsque la colonne est plus forte, l'approvisionnement normal des postes ne permet plus ce mode de ravitaillement; il faut alors former des convois spéciaux chargés d'escorter les vivres et les munitions qui lui sont destinés. On profite de ces convois pour expédier en même temps les isolés, les convalescents qui rejoignent leur compagnie et pour ramener les malades et les éclopés.

En novembre 1865, deux compagnies partent de Durango pour ravitailler les colonnes Aymard et Deplanque, qui viennent de Mazatlan. L'une de ces compagnies, après avoir rempli sa mission, étudie le tracé d'une nouvelle route dans les montagnes, entre Durango et Mazatlan. Cette route est destinée à faciliter la traversée de la Sierra, qui s'effectue, sur certains points, au milieu des précipices, par des sentiers muletiers, réduits parfois à une largeur de 50 à 60 centimètres.

Au mois de juillet de la même année, un convoi de vivres et de munitions part également de Durango pour ravitailler la colonne Brincourt; celle-ci opère sur le rio de Nazas et attend l'arrivée de ce convoi pour se porter en avant.

Quand les compagnies chargées d'escorter le convoi de ravitaillement appartiennent à l'un des régiments qui entrent dans la composition de la colonne, elles relèvent un même nombre de compagnies, et celles-ci ramènent avec elles les malades et les impedimenta. En février 1866, la colonne d'Albici opère dans la laguna de Mapimi et reçoit un convoi de vivres et d'effets, escorté par deux compagnies du 7e, venant de Durango; celles-ci prennent dans la colonne la place de deux compagnies du même régiment, qui rentrent à Durango pour s'y reposer à leur tour.

Les ressources trouvées dans les haciendas et les villages que traversaient nos colonnes consistaient surtout en bétail, ce qui permettait d'augmenter la ration de viande de nos soldats. En outre, si la colonne était peu considérable, on trouvait le plus souvent dans les jardins et dans les haciendas des légumes frais en quantité suffisante pour la troupe, des œufs et de la volaille pour les officiers. Quelquefois l'ennemi, poursuivi de près, était obligé d'abandonner son troupeau, qui venait augmenter nos ressources en viande fraîche, ou bien nous enlevions le bétail conservé par les propriétaires en relations avec l'ennemi et destiné à la nourriture de celui-ci. Au mois de juin 1866, la colonne Haffner, chargée de nettoyer les environs d'Aviles et les bords du rio de Nazas, enlève un troupeau de bétail appartenant au propriétaire d'un rancho que l'on sait être de connivence avec les bandes qui infestent la Laguna.

Quant aux liquides trouvés dans les villages que l'ennemi nous abandonnait, il était prudent, avant d'y toucher, de les faire analyser : plusieurs fois, nos hommes ont été pris de nausées pour avoir absordé, dans les villages évacués par l'ennemi, des boissons reconnues empoisonnées.

CHAPITRE IV

DE L'OCCUPATION DES POSTES.

Établissement et surveillance de la ligne de communication. — Escorte des convois. — Évacuation et relèvement des postes. — Service de correspondance. — Mise en état de défense.

Établissement et surveillance de la ligne de communication. — Notre ligne de communication au Mexique est jalonnée par des postes retranchés, munis d'un approvisionnement de cartouches et de trois mois de vivres. La force de ces postes varie suivant le nombre et l'audace des guérillas qui menacent constamment nos communications. En 1863, les postes du Chiquihuite, d'Atoyac, de Puente Colorado et de Coscomatepec sont forts chacun d'une compagnie; au mois de février 1864, ils sont réduits à une section (1). Le poste du Fortin, composé au début d'une compagnie, est réduit, à la même époque, à 15 hommes commandés par un sergent.

Au delà de Mexico, la force des postes est généralement d'une compagnie entière, comme à Cuautitlan, à Arroyo Zarco; quelquefois de deux compagnies comme à Sombrerete, poste important chargé de relier Durango avec Zacatecas.

Au fur et à mesure que notre occupation s'étend à l'intérieur du pays, de nouveaux dépôts de vivres et de munitions sont créés de distance en distance pour permettre à nos colonnes de rayonner et de s'avancer de plus en plus loin. Ainsi, après l'occupation de Durango, on prélève sur les

(1) La compagnie comprenait à cette époque deux sections.

ressources de cette ville un approvisionnement pour constituer un poste à San Salvador; puis, des bandes s'étant montrées à Papasquiaro, on décide l'occupation de ce point qui se ravitaille sur San Salvador; Papasquiaro devient à son tour un centre chargé de ravitailler Ramos, et ainsi de suite.

La surveillance de la ligne de communication se confond avec l'occupation même du pays. Les postes ont ainsi une double mission à remplir : d'une part, ils fournissent des escortes aux nombreux convois qui parcourent la ligne dans les deux sens; d'autre part, ils exercent une surveillance constante dans une zone déterminée en deçà et au delà du poste, et à une certaine distance sur les flancs. Ainsi, les deux compagnies qui occupent Sombrerete, en juillet 1865, ont pour mission de surveiller depuis Rancho Grande, sur la route de Zacatecas, jusqu'à San Felipe, sur la route de Durango, et de maintenir libre une zone de deux journées de marche à droite et à gauche de cette ligne principale. Pour remplir cette double mission, une partie de la garnison occupe le poste même, le reste parcourt le pays; chacune des compagnies, à tour de rôle, demeure donc à Sombrerete, tandis que l'autre exécute des reconnaissances ou accompagne les convois.

Escorte des convois. — Cette escorte des convois constitue un des services les plus pénibles et les plus fastidieux pour nos fantassins. Il faut escorter non seulement les convois de subsistances, d'argent, de munitions et de matériel de toute sorte, mais aussi les fractions de troupe qui ne peuvent assurer elles-mêmes leur sécurité, telles que malades et éclopés, et même les batteries d'artillerie. Au mois de mars 1865, deux compagnies d'infanterie se portent de Leon sur Lagos pour prendre l'escorte d'une batterie d'artillerie qui vient de Guadalajara, elles l'accompagnent jusqu'à Leon où un autre détachement d'infanterie vient chercher la batterie pour la conduire jusqu'à Queretaro et ainsi de suite.

La garnison d'un poste se tient toujours au courant des mouvements qui s'exécutent dans les environs, afin de prêter secours, en cas de besoin, aux convois ou aux colonnes voisines. Si l'on craint une attaque de l'ennemi, le chef du poste fait occuper certains points sur la route que doit suivre le convoi. En septembre 1865, un convoi escorté par une compagnie part de Durango, se dirigeant au nord sur Rio Florido; nous n'occupons à ce moment le nord de l'État de Durango que d'une façon très précaire; la saison des pluies a rendu les chemins impraticables, la plupart des cours d'eau ont subi une crue considérable et nos renseignements font craindre une attaque de la part des bandes ennemies. Dans ces conditions, la garnison qui occupe le poste de San Salvador dirige à la rencontre du convoi un renfort qui le rejoint à la Tinaja et l'accompagne jusqu'à San Salvador.

Malgré toutes ces précautions il arrive fréquemment que notre ligne de communication est coupée dans le voisinage même de postes importants. Au mois de mars 1865, les bandes de Valencia et d'Ugalde coupent la grande route de Mexico à Queretaro, près de Cazadero; quelques mois plus tard, ce sont les abords mêmes de la route de la Vera-Cruz que menacent les guérillas descendues des montagnes de la Huasteca. L'année suivante, lorsque notre mouvement rétrograde s'accentue, ce n'est que grâce aux plus grands efforts que nous parvenons à éloigner de notre ligne de retraite les bandes qui surgissent de toutes parts, sur nos flancs et sur nos derrières.

Évacuation et relèvement des postes. — Lorsqu'un poste est devenu inutile ou lorsqu'il est sérieusement menacé et dans l'impossibilité de résister, on l'évacue en transportant sur un autre point sa réserve de vivres et de munitions. Au mois d'août 1864, après les affaires de San Antonio et d'Ayotla, l'ennemi a reçu des renforts considérables venus d'Oajaca et se prépare à tenter un nouvel effort contre nos positions. Le poste de San Antonio, qui n'est pas susceptible d'une résistance sérieuse, est évacué; ses approvisionnements sont transportés dans la petite ville de Teotitlan qui est fortement occupée par de l'infanterie et de l'artillerie.

Dans les marches en retraite, la dernière fraction qui occupe le poste emmène avec elle le stock de vivres et de munitions, réduit au strict nécessaire, laissé par les colonnes précédentes. Quand nous avons évacué le Mexique, nous avons dû vendre à vil prix ou détruire, la plus grande partie de notre matériel, faute de moyens de transport.

Si le poste doit être relevé, la garnison attend l'arrivée de la nouvelle troupe et lui fait la remise du matériel et des approvisionnements. Au mois de novembre 1865, la compagnie franche du 7e, qui opère autour d'Aviles, reçoit l'ordre de rejoindre la colonne Billot en marche sur Chihuahua : elle est obligée d'attendre l'arrivée du lieutenant-colonel Cousin, auquel elle remet les approvisionnements de toute sorte réunis dans le poste important d'Aviles, puis elle se dirige à marches forcées sur la colonne Billot qu'elle rejoint en route, au Casco.

Service de correspondance. — Les courriers arrivaient de France à la Vera-Cruz tous les quinze jours par les paquebots de la Compagnie transatlantique ; les dépêches destinées au général en chef étaient aussitôt remises à un courrier qui partait ventre à terre et avait toutes facilités pour prendre des chevaux de relais. Ces fonctions étaient confiées, au début, à un ancien sous-officier déserteur de l'armée française qui avait offert ses services au général Forey : cet homme, d'un tempérament vigoureux, franchissait à cheval la distance de la Vera-Cruz à Mexico en un jour et demi.

Le courrier de l'armée partait ensuite dans une voiture spéciale sur laquelle prenaient place quatre hommes armés. A partir de Mexico, les courriers étaient portés à dos de mulet ; ce service s'effectuait d'un poste à l'autre par les soins d'habitants payés à cet effet. Les lettres étaient remises à chaque bureau et distribuées, ou réexpédiées sur le bureau voisin, sans donner lieu à aucune écriture. Les lettres destinées aux Mexicains n'étaient pas comprises dans ce service. Quelquefois, comme dans les États de Zacatecas, Guanajuato, San Luis Potosi, les dépêches étaient transportées par des diligences dans le genre de nos anciennes malles-poste.

En général, le service de correspondance s'est effectué d'une façon satisfaisante pendant toute la durée de l'expédition.

Mise en état de défense. — Nous verrons au chapitre suivant le parti que nous avons su tirer de la fortification passagère au Mexique et l'emploi que les Mexicains eux-mêmes en ont fait. C'est surtout dans la défense des postes que la fortification nous a rendu des services; grâce à elle, nous avons pu nous maintenir, avec des forces relativement faibles, sur des points importants, tel qu'Aviles, loin du centre de nos opérations, en dehors de notre ligne principale d'action et au milieu d'une population hostile, ouvertement soulevée contre nous. Grâce à quelques retranchements rapidement exécutés, nos munitions et nos vivres étaient à l'abri d'un coup de main, la garnison du poste pouvait être réduite au minimum, et la plus grande partie de nos forces tenait la campagne ou battait le pays dans toutes les directions à plusieurs journées de marche.

Aussi le premier soin de nos troupes, quand elles prenaient pour la première fois possession d'un poste, était-il de le mettre en état de défense : elles crénelaient les murs extérieurs, construisaient des barricades à l'entrée des principales rues et battaient par des retranchements en terre, les parties découvertes aux abords du poste.

CHAPITRE V

EMPLOI DE LA FORTIFICATION PASSAGÈRE.

Organisation défensive des villes et des postes. — Rôle joué par la fortification passagère : combat de Parras. — Combat de Camaron. — Combat de Valle Santiago, etc. — Emploi de la fortification passagère par les Mexicains.

Organisation défensive des villes et des postes. — Dans les postes peu importants ou dans les petites villes, nous nous contentons généralement de fortifier un réduit susceptible d'une bonne défense, église, couvent, hôpital, etc. Au mois d'août 1864, au moment où nous préparons une attaque dans la direction d'Oajaca, nous fortifions le poste de Teotitlan qui jalonne notre future ligne d'opérations; à cet effet, l'hôpital et l'église, qui sont contigus, sont transformés en un réduit pouvant abriter 200 hommes; des barricades et des abatis couvrent les abords de ce réduit et un petit ouvrage de campagne couronne un mamelon d'environ 30 mètres de relief situé auprès de l'église.

Souvent nous étions obligés de comprendre dans l'organisation défensive du poste les positions dominantes qui sont nombreuses dans un pays aussi accidenté que le Mexique. A Rio Frio, un blockhaus fut ainsi construit sur un mamelon voisin de la ville: à Durango une redoute sur le coteau de de Los Remedios, plusieurs redoutes à Zacatecas, etc. La nécessité d'englober dans le périmètre de la défense les hauteurs avoisinantes n'était pas sans inconvénients, car nous étendions ainsi outre mesure notre ligne extérieure dont le développement se trouvait quelquefois hors de proportion avec l'effectif de la garnison.

Dans les grandes villes du Mexique, où nous ne pouvions laisser en moyenne plus d'un bataillon comme garnison permanente, il devenait indispensable de concentrer la défense sur un point central; celui-ci consistait, soit dans un édifice solide entouré d'une zone libre, soit dans une sorte de grand réduit formé par une série de barricades qui reliaient entre eux plusieurs quartiers de la ville.

Les couvents nous ont offert une précieuse ressource au point de vue défensif; bâtis avec des matériaux résistants, munis de cours intérieures, entourés de murs épais avec des vues sur le terrain extérieur, la plupart des couvents du Mexique pouvaient résister au canon. Quelquefois, ils comprenaient des bâtiments isolés les uns des autres et formant autant de petits réduits, ou bien une terrasse dominant les environs offrait un excellent emplacement de batterie. Il suffisait généralement de créneler les murs, de retrancher chaque bâtiment séparément et de barricader les voies de communication en ne laissant qu'un étroit passage pour les besoins de la défense. Des amas de pierres, entassées sur les terrasses ou dans les étages supérieurs, augmentaient encore, à peu de frais, les moyens de défense.

C'est grâce à cette solide organisation défensive des principales villes et des postes importants, que notre armée a pu, malgré son faible effectif, opérer à une distance considérable de sa base, dans un pays difficile, contre un ennemi aguerri et vigilant, aidé par une population hostile à notre cause. A Mazatlan, à Guaymas, dans vingt autres villes, nous nous sommes maintenus, loin de tout secours et pendant de longs mois, grâce à un emploi judicieux des ressources de la fortification.

Rôle joué par la fortification passagère : combat de Parras. — Quelques exemples feront ressortir le rôle joué par la fortification passagère au Mexique.

Le commandant de Brian occupe avec 180 hommes un

réduit fortifié qui défend le bourg de Parras, éloigné de tout secours; il apprend qu'une colonne ennemie, dont la force est estimée à 1.200 hommes, se prépare à attaquer Parras. Au lieu de l'attendre derrière ses retranchements, il laisse 30 hommes dans le poste et se porte avec le reste de sa troupe à la rencontre de l'ennemi. A la pointe du jour, il trouve les Mexicains établis sur une excellente position et les attaque; malgré toute leur bravoure, les 150 soldats de la légion étrangère échouent complètement dans cette lutte trop inégale; ils sont tués, pris ou dispersés et le détachement est anéanti. Les Mexicains entrent à Parras, mais les 30 hommes restés dans le réduit suffisent pendant deux jours à repousser tous les efforts de l'ennemi, qui se retire devant l'arrivée de nos renforts.

Combat de Camaron. — On connaît les incidents du combat de Camaron, livré le 30 avril 1863 par une seule compagnie de la légion étrangère, qui lutte pendant toute une journée contre 2.000 Mexicains.

Le village de Camaron est composé de huttes indiennes au milieu desquelles s'élève une seule maison solidement construite; une cour carrée, de 50 mètres de côté, est bordée sur une face par cette maison, composée d'un seul étage, et sur les autres faces par un mur de 3 mètres de hauteur. Nos hommes, trop peu nombreux pour occuper tout ce périmètre, barricadent les deux portes principales avec tout ce qui leur tombe sous la main. Mais déjà l'ennemi a pris pied dans la maison; deux escouades occupent en toute hâte la seule chambre restée libre et sont bientôt obligés de l'évacuer, car les Mexicains ont enfoncé une cloison et fusillent nos soldats à bout portant. L'ennemi dont le nombre s'est accru par l'arrivée de renforts considérables, se rue de nouveau à l'attaque de la position; il perce des créneaux par lesquels il tire sur les défenseurs de la cour et il ouvre dans le mur une brèche de 3 mètres par laquelle se précipite le flot des assaillants. Les derniers défenseurs reculent jusqu'à un hangar à moitié démoli et à un petit mur de briques derrière lequel ils essaient encore de résister et succombent enfin sous le nombre, anéantis par la fatigue, la chaleur et la soif. Grâce au frêle appui que leur a offert cette maison, 65 hommes sans vivres, sans eau, sous un soleil brûlant, ont tenu tête pendant dix heures à un ennemi trente fois plus nombreux.

Après notre première attaque contre Puebla, en 1862, nous avions négligé de fortifier la hauteur du Borrego qui commandait Orizaba, notre poste le plus avancé; il fallut un coup d'audace pour enlever de nuit cette hauteur sur laquelle deux redoutes furent immédiatement construites.

Combat de Valle Santiago, etc. — En 1866, un détachement du 1er zouaves, fort d'une centaine d'hommes, occupe le poste de Salamanca. A 5 lieues au sud, se trouve la petite ville de Valle Santiago gardée par une faible troupe de Mexicains alliés; dans les rues de cette ville, on a élevé un système de barricades destinées à restreindre la défense à un réduit. A la nouvelle qu'une troupe de Juaristes d'environ 100 hommes se dirige sur Valle Santiago, le détachement de zouaves vient renforcer la garnison de cette ville et prend position derrière les barricades du réduit; pendant toute une journée, nos hommes bien abrités derrière cette ligne de défense luttent avec succès contre un ennemi dix fois plus nombreux, qui renonce à pénétrer dans le réduit et finit par battre en retraite.

Au combat de San Antonio (10 août 1864), une compagnie du 7e de ligne, assaillie par près de 2.000 hommes, se retranche dans l'église du village et résiste assez longtemps pour permettre à nos renforts de venir la dégager.

La belle défense de Mazatlan n'eût pas été possible sans le retranchement qui entourait la ville du côté de la terre ferme.

Une remarque pour terminer. Lorsque nos troupes occupaient des retranchements un peu éloignés de la ville, les officiers devaient avoir le plus grand soin d'habiter près de leurs hommes ; dans une petite ville du nord du Mexique, une compagnie française, surprise la nuit et entourée de toutes parts, combattit jusqu'au jour sans que son chef trop éloigné d'elle pût la rejoindre en temps opportun.

Emploi de la fortification passagère par les Mexicains. — De leur côté, les Mexicains emploient fréquemment la fortification passagère pour s'opposer à la marche de nos colonnes. Quand ils ont à défendre des crêtes, ils détruisent les sentiers et les rampes d'accès, élèvent des retranchements sur les sommets, entassent des pierres ou les disposent dans des filets de lianes pour les faire rouler sur la tête de leurs adversaires, etc.

Au passage du défilé d'Espinazzo del Diablo, ils accumulent toutes sortes d'obstacles ; le sentier très rapide est coupé sur plusieurs points, de gros rochers sont disposés pour écraser les assaillants, de petits retranchements en terre de faible relief dissimulés par des branchages permettent aux défenseurs bien abrités de faire feu sur nos colonnes d'attaque. Grâce à l'entrain de nos troupes, tous ces obstacles sont enlevés, et le passage est franchi.

Pour la défense des abords d'Oajaca en 1864, Porfirio Diaz organise plusieurs lignes de défense qui doivent nous arrêter en avant de Don Dominguillo sur la forte position de l'Infernillo. Ces obstacles consistent en trois lignes de hauteurs fortifiées par des redoutes et des batteries au pied desquelles coule le rio de Quiotepec. Toutes les routes et tous les gués sont enfilés par les batteries, deux coupures et des débris de rochers interceptent en outre la route principale.

Les Mexicains ont su également tirer parti des situations exceptionnelles pour organiser des moyens de défense appropriés aux circonstances. En 1865, dans la Sierra

Madre, pays de mines, le village de Panuco et les sentiers avoisinants avaient été minés, et des boîtes à mitraille, reliées par des mèches, étaient disposées de façon à couvrir de projectiles les assaillants, au moment où ils se lanceraient à l'attaque du village.

CHAPITRE VI

BIVOUACS ET CANTONNEMENTS

Bivouacs sous la tente ; service de sûreté. — Du cantonnement ; mode de couchage.

Bivouac sous la tente; service de sûreté. — Au Mexique, le bivouac sous la petite tente est le système employé en colonne et le plus souvent aussi en station. Arrivé au gîte, on forme le carré : les faces extérieures sont occupées par l'infanterie et chacune d'elles se couvre par une grand'garde établie à une distance variable suivant le pays et les circonstances. Au centre campent les divers services et le convoi; les chevaux et les mulets sont mis à la corde : on les mène paître le jour entre les faces du carré et les grand' gardes. Les faisceaux formés en avant des tentes sont gardés par des sentinelles.

Malgré ces précautions, les animaux du convoi sont parfois enlevés par les maradeurs ennemis; des mesures spéciales de surveillance sont souvent nécessaires la nuit, lorsque les animaux sont trop nombreux pour camper dans le carré. Dans la nuit du 10 janvier 1865, les mulets de la colonne de Castagny ayant été enlevés par les bandes de Corona, la colonne qui devait marcher sur Mazatlan ne put repartir le lendemain; on dut requérir les mulets d'un convoi civil qui attendit sur place le retour de ses animaux.

Les fortes colonnes forment ordinairement un vaste carré autour d'une ferme ou même d'un village. Les compagnies de grand'garde sont alors poussées jusqu'à 500 mètres en avant de chaque face, lorsque le terrain s'y prête; des piquets de cavalerie battent l'estrade aux environs du camp; des vedettes gardent les ponts, les gués, les défilés, et surveillent les deux rives des cours d'eau; les canons sont placés en batterie sur les points les plus favorables; l'ambulance, l'administration s'installent dans les maisons, l'artillerie et la cavalerie sur la place principale.

La nuit, en cas de danger pressant, les grand'gardes sont reliées par de fréquentes patrouilles et par des sentinelles volantes : on les rapproche des faces du carré. Les hommes de grand'garde restent debout ou assis avec leurs armes à la main, jamais couchés; de nombreuses rondes s'assurent de leur vigilance. Au camp, tout le monde est habillé et chaussé : une partie des troupes est de piquet et veille, le reste repose.

Si le camp doit avoir quelque durée, les officiers construisent des gourbis, les soldats improvisent des abris avec les ressources qu'ils ont sous la main; on met le camp à l'abri d'une surprise à l'aide de quelques travaux rapides, tels que fossés, palissades, murs de pierres sèches, etc.

Lorsque nos troupes sont obligées de camper sous bois, elles construisent des abatis qui préservent le camp d'un coup de main.

Dans certaines régions on choisit de préférence le bivouac sur les pentes des ravins, afin d'être à proximité de l'eau; les grand'gardes sont établies solidement sur les crêtes environnantes et mettent ainsi le camp à l'abri d'une brusque attaque. Mais il est toujours imprudent de camper dans le ravin même, car un violent orage peut survenir et transformer le lit du ravin en torrent,

Lorsque le froid est trop vif sous la tente, principalement dans les régions montagneuses et sur les plateaux où l'on trouve du bois en grande quantité, nos soldats entourent leurs tentes d'un bourrelet de terre, creusent un trou au milieu et le remplissent de braise qu'ils recouvrent d'une légère couche de terre.

Du cantonnement; mode de couchage. — Le cantonnement offre peu de sécurité dans un pays hostile et oblige à disséminer les troupes; aussi est-il rarement employé. Dans les villes, nos troupes sont ordinairement placées en caserne ou dans des couvents transformés en casernes et susceptibles d'une bonne défense. Hormis ce cas, nos hommes campent presque toujours et ils préfèrent généralement le séjour de la tente à celui des maisons qui sont plus ou moins infectes et remplies de vermine. Sur les plateaux la raréfaction de l'air produit quelquefois une certaine gêne dans la respiration et, pour ce motif encore, le séjour de la tente est préférable à celui des maisons.

Le mode de couchage dans les casernes ou les maisons est des plus rudimentaires : nos soldats couchent d'habitude sur des paillasses garnies de paille de maïs et confectionnées par les habitants sur réquisition. A défaut de cette ressource, la tente-abri est transformée en sac de couchage.

A Mexico, le logement des officiers est payé par la municipalité à raison de 150 francs par mois pour les lieutenants et sous-lieutenants, 200 francs pour les capitaines, etc. Le maréchal Bazaine touchait de ce chef une indemnité de 5.000 francs par mois, bien qu'il eût reçu un hôtel en cadeau de noces.

CHAPITRE VII

DES MARCHES.

Ordre de marche et service de sûreté. — Marche de l'avant-garde. — Grand'haltes. — Marches forcées et marches de nuit. — Marches en retraite. — Ordres et contre-ordres.

Ordre de marche et service de sûreté. — Nos colonnes en marche se gardent dans toutes les directions par des groupes dont la force et la composition varient suivant la nature du pays et les renseignements recueillis sur l'ennemi.

En tête de l'avant-garde marchent les cavaliers mexicains alliés qui remplissent le rôle d'éclaireurs ou *exploradores;* ils sont soutenus de très près par nos cavaliers qui servent également de flanqueurs à droite et à gauche de l'avant-garde. Un groupe d'infanterie avec du canon suit de près et constitue le gros de l'avant-garde. L'arrière-garde est disposée à peu près de la même manière, mais en sens inverse, et ferme la marche avec des cacolets.

Voici, comme exemple, l'ordre de marche adopté par une colonne, composée de 500 fantassins et 50 cavaliers français avec 3 pièces de montagne, et de 140 fantassins et 60 cavaliers mexicains.

La moitié des cavaliers mexicains marchent en éclaireurs; derrière eux viennent nos 50 cavaliers, une partie groupée, le reste réparti sur les flancs de l'avant-garde. Derrière nos cavaliers marche une demi-compagnie déployée en tirailleurs à faibles intervalles; le reste de la compagnie avec une pièce de montagne suit à une distance de 200 mètres.

Le corps principal marche à 400 mètres en arrière et comprend le reste de notre infanterie moins une compagnie, les 2 pièces de montagne, le convoi et l'infanterie mexicaine. Enfin l'arrière-garde est formée d'une demi-compagnie groupée, du reste de la compagnie en tirailleurs et en flanqueurs et de 30 exploradores formant l'arrière-garde.

Dans un terrain étroit formant défilé, et dans les régions boisées, la cavalerie française se replie à la queue de l'arrière-garde et l'infanterie seule fournit les flanqueurs.

Dans un pays montagneux ou très difficile, offrant de nombreuses positions où l'on peut s'attendre à rencontrer l'ennemi, on diminue la quantité de cavalerie placée en pointe et on augmente la proportion d'infanterie en tête et sur les flancs.

Voici les dispositions prises dans un pays de cette nature par une avant-garde forte de 2 compagnies, 1 pièce de montagne, un peloton de cavalerie française et quelques exploradores mexicains :

Les exploradores ouvraient la marche; derrière eux, sur la route et aux abords immédiats, marchait une escouade déployée en tirailleurs; 4 escouades marchaient en flanqueurs à droite et à gauche de la route, sur laquelle venait le reste de la compagnie groupée à 100 mètres en arrière de l'escouade déployée. A 150 mètres plus en arrière se tenait la 2e compagnie avec la pièce de montagne; le peloton de cavalerie fermait la marche. Toute cette avant-garde précédait le corps principal de 400 mètres.

L'arrière-garde de la même colonne était disposée de la manière suivante : gros de l'arrière-garde, une compagnie, une pièce de montagne, les cacolets et un peloton de cavalerie française; tête de l'arrière-garde, à 150 mètres en arrière, une section d'infanterie et deux cacolets; pointe, à 100 mètres en arrière, une escouade en tirailleurs, trois escouades en flanqueurs; extrême pointe, quelques cavaliers mexicains.

Voici maintenant l'ordre de marche d'une colonne plus forte comprenant deux escadrons, deux batteries, dont une de montagne, six bataillons, les divers services et des exploradores :

Avant-garde : une partie des exploradores, un escadron, un bataillon et deux pièces de montagne. Corps principal : deux bataillons, deux pièces de montagne, la batterie de campagne, un bataillon, le trésor, le parc et l'ambulance, un bataillon, une pièce de montagne, les bagages, l'administration et le convoi. Arrière-garde : un bataillon, une pièce de montagne, un escadron avec des cacolets et le reste des exploradores.

La caractéristique de ces diverses formations de marche, c'est que l'arrière-garde est à peu près aussi forte que l'avant-garde, ce qui s'explique dans un pays où les surprises pouvaient aussi bien se produire sur la queue de la colonne que sur la tête.

Le génie, lorsque la colonne en comporte, marche avec l'avant-garde. En général, les compagnies franches sont attachées d'une façon à peu près permanente à l'avant-garde ou réparties entre l'avant-garde et l'arrière-garde.

La distance entre l'avant-garde et le corps principal varie beaucoup suivant la proximité et les forces probables de l'ennemi. La colonne Brincourt, qui marche sur Oajaca au mois d'août 1864 et qui est forte de 1500 hommes a son avant-garde à une demi-heure du corps principal, et cependant cette avant-garde est relativement faible puisqu'elle ne comprend que 50 exploradores, deux compagnies franches, une section du génie et deux pièces de montagne; mais on s'attendait à rencontrer sur la route des obstacles accumulés par l'ennemi pour arrêter notre marche, et l'avant-garde avait pour mission de déblayer la route; elle ne pouvait accomplir cette mission qu'à la condition d'avoir sur la colonne une avance suffisante.

Marche de l'avant-garde. — Il arrive fréquemment que nos têtes de colonne sont attaquées par des guerillas très hardies qui profitent de tous les abris du terrain pour se dissimuler et fondre à l'improviste sur nos éclaireurs. Aussi, dans les terrains très coupés où cette tactique est à craindre de la part de l'ennemi, la compagnie placée en tête procède-t-elle souvent de la façon suivante : après avoir déposé ses sacs au convoi, elle gagne du terrain en avant de la colonne en prenant le pas gymnastique et s'établit sur une crête ou sur une position favorable d'où elle puisse protéger la marche de l'avant-garde. Lorsque celle-ci l'a presque rejointe, elle se porte de même sur une autre position et ainsi de suite; cette compagnie passe ensuite à la queue de la colonne où elle reprend ses sacs, la suivante la remplace et opère de même.

La traversée des bois touffus nécessite aussi des précautions particulières. L'infanterie prend la tête de l'avant-garde et fraie un passage à la colonne; les cavaliers marchent à pied dans le sillon des fantassins et tiennent leurs chevaux en main; les flanqueurs se suivent à la file indienne à droite et à gauche de ce sillon; de temps en temps, des hommes montent sur les arbres les plus élevés pour chercher à apercevoir le terrain aux environs.

Du reste, des mesures très rigoureuses sont prises pour préserver nos avant-gardes des embuscades et des coups de fusil tirés des villages que nous traversons. Dans le cas où semblables faits venaient à se produire, certains chefs de colonnes, le colonel Cottret entre autres, n'hésitaient pas à faire fusiller les habitants soupçonnés d'avoir fait feu sur nos troupes; dans le cas d'agression sérieuse, ils forçaient les habitants à évacuer le village et y faisaient mettre le feu.

Grand'haltes. — Les colonnes se mettent en marche avant le jour afin d'avoir parcouru la plus grande partie de l'étape avant la grosse chaleur. La grand'halte a lieu sur un point offrant des ressources suffisantes en eau ; sa durée varie généralement d'une heure à deux. Les troupes font le café et mangent la viande cuite avant le départ ; la colonne s'établit au bivouac et se couvre dans toutes les directions ; une partie des cavaliers sont prêts à sauter à cheval.

Ces mesures de précaution sont surtout nécessaires dans les terrains coupés ou dans le voisinage des bois et autres couverts : l'ennemi s'est chargé plusieurs fois de nous en faire sentir toute l'importance. Au mois de janvier 1865, une colonne française se porte de Mazatlan sur Veraños pour venger la défaite d'une compagnie surprise dans ce village et détruite par des forces supérieures. Vers onze heures, on s'arrête pour faire la grand'halte, et la cavalerie se met en devoir d'abreuver ses chevaux. Tout à coup deux ou trois cents cavaliers ennemis débouchent comme un ouragan d'un petit bois voisin, pénètrent avec impétuosité dans le camp qu'ils bouleversent, renversent une partie des faisceaux et sèment partout l'alarme, puis disparaissent comme ils étaient venus, avant que nos cavaliers aient eu le temps de se lancer à leur poursuite.

Marches forcées et marches de nuit. — Dans les colonnes nombreuses, étant donnés les difficultés du terrain et les à-coups qui se produisent à chaque instant, l'arrière-garde n'arrive guère à l'étape que dans la soirée ; aussi les marches forcées ne sont-elles exécutées en général que par des troupes peu considérables ou par des colonnes légères débarrassées de leur convoi. Les deux conditions essentielles pour atteindre l'ennemi consistant dans le secret et dans la rapidité d'exécution, les marches forcées, combinées avec les marches de nuit, offraient les plus grandes chances de succès et ont été fréquemment employées par nos troupes au Mexique ; mais elles ont rarement réussi, car l'ennemi était très bien renseigné sur tous nos mouvements : ses forces, consistant surtout en cavalerie, étaient très mobiles, et son infanterie même, ne portant que ses fusils et ses cartouches, suivant la coutume indienne, marchait avec une vitesse incroyable. On trouvera cependant, dans le récit des marches exécutées par le 7e de ligne, plusieurs exemples de bandes ennemies surprises par la rapidité de nos mouvements et obligées de s'enfuir précipitamment, en abandonnant entre nos mains leur matériel ou leur butin.

Dans les marches de nuit on supprime les distances entre les divers échelons de la colonne; on ne conserve que juste la distance nécessaire pour amortir les à-coups entre ces échelons. On choisit de préférence les chemins tracés en dehors des lieux habités, dans le fond des ravins, dans le lit des torrents à sec où l'on ne craint plus d'être fusillé des hauteurs voisines. Les flanqueurs sont supprimés, tout bruit est interdit, les diverses parties du chargement de l'homme sont soigneusement arrimées pour éviter ce bruit caractéristique que fait toujours une troupe française en marche; il est défendu de fumer, de faire du feu, etc...

Citons au hasard quelques exemples de marches forcées, de jour ou de nuit, accomplies par nos colonnes.

Le 22 septembre 1864, trois compagnies combinent leurs mouvements aux environs de Queretaro pour cerner une bande ennemie : l'une d'elles parcourt quatorze lieues d'une traite, les deux autres font dans la journée l'une treize, l'autre seize lieues.

Le 7 avril 1865, une colonne, composée d'hommes du 7e de ligne et du régiment étranger, fait l'étape de Salamanca à Irapuato où elle arrive le soir, repart le 8 à neuf heures du soir, marche toute la nuit et toute la matinée du 9 jusqu'à onze heures du matin, repart le soir à minuit pour exécuter une deuxième marche de nuit et ne s'arrête que le 10 à dix heures du matin.

La colonne d'Albici, qui opère aux environs de Penjamo (mars 1865), franchit dix-sept lieues dans une marche de jour suivie d'une marche de nuit, repart de jour pour faire dix lieues et fait, dans la journée du lendemain, quinze nouvelles lieues.

Le 1er juin 1866, le colonel Cotteret, du 7e de ligne, essaie de prendre les Dissidents en se portant de Cerro-Gordo sur Rio Florido; il exécute coup sur coup deux marches de nuit très rapides, l'une de onze heures du soir a onze heures du matin, l'autre de huit heures du soir à deux heures du matin. Au mois d'octobre de la même année, il se porte précipitamment de Durango sur Sombrerete et franchit quarante-cinq lieues en soixante douze heures. Du 13 octobre au 31 du même mois, il ne cesse de sillonner le pays, presque sans prendre de repos, toujours en forçant l'allure et souvent en marchant la nuit.

A l'affaire de Porfias (septembre 1866) notre infanterie poursuit l'ennemi toute la journée et ne s'arrête qu'à la nuit tombante, après une marche forcée de quatorze lieues, sans sans trêve ni repos.

Marches en retraite. — Dans les marches en retraite le convoi prend la tête de la colonne; pour diminuer autant que possible les impedimenta, on forme souvent un convoi spécial qui marche à une certaine distance en avant de la colonne, avec une escorte particulière.

Dans la retraite de Durango sur Mexico (août 1866), un bataillon de la garnison de Durango prend les devants, emmenant avec lui les malingres, les magasins et les vivres en excédent. Ainsi allégée, la colonne opère son mouvement rétrograde en poussant de nombreuses pointes et de vigoureux retours offensifs qui maintiennent l'ennemi à bonne distance.

Certains postes offraient peu de ressources en chevaux et mulets, de telle sorte qu'au moment de l'évacuation les moyens de transport se trouvèrent tout à fait insuffisants; il fallut détruire tout ce qui ne pouvait être transporté, armes, munitions, vivres, et partager la caisse entre les officiers à titre d'avances.

Pendant ce mouvement de retraite, nos arrière-gardes furent si vivement pressées que nos officiers durent parfois faire le coup de fusil pour leur défense personnelle.

Ordres et contre-ordres. — On ne s'étonnera pas si les marches entreprises à la poursuite des bandes mexicaines ont donné lieu à de nombreux contre-ordres. La nécessité de combiner les mouvements de nos colonnes en suivant la piste de l'ennemi, amenait de fréquents changements dans les ordres, pendant l'exécution même des marches; de là une série de contre-ordres qui augmentaient la difficulté de diriger et de ravitailler les colonnes et rendaient les marches plus pénibles.

Le 26 juin 1865, une colonne part de San Salvador pour aller s'établir à Inde, d'où elle pourra efficacement surveiller les bandes ennemies. Sur ces entrefaites on apprend que les bandes de Corona menacent Papasquiaro : ordre est envoyé à la colonne, qui est parvenue à Chinaca, de retrograder sur San Salvador et de se tenir prête à marcher sur Papasquiaro.

A la même époque, une compagnie, partie de Queretaro pour escorter un convoi de munitions jusqu'à Durango, trouve en route l'ordre de s'arrêter à Sombrerete, point qu'il importe d'occuper pour assurer la sécurité de notre ligne de communication. Le mois suivant, une compagnie chargée d'escorter un convoi de Durango à San Felipe, trouve à son arrivée dans cette ville l'ordre de se porter sur Sombrerete. En novembre 1865, deux compagnies parties de Durango à destination de Zacatecas trouvent en route l'orde de rétrograder sur Durango où se forme une colonne qui doit opérer dans le nord.

Quelquefois même deux contre-ordres venaient successivement changer la direction d'une colonne, et le chef de celle-ci devait s'estimer heureux si quelque évènement imprévu était venu s'opposer à l'exécution du premier contre-ordre. C'est ce qui est arrivé à la colonne Cottret au mois de juillet 1866. Le colonel avait reçu l'ordre d'évacuer San Salvador pour se replier sur Durango ; la traversée du rio de Nazas, qui a subi une crue énorme, s'effectue difficilement et à peine est-il parvenu à franchir la rivière qu'un contre-ordre lui enjoint de réoccuper San Salvador. Fort heureusement pour la colonne, la crue n'avait pas diminué et les difficultés du passage arrêtèrent encore sa marche jusqu'à l'arrivée d'un deuxième contre-ordre lui prescrivant de reprendre sa direction première, sur Durango.

CHAPITRE VIII

DU COMBAT

Tactique employée à la poursuite des bandes. — Mode habituel d'attaque de nos troupes. — Attaques de villages. — Attaques de positions fortifiées. — Les bandes mexicaines : organisation et tactique. — Manière de combattre. — Combat du Presidio.

Tactique employée à la poursuite des bandes. — Nous avons vu que notre tactique habituelle, au Mexique, consistait à faire converger un certain nombre de colonnes sur des points voisins, de manière à cerner l'ennemi et à lui couper la retraite. Presque toutes nos opérations pendant cette campagne peuvent se ramener à une poursuite des bandes ennemies à l'aide de colonnes dirigées concentriquement vers leur ligne de retraite.

Vers le début des opérations (juillet 1863), deux petites colonnes partent l'une d'Orizaba, l'autre de la Soledad, et convergent vers Huatusco pour refouler l'ennemi au nord de notre ligne de communication; celle de la Soledad exécute deux marches de nuit pour dissimuler son mouvement, mais l'ennemi est prévenu à temps et se dérobe.

Vers la fin de l'expédition (mars 1866), le détachement qui opère dans la Laguna dirige quatre colonnes légères qui battent les deux rives du rio de Nazas et débouchent le même jour sur San Lorenzo pour envelopper l'ennemi qui reste insaisissable.

Les colonnes plus nombreuses appliquent la même tactique : pendant l'été de 1864, cinq colonnes concertent leur mouvement dans le nord du Mexique pour acculer les Juaristes soit au territoire américain, soit dans le désert de Mapimi où ils ne pourront se ravitailler; ce sont les troupes commandées par le général Lhériller, le général de Castagny, les généraux alliés Mejia et Lopez, et le colonel Dupin. Au mois d'octobre de la même année, le général Douay et le général mexicain Marquez opérant contre les bandes du Jalisco, menacent de prendre l'ennemi à revers et le forcent à évacuer Colima pour se jeter au plus vite dans la montagne.

Quelquefois une seule colonne tente de prévenir l'ennemi sur sa ligne de retraite ou de le devancer à un point de passage; mais cette tactique a peu de chance de succès, car les Dissidents, toujours bien renseignés, ne manquent pas de changer leur itinéraire. En octobre 1864, les bandes de Romero et de Castillo infestent les environs de Toluca; deux compagnies se portent directement sur leur ligne de retraite parties à dix heures du soir, elles marchent toute la nuit et débouchent à quatre heures du matin sur le village de San Antonio, deux heures après le passage de l'ennemi.

Souvent aussi la poursuite des bandes s'effectue par échelons : une colonne marche à petites journées avec le convoi et sert d'appui à une ou plusieurs colonnes légères qui se meuvent rapidement dans un certain rayon autour d'elle. Ce dernier rôle est réservé naturellement à la cavalerie, sans laquelle aucune poursuite n'a chance d'aboutir. De la fin du mois de mars au mois de juillet 1866, un bataillon envoyé à Aviles sans cavalerie n'a cessé de diriger sur les deux rives du rio de Nazas de nombreuses reconnaissances sans arriver à apercevoir l'ennemi une seule fois.

Les Dissidents, poursuivis par plusieurs colonnes et sur le point d'être acculés à un obstacle, tel qu'une rivière non guéable, se fractionnent en petits détachements qui passent aisément entre les mailles du filet et disparaissent. Au mois d'avril 1865, les bandes ennemies sont traquées par les colonnes de Morelia et de Guadalajara qui leur ferment toute issue vers l'est et le sud; la colonne d'Albici leur barre la route de Zamora et de la Piedad; les Dissidents se dirigent alors sur Huango et Cuitzeo, une nouvelle colonne marche aussitôt sur ces deux points et pousse sur Valle Santiago, tandis qu'une compagnie postée à Irapuato marche sur Salamanca; mais les bandes se sont dispersées et ont disparu dans la direction du sud, poursuivies vainement par nos colonnes.

Mode habituel d'attaque de nos troupes. — Aussitôt l'ennemi signalé, l'avant-garde prend position et engage le combat; mais il faut bien se garder de porter l'avant-garde trop loin de la colonne et de l'exposer ainsi aux entreprises d'un ennemi nombreux, embusqué près de la route. A la fin de l'année 1864, une colonne française opérant dans le Sinaloa rencontre l'ennemi près de San Pedro; l'avant-garde, trop éloignée de la colonne, se déploie en tirailleurs et commence le feu, mais elle est chargée avec impétuosité par une nombreuse cavalerie ennemie et se replie sur le corps principal. Enhardi par ce mouvement de recul, l'ennemi charge avec une nouvelle vigueur, arrive en même temps que l'avant-garde sur le gros de la colonne et y sème le désordre.

Une fois l'affaire engagée, notre tactique habituelle consiste à gagner les flancs de l'ennemi et à menacer ses derrières. Mais ici encore il faut se tenir en garde contre les stratagèmes des Mexicains qui cherchent souvent, par une feinte retraite, à nous attirer sur une mauvaise position ou devant le gros de leurs forces. Au combat de Porfias (septembre 1866), la ligne d'éclaireurs ennemis se retire devant notre cavalerie et démasque brusquement la cavalerie mexicaine rangée en bataille sur une position favorable.

Attaques de villages. — Nous attaquons toujours les villages par surprise. Généralement une marche de nuit nous amène au petit jour devant la position; tandis qu'une fraction de nos troupes attaque de front, soutenue par de l'artillerie, des compagnies s'élancent à droite et à gauche pour tourner le village par les deux ailes; pendant ce temps la réserve gagne un point culminant voisin d'où elle pourra fournir des feux sur la sortie du village.

Le plus souvent l'ennemi évacue rapidement le village et prend position sur les hauteurs voisines d'où il est plus difficile de le chasser : l'opération consiste à reprendre l'attaque en menaçant de nouveau la ligne de retraite de l'ennemi. De là des marches pénibles, à une allure précipitée, dans des terrains très accidentés, et la lutte dégénère en un combat traînant sans résultat décisif. L'ennemi se réserve toujours de se retirer à temps pour occuper en arrière une autre position dominante, jusqu'à ce qu'il ait lassé nos forces ou que la nuit vienne mettre fin à l'action.

D'habitude nos hommes déposent les sacs avant d'exécuter ces pénibles marches d'attaque. A l'affaire de Teotitlan, deux compagnies du 7e mettent sac à terre et se lancent à l'attaque du village : l'une de ces compagnies appuie la poursuite de notre cavalerie pendant plus de 5 kilomètres en mamelonnant sur le flanc de la vallée de Teotitlan au delà du village que l'ennemi a eu soin d'abandonner pour prendre des positions successives sur les crêtes.

Quant au convoi, on le parque à l'abri des vues de l'ennemi, sous la surveillance d'un petit détachement.

Attaques de positions fortifiées. — Dans l'attaque des positions fortifiées, comme dans celle des villages, nous cherchons toujours à tourner la ligne de défense de l'ennemi : cette tactique est d'autant plus facile à appliquer que nos colonnes n'ont généralement rien à craindre elles-mêmes pour leurs communications.

Nous citerons comme exemple l'attaque de l'Infernillo.

Le 21 août 1864, une colonne française en marche sur Oajaca se heurte contre la position fortifiée de l'Infernillo.

Le convoi est laissé en arrière sous la garde d'un poste : les troupes déposent le sac, une partie s'avance de front contre la position, tandis qu'une colonne légère tourne celle-ci par un chemin de montagne ; le reste des troupes forme réserve et marche en arrière de la fraction qui attaque de front. L'ennemi voyant sa ligne de retraite menacée, abandonne des positions formidables dont la prise de vive force eût exigé de notre part de grands sacrifices.

Au mois de mars 1866, pendant les troubles de la Laguna, les insurgés occupent les fortes positions de Niño Jesus, formées d'une série de petites collines faciles à défendre ; le chef de l'insurrection, Herrera, se voyant sur le point d'être tourné, abandonne ces positions et dissimule sa retraite à travers bois.

Dans les parties montagneuses du Mexique où les fortes positions abondent, la lutte menace de s'éterniser, car notre tactique force bien l'ennemi à battre en retraite devant nous, mais elle n'amène aucune solution définitive. Les bandes, qui connaissent à fond le pays, se dérobent devant nous et reparaissent sur un autre point. Pendant tout l'été de 1865, les montagnes de la Huasteca sont ainsi le théâtre d'une série d'engagements sans résultats décisifs, chacun des deux partis s'emparant à son tour des Cumbres, puis, sous la menace d'une attaque à revers, les évacuant pour prendre une autre position dans la montagne.

Les bandes mexicaines : organisation et tactique. — Les Mexicains ont fait preuve d'intelligence et de ténacité dans la défense pied à pied de leur territoire. Ces qualités sont d'autant plus à l'honneur des troupes dissidentes que celles-ci se recrutaient la plupart du temps de vive force parmi les habitants des villages et des ranchos qu'elles traversaient. Aussi arrivait-il fréquemment que des bandes entières se mutinaient ou abandonnaient leurs chefs pour rentrer dans leurs villages.

On conçoit que ces bandes, armées de mauvais fusils et de canons mal attelés et mal manœuvrés, devaient être peu à craindre; la chasse permanente que nous leur faisions leur inspirait une terreur salutaire, et la plupart du temps elles se mettaient en retraite à notre approche; elles redoutaient surtout nos chasseurs d'Afrique qui avaient été surnommés *los Azules* à cause de la couleur bleue de leur uniforme.

A côté de ces éléments de qualité inférieure nous trouvons des guérillas composées d'hommes énergiques, vigoureux, bien acclimatés, connaissant admirablement le pays et sachant tirer parti de toutes ses ressources. Leur armement est assez défectueux et des plus variés : fusils, mousquets, lances, sabres, etc.; cependant quelques guérilleros ont des rifles et des carabines qui proviennent des États-Unis et qui leur permettent d'atteindre nos hommes à plus de 1.000 mètres. Ce sont ces guerilleros qui pillent les haciendas, guettent nos convois et tombent à l'improviste sur les petits détachements qu'ils détruisent; en principe, ils cèdent devant nous et n'attaquent que par surprise ou quand ils sont dix contre un.

Manière de combattre. — Aussitôt nos troupes signalées, la cavalerie mexicaine se déploie en fourrageurs à 700 ou 800 mètres de nous, pour reconnaître nos forces, inquiéter notre marche, chercher notre point faible; ces cavaliers caracolent, font feu et tournent bride rapidement pour aller se reformer un peu plus loin. Derrière eux vient une ligne dense de tirailleurs ou, si le terrain est favorable à une charge, des escadrons en ligne prêts à charger; plus en arrière se trouvent des fractions d'infanterie en ligne séparées par des intervalles dans lesquels prend place l'artillerie, s'il y a lieu.

Arrivée à bonne portée de notre feu, la cavalerie mexicaine démasque le front de combat et cherche à tourner nos deux ailes; elle utilise admirablement le terrain pour arriver le plus près possible de nous sans être vue et nous surprendre.

Les Mexicains commettent souvent la faute d'attaquer sans attendre l'arrivée de toutes leurs troupes et se font battre en détail par un adversaire beaucoup moins nombreux.

Les attaques à la baïonnette, exécutées par l'infanterie mexicaine, ont lieu dans la plus grande confusion. Tantôt tous courent en désordre sans tirer; tantôt quelques-uns tirent en courant; d'autres s'arrêtent pour épauler; puis toute la masse confondue se précipite en avant avec des cris, des hurlements sauvages accompagnés d'insultes ou d'injures grossières.

Les clairons mexicains ont employé quelquefois une ruse que nous avons vu renouveler en 1870 : ils faisaient entendre quelques-unes de nos sonneries, celles de : « *cessez le feu, en retraite* », etc.

Combat du Presidio. — Dans l'attaque des villages et des positions, la tactique des Mexicains est toujours de la plus grande simplicité : le combat du Presidio, livré par Corona à la tête de forces considérables en février 1866, va nous permettre de suivre cette tactique.

Le village du Presidio était défendu par 4 compagnies françaises, 1 peloton de chasseurs d'Afrique et 3 pièces de montagne, et par 300 fantassins alliés et 60 cavaliers avec 2 obusiers.

Fort de sa supériorité numérique, Corona déploie une ligne épaisse de fourrageurs et de tirailleurs, derrière laquelle il pousse le gros de ses troupes en colonnes profondes : l'une de celles-ci franchit la rivière à un kilomètre en avant du village pour le prendre à revers; les autres colonnes replient nos tirailleurs et débordent les ailes de deux compagnies françaises qui ont commis l'imprudence de franchir la rivière pour former une première ligne de résistance. Ces deux compagnies sont obligées de battre en retraite, serrées de si près qu'elles se défendent à bout portant et à l'arme blanche; une charge de la cavalerie alliée les dégage un moment et elles pénètrent dans le village qui est barricadé et retranché à la hâte.

Alors apparaissent les masses de l'infanterie ennemie qui engagent à chaque issue du village une lutte opiniâtre jusqu'à la nuit. La petite garnison, à court de vivres et de munitions, se replie avec peine sur Mazatlan en profitant de l'obscurité.

La manière de combattre des Mexicains se résume donc dans une attaque en masses, avec tentatives d'enveloppement; comme ils ne prennent l'offensive qu'avec une supériorité énorme, ils espèrent user nos forces dans cette lutte disproportionnée et venir ainsi à bout de notre résistance.

De notre côté, le calme, le sang-froid, la conscience de notre valeur, notre supériorité morale, notre discipline nous ont assuré la victoire chaque fois que le manque de munitions ou de vivres, plus encore que la soif, la chaleur et la fatigue, n'ont pas eu raison de nos forces.

CHAPITRE IX

PETITES OPÉRATIONS

Missions particulières; installation des autorités, escorte de l'empereur, levés topographiques, etc. — Passage des cours d'eau; le rio Blanco, le rio de Nazas, etc.

Missions particulières; installation des autorités, escorte de l'Empereur, levés topographiques, etc. — Outre la poursuite des bandes ennemies, qui donne lieu aux principales opérations de la campagne, de petites colonnes sillonnent fréquemment le pays pour remplir certaines missions particulières et pour montrer nos troupes dans des régions non encore explorées qu'il s'agit de maintenir dans le devoir.

Souvent les villes demandent elles-mêmes des garnisons françaises par crainte des bandes qui les pillent et les rançonnent; d'où l'envoi de faibles détachements qui suffisent pour éloigner les pillards et les tenir à distance. Dans ces temps troublés, ce ne sont pas seulement les guerilleros que les habitants paisibles ont à craindre, mais aussi toute cette lie de la population qui vit de rapines et de brigandage.

Quant aux missions particulières confiées à nos troupes, elles sont des plus variées. Tantôt ce sont des fouilles que l'on entreprend dans l'espoir de retrouver un trésor que l'on croit enfoui depuis les guerres de l'Indépendance : à deux reprises différentes, une compagnie est chargée d'exécuter ces fouilles aux environs de Queretaro. Tantôt c'est une colonne légère envoyée au nord de Chihuahua pour faire croire à une marche offensive dans cette direction, en réalité pour faire du bois et reconnaître le pays; ou bien c'est une colonne qui est chargée d'installer les autorités impériales dans une ville abandonnée par les Dissidents, etc.

Il n'était pas toujours facile de trouver dans les petites villes des hommes qui acceptassent de faire partie de la municipalité sous notre protection, car ils avaient tout à craindre des Dissidents, le jour où nos troupes quittaient la localité. Au commencement de janvier 1864, on ne put trouver personne à Aguas-Calientes pour constituer la municipalité; il fallut confier les fonctions de gouverneur de cet État à un ancien chef de bande, sorte d'aventurier sans scrupules qui, à l'époque où il luttait contre les Juaristes, avait coutume de faire achever les blessés ennemis pour n'avoir pas à les soigner.

Les précautions prises chaque fois que l'empereur Maximilien se déplaçait, donnent la note exacte de son peu de popularité et du degré de sécurité des routes. Partout sur son passage nos troupes prennent position et éclairent les environs de la route qu'il doit suivre; ces mesures donnent lieu à une série de petits détachements qui s'échelonnent sur la route du cortège et qui rayonnent à droite et à gauche pour le mettre à l'abri d'une insulte.

Les levés topographiques dans les régions infestées par les guerillas s'exécutent à coups de fusil sous la protection d'une escorte particulière. Du mois de mars au mois de mai 1864, une compagnie protège la reconnaissance du rio Blanco exécutée par un officier du génie; quelques mois plus tard, une colonne dirigée sur Teotitlan a pour mission de construire une route accessible à l'artillerie et de permettre ainsi d'entreprendre le siège d'Oajaca. Au mois d'octobre 1865, une compagnie escorte un officier d'état-major qui étudie le tracé d'une nouvelle route de Durango à Mazatlan, à travers la sierra de Nayaril.

Au reste, dans chaque colonne quelle que soit sa force, un officier est spécialement chargé du levé topographique, ce qui nous permet d'établir une carte détaillée des régions parcourues par nos troupes. Souvent aussi ces levés sont établis par renseignements, mais il convient de ne pas accepter ceux-ci sans contrôle lorsqu'ils émanent des habitants. Ainsi, dans la laguna de Mapimi, la route de Monclova par le Subaco nous avait été décrite par les habitants comme absolument impraticable, sans doute pour nous dissuader de diriger nos troupes vers cette région; or, au mois de mars 1866, nous pénétrons de ce côté et nous découvrons que le pays est facilement praticable, qu'il offre de l'eau en abondance et que les chemins sont accessibles à l'artillerie de montagne.

Passage des cours d'eau; le rio Blanco, le rio de Nazas, etc. — Parmi les petites opérations, le passage des cours d'eau est une des plus délicates; il s'effectue d'ordinaire à gué, les rares ponts étant détruits par les partis ennemis, mais le régime essentiellement variable des eaux rend souvent cette opération difficile et dangereuse.

Au mois de mai 1864, un petit détachement qui opère sur le rio Blanco cherche à effectuer le passage de la rivière. A minuit, une compagnie se met en marche pour surprendre le gué de San Joaquim qu'elle trouve libre et le passage s'effectue à la pointe du jour, en utilisant les chevaux du pays.

Le mois suivant, nos hommes sont chargés de jeter un pont sur la même rivière. A cet effet, des tirailleurs franchissent le cours d'eau sur le premier madrier jeté d'une rive à l'autre et protègent la construction d'un pont de huit mètres de long sur deux mètres et demi de large, qui est achevé en huit heures.

En février 1865, une petite colonne partie le soir de Rosario se dirige sur Matatan. Elle traverse une rivière avec de l'eau jusqu'aux genoux et débouche à deux heures du matin en vue de Matatan occupé par l'ennemi; un nouveau cours d'eau la sépare de ce village; l'avant-garde le traverse à gué, mais avec de grandes difficultés et au milieu de l'obscurité;

le reste de la colonne la suit, met le feu au village et se sèche autour de l'incendie.

Quelques jours plus tard, le même détachement en route sur Copala est obligé de franchir plusieurs fois une rivière qui forme de nombreuses boucles entre des murailles à pic, si bien que nos hommes finissent par marcher en caleçon pour n'avoir plus qu'à quitter leurs souliers au moment de se mettre à l'eau.

En septembre 1865, une compagnie qui opère dans la direction de Parras se trouve arrêtée par le rio de Aguanaval devenu, à la suite des pluies de la saison, un torrent infranchissable. Quelques jours plus tard, elle tente le passage sur un autre point et parvient enfin à franchir la rivière à l'aide d'un lit de fascines coulées à fond et d'un radeau construit par les hommes avec des troncs de mesquite pris sur la rive même et deux barils qui ont servi à transporter l'eau pour la grand'halte.

La même compagnie essaie en vain de franchir le rio de Nazas à hauteur de Santa-Rosa, mais une énorme crue rend le passage impossible: elle ne réussit pas davantage à hauteur de San Fernando; enfin, elle parvient à franchir la rivière en canots, en marchant longtemps avec de l'eau jusqu'à la ceinture.

L'année suivante, les pluies tombées en abondance ont rendu le passage de la même rivière très dangereux. Le colonel Cottret, qui a ordre de franchir le rio de Nazas à San Salvador, est obligé de faire transporter d'abord sur la rive droite les vivres et le matériel ce qui exige une journée entière; le lendemain seulement la colonne peut franchir la rivière en utilisant tous les canots disponibles.

Ces crues considérables entravaient d'une façon sérieuse la marche de nos colonnes et augmentaient l'audace des bandes ennemies; celles-ci, assurées de n'être pas surprises par une marche rapide de nos colonnes se rapprochaient de nos postes et pillaient les villages environnants.

Au mois d'août 1866, un bataillon qui évacue Durango pour se replier sur l'État de Zacatecas se voit arrêté devant le rio de l'Arenal qui atteint une largeur de 300 à 400 mètres : il emploie trois jours à franchir ce cours d'eau sur deux chalands et quelques mauvaises barques. Un peu plus loin un autre torrent, le rio de San Quintin, grossi par les pluies et profondément encaissé, retient encore le bataillon pendant trois jours. Une autre colonne, qui se porte de la Sauceda sur Porfias où l'ennemi est signalé, se trouve arrêtée par une rivière infranchissable et contrainte de revenir à la Sauceda sans avoir pu accomplir sa mission.

En résumé, les ponts étaient rares au Mexique, les gués nombreux mais souvent dangereux et difficilement praticables.

Les Mexicains déployaient aussi beaucoup d'ingéniosité : ils utilisaient souvent des troncs d'arbres transformés en embarcations longues de 7 à 8 mètres et qu'ils manœuvraient avec habileté, ou bien ils improvisaient des canots avec toute espèce de flotteurs ; les chevaux suivaient à la nage et dessellés. Souvent aussi ils construisaient des ponts volants, à l'aide de grandes pièces de bois jetées d'un bord à l'autre et qu'ils retiraient à l'époque des grandes crues.

CHAPITRE X

TROUPES ALLIÉES, GUIDES ET ESPIONS

Troupes mexicaines régulières et auxiliaires. — Gardes rurales. — Tenue, armement. — Indiens ; leur utilité comme espions et courriers. — Guides.

Troupes mexicaines régulières et auxiliaires. — Les troupes mexicaines régulières recevaient une solde avec laquelle elles devaient pourvoir à leur subsistance et à leur entretien. Les officiers étaient très nombreux ; quelques-uns étaient d'anciens chefs de bandes ralliés à notre cause. Le soldat mexicain, quand on savait le prendre, était doux et docile et, s'il avait été bien commandé et bien instruit, il eût pu accomplir des prodiges ; mais il était mal encadré et insuffisamment exercé : l'instruction du tir surtout était presque nulle.

Les troupes régulières et auxiliaires qui combattaient à nos côtés nous ont parfois rendu de grands services ; mais trop souvent elles ont lâché pied et plus d'une fois même elles nous ont trahi. Lorsque nous avions lieu de craindre une trahison ou une révolte de leur part, nous étions tenus à une surveillance constante à leur égard, surtout la nuit : une fraction de nos troupes était alors de piquet, prête à se jeter sur les Mexicains au cas où ils viendraient à se révolter.

En février 1865, une compagnie auxiliaire se soulève, assassine ses officiers et abandonne le poste de Juriria Pundiro pour passer avec armes et bagages à l'ennemi. Au combat d'Ayotla (août 1864), nous voyons, au contraire, les cavaliers mexicains alliés, sous les ordres du commandant Bolaños, charger l'ennemi avec furie et se faire presque tous tuer.

Quant aux chefs les uns nous sont restés fidèles ; d'autres, en grand nombre, après avoir fait leur soumission, ont repris les armes contre nous, comme Fragoso, Figueroa, etc.... En mars 1866, le chef de la cavalerie alliée, Toribio Regalado, chargé de défendre la ville de Parras contre les Dissidents, passe avec toute sa cavalerie dans les rangs de l'ennemi et lui livre la ville.

Gardes rurales. — Au commencement de l'année 1865, une partie des troupes auxiliaires sont licenciées par ordre de l'empereur Maximilien et remplacées par des gardes rurales entretenues aux frais des municipalités. Ces gardes rurales existaient déjà dans certaines localités où elles avaient été organisées dans le but de tenir à distance les bandes de pillards qui rançonnaient le pays en notre absence, mais elles étaient impuissantes contre les rassemblements un peu nombreux. En octobre 1864, 300 cavaliers dissidents bien armés pillent la ville de Tenango del Valle, près de Toluca, et les gardes rurales trop peu nombreuses ne peuvent rien contre eux.

De même que les auxiliaires mexicains, ces gardes rurales ont une tendance à ne pas s'éloigner de leur garnison et s'efforcent uniquement de défendre celle-ci contre les entreprises des Dissidents. Aussi faut-il peu compter sur leur coopération lorsqu'ils font partie de nos colonnes : ils s'empressent d'abandonner l'expédition pour regagner leur pays dès qu'ils apprennent que l'ennemi s'approche de celui-ci. En février 1865, un escadron mexicain chargé de défendre le pont de Tasquillo pour couper la retraite à la bande de Fragoso, abandonne ce poste et revient à Tula, sa garnison, sous prétexte que cette ville est attaquée.

Quelquefois les habitants eux-mêmes sont organisés et

armés par nos soins pour compléter la défense du pays et remédier à l'insuffisance de nos forces. La population de San Juan del Rio est chargée, en 1865, d'organiser elle-même la défense de la ville et reçoit à cet effet les armes provenant des troupes mexicaines licenciées, un sous-officier et quinze soldats français forment seuls le noyau de la défense.

Nous avons vu qu'en raison de leur connaissance du pays les troupes alliées servaient d'éclaireurs à nos colonnes dont elles formaient l'extrême avant-garde et arrière-garde. Les cavaliers de la Sécurité publique nous rendaient au besoin les mêmes services : dans la poursuite de Fragoso, au mois de mars 1865, une compagnie française, qui opère sur la route de Mexico à Queretaro, n'a pour éclaireurs que quatorze cavaliers de la Sécurité publique.

Tenue, armement. — Les cavaliers mexicains alliés sont armés d'un mousqueton rayé, d'un revolver et d'un sabre; leur équipement consiste en une cartouchière à patelette, fixée sur les reins par une courroie munie d'une boucle. Leur vêtement est en cuir ou en basane : il se compose d'une veste courte, brodée et ouverte sur la poitrine, d'un pantalon collant dans le haut, large dans le bas et boutonné sur les cotés, de brodequins de cuir et d'un large sombrero. La nuit, une sorte de couverture ou *sarape* leur sert de manteau.

L'armement de l'infanterie est à peu près le même; le mousqueton est remplacé par un fusil ou un rifle, le vêtement est en toile de coton, la chaussure consiste en une large bande de cuir fixée par des lanières à la cheville. Au lieu de havresac le fantassin porte sur le dos une sorte de petit paquet contenant quelques menus objets et une couverture.

Signalons l'exagération des grades dans les troupes mexicaines alliées : dans la colonne qui opère contre Porfirio Diaz au mois de juillet 1865, tandis qu'un chef de bataillon français commande à 22 officiers et 729 hommes, le commandant mexicain Bolaños a sous ses ordres 2 officiers et 50 cavaliers, et le lieutenant-colonel Laïson 7 officiers et 30 hommes.

Indiens; leur utilité comme espions et courriers. — Les Indiens nous ont fréquemment prêté leur concours et rendu de réels services. Dans la poursuite des bandes ennemies aux environs de Zimapan, en février 1865, 400 Indiens de la Sierra Gorda devaient concerter une attaque contre cette ville avec 200 Indiens venant de l'ouest et du nord, tandis que nos troupes s'avanceraient par le sud-est, et ce ne fut pas leur faute si ce plan d'attaque ne put être mis à exécution. Le mois suivant, une partie de ces mêmes Indiens, envoyés à la poursuite de Fragoso, le repoussent de Zimapan et le mettent en fuite avec ceux de ses hommes qui ne se sont pas mutinés.

La même année, dans la Sonora, les Indiens alliés interviennent avec succès dans la poursuite des bandes ennemies; ils tuent le chef dissident Rosales et entrent à Alamos.

Mais c'est surtout comme courriers et comme espions que les Indiens nous rendent des services signalés. Les renseignements que nous obtenions au Mexique à l'aide de reconnaissances régulières étaient presque toujours vagues ou à peu près nuls, à cause de la complicité des habitants; souvent même ils étaient entièrement contradictoires. Au mois de mars 1866, les Dissidents surprennent un petit détachement français à Santa Isabel et le détruisent : tout le pays est aussitôt en fermentation. Une colonne quitte Aviles pour rechercher l'ennemi et pour étouffer l'insurrection qui prend des proportions inquiétantes, mais il lui est impossible d'obtenir aucun renseignement précis sur les Dissidents. Dès que nos troupes se portent sur un point où l'ennemi est signalé, celui-ci disparaît; nos reconnaissances ne recueillent aucune nouvelle certaine, notre cavalerie ne rapporte, sur la force et les projets de l'ennemi, que des bruits vagues; les prisonniers, les chefs de villages, lorsqu'on peut les saisir, ne donnent que des renseignements peu sûrs. Seul, l'emploi des espions peut nous éclairer sur l'emplacement, la force, les projets des bandes ennemies.

Les renseignements fournis par la poste sont également mis à profit, mais c'est là un appoint de faible importance. Les courriers qui passent par les gîtes d'étapes que nous occupons sont ouverts, les lettres et journaux examinés avec soin. Ceux dont la communication n'offre aucun danger pour nous continuent leur route, les autres sont brûlés; les journaux rédigés dans un esprit hostile à notre intervention sont supprimés.

Dans ces conditions, nous avons surtout recours aux Indiens comme espions et comme guides et courriers; gagnant de vitesse nos colonnes, ils coupent au court, évitent les lieux habités et arrivent à temps pour porter des contre-ordres aux détachements en route, ou pour hâter leur marche, leur donner des nouvelles fraîches de l'ennemi, etc.

L'emploi de ces courriers constitue pour nous le moyen le plus sûr et le plus rapide pour relier entres elles les nombreuses petites colonnes qui opèrent sur des théâtres voisins et pour coordonner leurs mouvements. Au mois d'avril 1866, un détachement français qui est à Zigueros, dans la Sonora, laisse, faute d'espions, le général allié Lozada se battre seul contre Corona à San Sebastian qui n'est éloigné que de six lieues.

Au mois de mars 1865, une compagnie poursuit Fragoso dans le massif montagneux situé au sud-est de Queretaro. Elle envoie un espion dans la direction de Chapantongo où a été signalée la présence du chef dissident : l'espion annonce que Fragoso a quitté ce point pour se diriger en toute hâte sur Zimapan. Grâce à ce renseignement, la compagnie change de direction et après une poursuite de plusieurs jours force l'ennemi à se disperser.

Au mois d'août 1864, après les affaires de San Antonio et d'Ayotla, la ligne de retraite suivie par Porfirio Diaz nous est dévoilée par un Indien qui lui a servi de guide et que notre avant-garde a enlevé. Il nous apprend que le général ennemi a franchi en toute hâte le rio de Quiotepec pour se diriger sur Cuicatlan.

En novembre 1865, les nombreux espions envoyés sur les traces des bandes ennemies qui tiennent la campagne dans la laguna de Mapimi, nous mettent au courant de leurs tentatives et de leurs projets, et, si nous ne parvenons pas à les atteindre, c'est que nos adversaires disposent de leur côté de nombreux moyens d'information.

Le sort des Indiens qui nous servent ainsi d'espions ou de courriers est peu enviable : les Dissidents les pendent haut et court lorsqu'ils s'en emparent, et les laissent dans cet état pour servir d'exemple. De notre côté, nous fusillons les Indiens soupçonnés de servir d'espions à l'ennemi; les individus surpris et arrêtés sont interrogés sur-le-champ, et malheur à eux s'ils ne peuvent donner de bonnes raisons pour expliquer leur présence, s'ils se coupent ou s'embrouillent dans leurs réponses. Des Indiens inoffensifs ont été maintes fois victimes de semblables méprises, soit qu'ils n'aient pu justifier de leur présence au milieu de nos troupes, soit que leurs explications aient paru embarrassées. Dans les environs de Mazatlan, deux Indiens suivaient une de nos colonnes, vivant avec nos hommes auxquels ils rendaient quelques menus services. Un soir ils sont saisis sur la ligne de nos avant-postes par des soldats qui ne les connaissent pas, et ils ne peuvent expliquer nettement les motifs de leur présence en ces lieux; ils sont fusillés le lendemain matin et meurent courageusement.

Les étrangers eux-mêmes, porteurs de sauf-conduits, ne voyagent pas sans danger : un Américain, saisi par nos avant-postes, est conduit au village d'El Verde; il est sur le point d'être fusillé comme espion, lorsqu'il tire de sa poche un sauf-conduit délivré par les autorités françaises et qu'il avait complètement oublié dans son trouble.

Guides. — Quant aux guides, nous en trouvions non seulement chez les Indiens, mais aussi parmi les habitants. La municipalité les choisissait parmi ceux qui connaissaient le mieux le pays; ils ne pouvaient nous trahir, car ils étaient gardés à vue et ils savaient qu'au moindre soupçon ils seraient fusillés. Nous leur donnions une piastre par jour et la nourriture, et ils ont toujours paru satisfaits de ces conditions.

A défaut de guides de bonne volonté, ces fonctions étaient imposées à des habitants que l'on saisissait et qui marchaient à la tête de la colonne entre deux soldats, le fusil chargé.

CHAPITRE XI

DES REPRÉSAILLES

Moyens de répression employés habituellement. — Les voleurs de Mexico ; cours martiales. — Destruction de villages. — La contre-guérilla Dupain. — Le directeur de la poste de Rio Florido. — Amende imposée aux notables du Parral. — Monument élevé à Mexico.

Moyens de répression employés habituellement. — C'est une des tristes conséquences des guerres de partisans de pousser chacun des adversaires à user de représailles à l'égard du parti ennemi. Dans les conditions où nous luttions au Mexique, seuls au milieu d'un pays en pleine insurrection, toute tentative contre nos personnes ou nos intérêts devait être impitoyablement réprimée. La conduite suivie par nos adversaires eût suffi, au besoin, à légitimer les moyens de répression mis en usage de notre part. Aussi voyons-nous des colonnes légères parcourir le pays, brûlant les villages hostiles, opérant des razzias pour punir les habitants de leur complicité avec l'ennemi, etc. ; quelquefois des gens inoffensifs, dont l'allure excite nos soupçons, sont victimes de la situation que nous imposent les circonstances.

Quand nous trouvons des armes françaises dans les habitations isolées, le propriétaire est fusillé et les cases brûlées : il est probable, en effet, que ces armes proviennent de soldats tués dans une embuscade. Au reste, le seul fait pour un habitant d'être trouvé détenteur d'armes, quelles qu'elles soient, le rend passible de la peine de mort. C'est le seul moyen pour nous de tenir en respect un pays de dix millions d'habitants avec un corps d'occupation relativement très faible.

Outre les espions proprement dits, certains habitants des villages hostiles, qui ont la réputation d'être des Juaristes, sont fusillés à titre d'exemple, dans le cas assez rare où nous parvenons à nous emparer de leurs personnes.

Les voleurs de Mexico. Cours martiales. — A notre arrivée à Mexico, de nombreux vols étaient commis, principalement la nuit. Le colonel de Potier, qui commandait l'état-major de la place, résolut de châtier les coupables ; il organisa aussitôt une police sérieuse, secondée par nos troupes. Les voleurs arrêtés pendant la nuit étaient amenés tous les matins devant l'état-major et bâtonnés en public. Cette mesure radicale produisit bientôt son effet et, au bout d'un mois, les vols avaient cessé à Mexico.

A la même époque, des cours martiales sont créées pour juger les bandits pris les armes à la main, et leurs sentences exécutées, sans appel, dans les vingt-quatre heures. Un décret de Maximilien, en date du 3 octobre 1865, prononce la peine de mort contre les Dissidents pris dans les mêmes conditions. Salazar, Arteaga, etc., sont fusillés par application de ce décret qui se retournera bientôt contre son auteur lorsque la fortune l'aura abandonné.

Destruction de villages. — Pendant l'insurrection de la Laguna, dans l'automne de 1865, un certain nombre de ranchos et de villages rebelles sont détruits pour intimider les habitants de cette région et les forcer à la neutralité. A l'approche de nos troupes, l'hostilité des habitants se traduit par la fuite de tous les hommes valides qui emportent ou cachent les denrées et les ressources de toute espèce.

Le 1er octobre 1865, le village de Los Arenales, abandonné par les hommes valides qui sont allés renforcer les bandes, est entièrement rasé, sauf quelques abris nécessaires aux femmes et aux enfants, auxquels un délai de huit jours est accordé pour évacuer le village. Le juge de

Los Arenales est arrêté comme l'un des instigateurs de l'insurrection.

Au mois de février de la même année, les habitants mâles de la petite ville de San Sebastian abandonnent cette ville à l'approche de nos troupes. Le chef de la colonne fait savoir que si tous les hommes valides ne rentrent pas à San Sebastian dans la journée, il fera mettre le feu à la ville; le lendemain il exécute sa menace et fait détruire la ville.

Au mois de juin 1866, un voltigeur du 7e est assassiné à Mapimi lors du passage de sa compagnie dans cette ville; quelques jours après, la compagnie revient à Mapimi, s'empare de l'un des assassins et le fusille.

En avril 1866, une colonne légère se porte du Parral sur Atotonilco qui est un vrai repaire de bandits, et détruit ce pueblo; puis elle arrive à Allende et assure la rentrée d'une amende frappée sur cette ville.

Après l'affaire de Veraños, le général de Castagny fait mettre le feu à ce village, ce qui amène des représailles de la part des Dissidents; aussi la guerre autour de Mazatlan prend-elle un caractère véritablement sauvage. Après le combat du Presidio, Corona, trouvant trop long d'enterrer ses morts, les fait brûler. De notre côté, nous sommes réduits, pour éviter les violations de sépulture, à faire disparaître toute trace sur la tombe de nos soldats.

La contre-guérilla Dupin, etc. — Un homme a laissé au Mexique un renom de cruauté, c'est le colonel Dupin, commandant de la contre-guérilla. Il faisait pendre sans jugement les habitants simplement soupçonnés d'avoir porté les armes contre nous. Cette troupe recevait par nos soins une solde fixe avec laquelle elle devait se nourrir et s'entretenir; le taux de cette solde était très élevé : les soldats touchaient une piastre par jour, les sous-officiers et les officiers étaient payés à l'avenant. Mais la plupart de ces hommes jouaient leur solde à la roulette et vivaient ensuite de rapines. Quand une province s'agitait trop, on menaçait les autorités civiles de leur envoyer le colonel Dupin, et tout rentrait dans l'ordre.

L'organisation provisoire des contre-guerillas comprenait 2 compagnies de 100 volontaires et un escadron de 40 cavaliers, choisis dans les troupes françaises et placés sous les ordres du colonel Dupin. Cette troupe après sa réorganisation, en mars 1864, fut portée à l'effectif de 540 hommes avec une section d'obusier de montagne. Le colonel Dupin eut, en outre, sous ses ordres un corps de 300 Mexicains commandés par le colonel Llorente.

C'est surtout pendant notre concentration sur Mexico, à la fin de l'expédition, qu'il importait de maintenir dans le devoir les populations surexitées par la perspective de notre départ. Le 23 septembre 1866, une compagnie en reconnaissance arrive à Nombre de Dios ; l'hostilité des habitants à notre égard se traduit par des cris séditieux, un de nos hommes est menacé d'un coup de couteau ; le coupable est arrêté et fusillé séance tenante.

Lorsque les habitants coupables de rébellion, de trahison ou de voies de fait ne peuvent être atteints, les notables sont saisis ou frappés d'amende : en août 1866, les habitants de Cauatlan font un pronunciamiento et maltraitent les autorités qui prennent la fuite ; une compagnie marche aussitôt sur cette ville et impose aux notables une amende de mille piastres.

Le directeur de la poste de Rio Florido. — A la fin de novembre 1865, une colonne en marche de Durango sur Chihuahua est de passage à Rio Florido. Comme cela se pratique chaque jour à l'arrivée au gîte, les routes et les sentiers sont immédiatement occupés par des postes ou par des sentinelles, suivant leur importance, et tous les individus qui se présentent sont conduits chez le commandant de la colonne pour y être interrogés. Ce jour-là le courrier postal de Chihuahua arrive avec son mulet chargé de dépêches; parmi celles-ci se trouve une lettre adressée au directeur de la poste de Rio Florido par son collègue de Chihuahua. Ce dernier le remercie de lui avoir annoncé le départ des Français de Durango vers le nord et le prie, le cas échéant, de lui faire connaître également leur passage à Rio Florido.

Mis en présence des preuves de sa trahison, le directeur des postes balbutie des excuses et prétend qu'il n'a pas eu l'intention de nous nuire. Traduit aussitôt devant une cour martiale composé de trois capitaines, il est déclaré coupable de haute trahison, et exécuté le lendemain au petit jour.

Amende imposée aux notables du Parral. — Un exemple va nous montrer comment on procédait pour recouvrer les amendes frappées sur les habitants d'une ville.

Le 2 avril 1866, la colonne du nord, sous les ordres du lieutenant-colonel d'Albici, réoccupe en toute hâte le Parral.

La ville est frappée d'une contribution de guerre de deux cent milles piastres pour punir les habitants de leur complicité avec les bandes de Guadalupe Soto et d'Agostino Vasquez. Quelque temps auparavant, une compagnie du 51e, à son arrivée au Parral, avait été très bien reçue en apparence par les habitants, et ceux-ci avaient fait boire et manger nos hommes de manière à paralyser leurs forces; puis, la nuit venue, les Dissidents avaient envahi la ville, braqué deux pièces de canon sur la porte de la caserne et, montant sur les toits des maisons voisines, ils avaient ouvert le feu sur nos soldats endormis à la suite de copieuses libations. La compagnie, dégrisée par cette attaque imprévue, était parvenue après avoir fait des prodiges de valeur, à battre en retraite, mais non sans avoir perdu la moitié de ses hommes.

Le lieutenant-colonel d'Albici convoque chez lui les membres de l'ayuntamiento et leur fait dresser une liste des notables du Parral : chacun de ceux-ci est taxé suivant ses resssources et doit payer une amende variant de deux cents à deux mille piastres.

L'officier payeur de la colonne du nord, chargé du recouvrement de cette amende, parcourt pendant dix jours les rues de la ville avec une prolonge d'artillerie, assistant au désespoir des uns, aux cris et aux pleurs des autres. Enfin, la contribution recueillie s'élève à 141,000 piastres, partie en barres d'argent, partie en piastres et même en cuivre monnayé; ce dernier mode de payement donnant lieu à un supplément de 12 p. 100 pour le change.

Reste un reliquat de 60,000 piastres qui ne peut être recouvré, une partie des habitants ayant pris la fuite; leurs maisons sont incendiées et la peine de mort est prononcée contre eux, pour le cas où l'on viendrait à les saisir.

Un mois plus tard, pendant une halte à Rio Florido, un soldat du train des équipages ne retrouve pas son fusil qui, dit-il, a dû lui être volé par un habitant : l'officier payeur du 7e se rend chez l'alcade avec un ordre écrit du Colonel pour exiger immédiatement le paiement d'une amende de 200 piastres.

Monument élevé à Mexico. — Aujourd'hui ces événements sont loin de nous. Tout en déplorant les excès qui ont pu être commis, il faut, pour les juger en toute impartialité, se reporter par la pensée à la situation extraordinaire créée par les événements aux deux partis en présence. Si nous avons rappelé dans ce chapitre les mesures violentes auxquelles on eut trop souvent recours des deux côtés, c'est que ce récit était nécessaire pour préciser le caractère particulier de la lutte. Comme toutes les guerres d'indépendance, celle-là devait fatalement dégénérer en représailles et en guerre de partisans.

Un grand nombre de nos morts reposent obscurément sur le sol mexicain. Un monument a été élevé à leur mémoire à Mexico (1890). C'est un mausolée ayant la forme d'une pyramide érigée sur un terre-plein ; un sphinx en pierre blanche est couché devant la porte en pylone, sur un socle orné de trophées de drapeaux, d'armes et de lauriers. On a gravé sur les côtés les noms des braves qui reposent sous ce monument.

L'inscription est des plus simples :

A NOS OFFICIERS

1863-1890

CHAPITRE XII

COMPAGNIES FRANCHES

Organisation et armement. — Manière d'opérer et rôle des compagnies franches.

Organisation et armement. — Les compagnies de partisans, ou compagnies franches, ont été formées dès le début de l'expédition pour donner la chasse aux partis ennemis et remplir certaines missions particulières. Les hommes, choisis avec soin, étaient placés sous les ordres d'officiers désignés sur leur demande et particulièrement aptes à ce service spécial.

Chaque compagnie comprenait 100 hommes répartis en deux sections et huit escouades, et commandés par 6 sous-officiers et 3 officiers, ceux-ci montés. Les hommes étaient armés de la carabine; quatre mulets permettaient de transporter un petit approvisionnement de vivres, et des chevaux ou mulets, requis suivant les besoins, complétaient les moyens de transport. Souvent on adjoignait à la compagnie deux soldats du train chargés de conduire chacun un mulet porteur de deux caisses de cartouches de réserve. Les officiers et sous-officiers continuaient de compter à leur compagnie et n'étaient que détachés à la compagnie franche; les caporaux et soldats étaient administrés au titre de celle-ci et en faisaient partie intégrante.

Quelques cavaliers, généralement des explorateurs mexicains, étaient attachés à la compagnie franche; quelquefois aussi, lorsqu'il s'agissait d'exécuter des marches longues et rapides, les hommes plaçaient leurs sacs ou même montaient à tour de rôle sur des mulets ou des chevaux de réquisition.

Les soldats des compagnies franches étaient d'excellents marcheurs, admirables de discipline et d'énergie. Ceux du 7e, laissés libres de leur paquetage, en étaient arrivés à abandonner le sac; ils le remplaçaient par la toile de tente, qu'ils roulaient dans le sens diagonal et qu'ils portaient en bandoulière. Ce *baluchon*, comme ils l'appelaient, contenait toujours le pantalon de drap, une paire de chaussures et un peu de linge. Les hommes marchaient en pantalon de toile et utilisaient le pantalon de drap la nuit.

Manière d'opérer et rôle des compagnies franches. — Ainsi constituée chaque compagnie franche opère d'habitude isolément. Quand elle fait partie d'une colonne, elle marche ordinairement à l'avant-garde; dans les colonnes très faibles, elle constitue à elle seule l'avant garde et l'arrière-garde. Sa connaissance du pays et son extrême mobilité en font un auxiliaire précieux.

Quand elle opère seule, elle jouit de la plus grande initiative : tantôt lancée sur la piste d'une bande ennemie, elle change brusquement d'itinéraire pour se jeter sur les traces d'une autre bande qui lui est signalée et qui se croit à l'abri de ses coups; tantôt elle se fractionne elle-même, malgré son faible effectif, pour former plusieurs détachements qui vont chercher à couper la retraite à l'ennemi; tantôt enfin elle exécute les opérations les plus variées, reconnaissances, levés topographiques, étude de routes nouvelles, répression de vols à main armée, de pillages et d'assassinats, destruction de pueblos à titre de représailles, protection des courriers, recherche de trésors... Tel est le bilan sommaire de ses opérations, sans parler des convois qu'elle escorte à chaque instant et des expéditions dans lesquelles elle se trouve souvent englobée.

Pour exécuter ses coups de main, elle traverse les lieux les plus déserts, double souvent l'étape et marche la nuit.

Une bande est-elle signalée dans une direction, la compagnie franche file immédiatement, marche sans trêve ni merci dans des régions à peu près inconnues, tantôt sous un ciel brûlant, tantôt sur des plateaux glacés, à travers les terrains les plus accidentés.

En moins de trois mois, du 30 novembre 1863 au 25 février 1864, la compagnie franche du 7e de ligne parcourt 400 lieues dans un pays des plus difficiles. Le 24 novembre 1864, elle part de Queretaro en reconnaissance, rentre le 28, repart le 30, marche jusqu'au 18 décembre, exécute du 19 au 23 des reconnaissances autour de San Juan del Rio, se remet en route du 24 au 27, fait des reconnaissances autour de Solis du 27 au 29, part dans la nuit du 29 au 30 et rentre à Solis le 31 décembre. Elle repart le 2 janvier 1865, marche jusqu'au 4 et rentre le 6 à Queretaro. Du 30 janvier à la fin de février de la même année, elle accomplit à la poursuite de Fragoso et de ses bandes une série de marches forcées des plus pénibles. Et au milieu de toutes ces allées et venues, elle se heurte quelquefois à des colonnes ennemies plus fortes qu'elle, comme le 25 février 1865, à Cuatchiti, où 70 hommes de la compagnie franche rencontrent 300 Mexicains en position, leur tuent 15 hommes et en mettent une quarantaine hors de combat.

Nous ne pouvons relater ici tous les coups de main exécutés par les compagnies franches; mais il était nécessaire de rappeler sommairement le rôle brillant que ces compagnies ont joué pendant l'expédition, afin d'ajouter un trait essentiel à l'esquisse que nous avons essayé de tracer de la *Guerre au Mexique*.

DEUXIÈME PARTIE

JOURNAL DE MARCHE DU 7e DE LIGNE

CHAPITRE PREMIER

I. — COUP D'ŒIL SUR L'EXPÉDITION DU MEXIQUE JUSQU'A L'ARRIVÉE DU 7e DE LIGNE (1861-1863)

Convention de Londres. — 1re expédition, l'amiral Jurien de la Gravière. — 2e expédition, le général de Lorencez. — 3e expédition, le général Forey, siège de Puebla (1863).

II. — ARRIVÉE DU 7e DE LIGNE AU MEXIQUE

Formation des bataillons de guerre. — Composition des cadres. — Traversée du Mexique et débarquement à Vera-Cruz. — Siège de Puebla : rôle du 7e de ligne. — Occupation d'Orizaba, escortes de convois (avril-mai 1863).

I. — COUP D'ŒIL SUR L'EXPÉDITION DU MEXIQUE JUSQU'A L'ARRIVÉE DU 7e DE LIGNE

Convention de Londres (1861). — Par une convention signée à Londres le 31 octobre 1861, la France, l'Angleterre et l'Espagne s'engageaient à envoyer sur les côtes du Mexique des forces destinées à poursuivre le redressement des griefs de ces trois puissances, et à prendre des garanties pour l'avenir.

Ces forces devaient comprendre 6.000 Espagnols, 3.000 Français et une division navale anglaise.

1re expédition française : l'amiral Jurien de la Gravière (1862). — Le corps expéditionnaire français, placé sous les ordres du contre-amiral Jurien de la Gravière, comprenait 15 compagnies d'infanterie de marine (du 1er et du 2e régiment), un bataillon du 2e de zouaves, un peloton du 2e chasseurs d'Afrique, un détachement du train et quelques ouvriers d'administration et sapeurs du génie.

L'escadre française débarque le 9 janvier 1862 à Vera-Cruz, en rade de Sacrificios, et nos troupes vont camper à Tejeria.

De son côté, le dictateur Juarez se prépare à la résistance et fait paraître une loi punissant de mort les étrangers qui envahissent le territoire mexicain : c'est cette loi qui sera invoquée un jour contre l'empereur Maximilien.

La convention de la Soledad, signée le 19 février, ouvre des négociations dans le but d'arriver à une entente ultérieure : les Alliés évacuent les Terres Chaudes et s'avancent dans l'intérieur du pays. Le corps expéditionnaire français occupe Tehuacan (12 mars).

2e expédition française : le général de Lorencez (mars 1862). — Une brigade de renfort, sous les ordres du général de Lorencez, part de Cherbourg le 28 janvier et arrive à Vera-Cruz le 6 mars. Elle se compose de 4 bataillons (2e zouaves, 99e de ligne et 1er bataillon de chasseurs), une batterie d'artillerie, une compagnie du génie, un escadron du 2e chasseurs d'Afrique, des soldats du train, de l'administration, etc., en tout 4.500 hommes.

Cependant les négociations ouvertes avec le gouvernement mexicain sont rompues ; puis les Alliés eux-mêmes ne pouvant s'entendre, les troupes anglaises et espagnoles évacuent le Mexique : les représentants français recouvrant leur liberté d'action, adressent au peuple mexicain une proclamation qui équivaut à une déclaration de guerre au gouvernement de Juarez.

La convention de la Soledad portait qu'en cas de rupture des négociations, nos troupes évacueraient Tehuacan pour se reporter à l'est, sans pouvoir dépasser Paso Ancho. Depuis le 8 avril nos troupes étaient cantonnées à Cordova : mais pour éviter les dangers d'un séjour dans les Terres Chaudes à cette époque de l'année, le général de Lorencez se décide à marcher sur Orizaba, où il entre le 20 avril. Il enlève de vive force le passage des Cumbres d'Aculcingo (28 avril), mais il échoue devant Puebla (5 mai) et se replie sur Orizaba.

Après un engagement heureux à la Baranca Secca (18 mai), il s'efforce de rétablir ses communications avec Vera-Cruz, mais il se voit attaqué lui-même dans Orizaba; l'enlèvement du Cerro Borrego par nos troupes, dans la nuit du 13 au 14 juin, décide le général mexicain Zaragoza à la retraite.

3e expédition française : le général Forey (septembre 1862). — A l'annonce de l'insuccès du 5 mai, un premier renfort de deux bataillons et un escadron est expédié en toute hâte d'Algérie sur le Mexique; le général Forey est désigné pour remplacer le général de Lorencez qui rentre en France.

Après l'arrivée de tous les renforts en route, le corps expéditionnaire va comprendre 20.000 hommes d'infanterie, 1.500 de cavalerie, 1.900 d'artillerie, 500 du génie et environ 2.500 hommes des divers services administratifs, non compris 2.000 hommes de la marine, soit au total 28.000 hommes.

Le corps expéditionnaire forme 2 divisions d'infanterie, une brigade de cavalerie et une réserve d'artillerie. Sa composition est la suivante.

1re division : général Bazaine, 1re brigade : général Neigre, 18e bataillon de chasseurs, 1er zouaves, 81e. — 2e brigade : général de Castagny, 20e bataillon de chasseurs, 3e zouaves, 95e, un bataillon de tirailleurs algériens;

2e division : général Douay, 1re brigade, colonel Lhériller, 1er bataillon de chasseurs, 2e zouaves, 99e. — 2e brigade : général de Bertier, 7e bataillon de chasseurs, 51e, 62e;

Brigade de cavalerie : général de Mirandol;

2 batteries d'artillerie (dont une de montagne) et une compagnie du génie par division;

Une réserve d'artillerie (4 batteries dont 1 de siège) et une demi-compagnie de pionniers;

Un régiment d'infanterie de marine, un bataillon de marins-fusiliers, des compagnies du génie colonial recrutées à la Martinique et à la Guadeloupe, et les Volontaires des Antilles.

Enfin les contingents alliés, comprenant 12 à 13.000 hommes d'infanterie et un millier de cavaliers, le tout sous les ordres du général mexicain Marquez; 400 Egyptiens cédés par le vice-roi d'Egypte, débarqueront à Vera-Cruz au mois de février suivant.

Le général Forey, arrivé le 21 septembre, s'occupe aussitôt d'organiser le service des vivres et des transports et d'assurer la sécurité de ses communications, compromise par des bandes de guérillas. Son but est de reprendre la marche vers l'ouest dès que la saison le permettra, en prenant pour objectif Puebla.

Le général de Bertier entre à Jalapa (7 novembre) après avoir enlevé la position de Cerro Gordo; le général Bazaine opère au sud sur le rio Atoyac et le rio Blanco; Omealca est occupé et une expédition par mer sur Tampico amène l'occupation momentanée de ce port.

Le 1er décembre, deux colonnes, sous les ordres du général Douay, marchent sur Puebla, l'une par Aculcingo, l'autre par Maltrata; le général Bazaine débouche de Jalapa sur Perote (19 décembre).

1863. Siège de Puebla. — Les colonnes françaises s'avancent sur Puebla en assurant leurs communications entre elles et avec Orizaba. Le général Forey crée deux commandements supérieurs, l'un à Vera-Cruz, l'autre à Orizaba, et organise solidement les communications entre ces deux points à l'aide de postes détachés; puis il procède à l'investissement de Puebla (16-19 mars).

Le 29 mars, la tranchée est ouverte devant le fort San Xavier, à l'ouest de la ville; le 29, ce fort est enlevé d'assaut, mais alors commence la défense pied à pied, dans chaque îlot de maisons, ou *cadre*. Nos troupes luttent avec acharnement contre un ennemi invisible qui les fusille à bout portant derrière les parapets, les créneaux, les murs.

Le 7 avril, après plusieurs échecs partiels, le siège subit un temps d'arrêt; les travaux reprennent bientôt avec vigueur; le général Bazaine ouvre la tranchée contre le fort Carmen, au sud de la ville : le 26 avril, l'attaque du couvent de Santa Inès échoue.

Le 8 mai, Bazaine attaque et disperse à San Lorenzo un corps ennemi qui cherche à pénétrer dans Puebla sous les ordres du général mexicain Comonfort.

Le 12 mai, la tranchée est ouverte devant le fort Totimehuacan qui fait saillie au sud-est de la place; le 16, le fort est bombardé et son artillerie réduite au silence. Enfin, le 17 mai, le général Ortega, dans l'impossibilité de résister plus longtemps, fait détruire ses armes, dissout ses troupes et rend la place. Les officiers se constituent prisonniers, mais un grand nombre vont s'évader et diriger la résistance sur tout le territoire du Mexique.

C'est pendant le siège de Puebla que la brigade de renfort dont fait partie le 7e de ligne, débarque à Vera-Cruz.

II. — ARRIVÉE DU 7e DE LIGNE AU MEXIQUE

Le 7e est désigné pour le Mexique. — Le 22 janvier 1863, le 7e de ligne, à peine rentré en France après l'expédition de Rome, est désigné pour faire la campagne du Mexique : les trois bataillons occupent le camp de Sathonay, près de Lyon, la compagnie hors rang est au fort de Montessuy.

Formation des bataillons de guerre. — En exécution des ordres du ministre de la Guerre, il est organisé deux bataillons de guerre à 7 compagnies de 143 hommes chacune, cadres non compris. Ces 7 compagnies sont composées des grenadiers, des voltigeurs et des 1re, 2e, 3e, 4e et 5e compagnies de chacun des deux premiers bataillons. Les grenadiers, les voltigeurs et les 3e et 4e compagnies du 3e bataillon forment le 3e bataillon qui doit rester en France. Le dépôt est composé des 6es compagnies des anciens 1er et 2e bataillons, des 1re, 2e, 5e et 6e compagnies, de l'ancien 3e bataillon, et de la compagnie hors rang.

Le général Walsin d'Esterhazy est chargé de diriger cette organisation.

A la date du 29 janvier, les contingents ci-après sont incorporés au régiment pour porter son effectif au chiffre fixé :

18	hommes	fournis par le	14e	de ligne
16	—	—	20e	—
18	—	—	28e	—
17	—	—	31e	—
19	—	—	37e	—
18	—	—	40e	—
18	—	—	66e	—
18	—	—	82e	—
18	—	—	83e	—
18	—	—	96e	—
18	—	—	100e	—

Total. 196 hommes.

Le régiment reçoit, dans la soirée du 29 janvier, l'ordre de partir pour Cherbourg où il s'embarquera à destination du Mexique.

Composition des Cadres. — Le général Walsin d'Esterhazy complète les cadres par des nominations faites à la date du 30 janvier, et les deux bataillons de guerre se trouvent constitués de la façon suivante :

MM. de Maussion, colonel ; Filhol de Camas, lieutenant-colonel. Hurault, officier-payeur, Farjat, porte-drapeau, Bédel, médecin.

major, de 1re classe, Vincent-Genod, médecin aide-major, Pénas, chef de musique.

1er BATAILLON

Deplanque, chef de bataillon, Nicolle, capitaine adjudant-major.

	Capitaines :	Lieutenants :	Sous-Lieutenants :
Grenadiers :	Haffner (Emile).	Zengraff.	Jeandard.
1re Compagnie :	Sengel.	Jeanjean.	Paris.
2e —	Haffner (Charles).	Charbonnier.	Marilhat.
3e —	Lefranc de Lacarry.	Seytre.	Ageron.
4e —	Hennequin.	Wagner.	Granet.
5e —	Laflaquière.	Lachau.	Laffaille.
Voltigeurs :	Suchel.	Vigouroux (Ant.)	Vaxelaire.

2e BATAILLON

Thoumini de la Haulle, chef de bataillon, Didier, capitaine adjudant-major.

	Capitaines :	Lieutenants :	Sous-Lieutenants :
Grenadiers :	Gérard.	Desmares.	Béret.
1re Compagnie :	Boileau.	Dirat.	Poupart.
2e —	Illartein.	Giraud.	Heymann.
3e —	Noyer.	Blanchet.	Delval.
4e —	N.	Caron (Eugène).	Arnoult.
5e —	Besson.	de Couët de Lorry.	Michau.
Voltigeurs :	Nottet.	Leclerc.	Sorlin.

Effectif de la troupe : Section hors-rang 50, 1er bataillon 995, 2e bataillon 989, total 2.034.

La composition du 3e bataillon et du dépôt est la suivante :

3e BATAILLON

MM. Guyot de Leuchey, chef de bataillon, Louvel, capitaine adjudant-major.

	Capitaines :	Lieutenants :	Sous-Lieutenants :
Grenadiers :	Charlot.	Pommier.	Gérard.
3e Compagnie :	Marieu.	Poirel.	Dessolier.
4e —	Saugé.	Grospilier.	Hivert.
Voltigeurs :	Girard.	Guionic (Henri).	Freund.

DÉPÔT

Cambefort, major, Favréaux, capitaine adjudant-major, Chaucoulon, capitaine-trésorier, Duval, capitaine d'habillement, Duhautier médecin-major de 2e classe.

	Capitaines :	Lieutenants :	Sous-Lieutenants :
1er baton 6e compie :	Alphant.	Vincent.	Floquet.
2e — 6e —	Lambouley.	Schœndœrffer.	Augustin.
3e — 1e —	Fontaine.	Hodan.	Lambert.
3e — 2e —	Ciolina.	Guionic (Jules)	Dubois.
3e — 5e —	Allaix.	Boyer.	Villemain.
3e — 6e —	Evrat.	Latil	Gauche.

Le 3e bataillon et le dépôt, réunis d'abord à Tulle (février), se rendent à Aix-en-Provence (août et septembre 1863) où les bataillons de guerre les rejoindront à leur retour du Mexique (1867).

Le général Walsin d'Esterhazy passe la revue de départ des bataillons de guerre le 30 janvier; le premier bataillon prend les voies ferrées le même jour, le 2e bataillon le lendemain : ils arrivent à Cherbourg les 1er et 2 février.

Traversée du Mexique (*février-avril*). — L'état-major et le 1er bataillon s'embarquent le 3 février sur le *Jean-Bart;* des réparations à ce vaisseau étant devenues urgentes, on les transborde, le 10, sur le *Tilsitt* qui met à la voile le 11.

Le 2 février, le 2e bataillon s'embarque sur le *Turenne* qui lève l'ancre le 6.

Le *Tilsitt* arrive dans la baie de Funchal (île Madère) le 18 février, en repart le 20 et arrive le 9 mars à Fort-de-France; la troupe débarque le 10, est casernée au fort Desaix, repart le 15 et arrive le 28 en rade de Sacrificios. Elle débarque le 1er avril à Vera-Cruz et campe jusqu'au 3 avril en dehors de la ville, près de l'Alameda.

Le *Turenne* mouille à Funchal le 14 février, en repart le 15 et arrive à Fort-de-France le 3 mars, les troupes sont mises à terre jusqu'au 15 et arrivent le 30 mars à Vera-Cruz : elles débarquent le 1er avril et vont camper à côté du 1er bataillon.

Le lieutenant-colonel Aurel, du 69e, est nommé colonel du 7e (14 mars) en remplacement du colonel de Maussion promu général; le 3 avril, il passe au 56e de ligne.

Siège de Puebla : rôle du 7e de ligne. — Lors du débarquement du 7e sur le territoire mexicain, le siège de Puebla est en pleine activité. Une garnison de 25.000 hommes, l'élite des troupes mexicaines, neuf forts reliés entre eux par de nombreuses batteries, chaque cadre transformé en une véritable forteresse, les rues coupées par des barricades armées de canons et précédées d'obstacles de toute espèce, toutes ces défenses hérissées d'une artillerie formidable, d'immenses approvisionnements en vivres et en munitions, font de Puebla une place de premier ordre.

L'important ouvrage de San Xavier n'en a pas moins été enlevé, le 29 mars, avec l'élan habituel de nos troupes ; mais les progrès dans l'intérieur de la ville sont lents. Il est évident que la supériorité de l'artillerie ennemie, en nombre et en calibre, et la force des défenses intérieures vont faire traîner le siège en longueur. Il est donc nécessaire d'amener au corps assiégeant des vivres, des munitions, de l'artillerie de gros calibre : de là de nombreux convois auxquels il est indispensable de fournir de fortes escortes pour traverser, surtout entre Vera-Cruz et les Cumbres, un pays complètement soulevé contre nous. C'est le rôle qui est réservé au 7e de ligne.

Sous un ciel de feu, dans une contrée où les influences climatériques, toujours pernicieuses, deviennent souvent mortelles, le régiment ne cessera de montrer, dans cette ingrate et pénible tâche, le dévouement, le mépris des fatigues et la courageuse abnégation qui caractérisent les troupes d'élite.

Dès leur embarquement le 7e et le Régiment Étranger, arrivé en même temps que lui, sont constitués en brigade dite de réserve, sous les ordres du général de Maussion : celui-ci, nommé commandant supérieur du cercle d'Orizaba, établit son quartier général dans cette ville (18 avril).

Départ pour Orizaba, escortes de convois (avril-mai). — Le 4 avril, le 1er bataillon part de Vera-Cruz pour Orizaba et commence aussitôt son service d'escorte de convois. Il est chargé, en effet, de prendre, à son passage à Tejeria, un convoi de munitions à destination de Puebla et un convoi de bois destiné à la reconstruction du pont de Soledad. Il laisse sa compagnie de voltigeurs au Fortin, entre Cordova et Orizaba, et il arrive le 10 avril dans cette dernière ville après avoir suivi l'itinéraire suivant : 4 avril Tejeria, 5 Soledad. 6 Palo Verde, 7 Paso del Macho, 8 Atoyac, 9 Cordova.

L'état-major et le 2e bataillon quittent Vera-Cruz le 6 avril et arrivent le 13 à Orizaba avec un convoi de munitions à destination de Puebla (6 avril Tejeria, 7 et 8 Soledad, 9 Palo Verde, 10 Paso del Macho, 11 Rio Seco, 12 Fortin). A la date du 20 avril, le bataillon forme trois détachements, savoir : les grenadiers et les 4e et 5e compagnies à Puente Colorado, les voltigeurs et la 1re compagnie à Aculcingo, les 2e et 3e compagnies à la Cañada.

Le 29 avril, le commandant Thoumini de la Haulle se rend à la Cañada pour escorter, de ce point jusqu'à Palmar, un convoi de munitions à destination de Puebla. A Palmar, un bataillon du 95e prend le service d'escorte et les compagnies du 2e bataillon rétrogradent avec un convoi de voitures vides renvoyées sur Orizaba.

Ce convoi est accompagné, le 3 mai, par le commandant Deplanque, et le 1er bataillon moins les voltigeurs et la 5e compagnie, d'Orizaba à la Soledad: la colonne est sous le commandement supérieur du capitaine de frégate Bruat. Elle arrive à Soledad le 5 mai, en repart le 9, renforcée par les troupes du colonel Dupin et 2 obusiers de montagne servis par les fusiliers-marins; elle se dirige sur Cordova avec 5 pièces de marine de gros calibre et un convoi de munitions destinés au siège de Puebla : le 12 mai, le convoi est remis à l'infanterie de marine à Cordova.

Le lendemain les compagnies du 1er bataillon repartent de Cordova avec un bataillon du 3e zouaves et un escadron de chasseurs d'Afrique; cette colonne, sous les ordres du colonel Mangin du 3e zouaves, se rend à Vera-Cruz. Les compagnies du 7e quittent la colonne à Soledad, le 16, et remontent, avec un nouveau convoi d'artillerie de marine, sur Orizaba où elles arrivent le 21 mai.

Des renseignements font craindre que le convoi confié le 12 mai à l'infanterie de marine à Cordova soit attaqué au passage des Cumbres. Le commandant Thoumini de la Haulle envoie, le 13, sa compagnie de grenadiers au Presidio ; le 16, la 4e compagnie du 2e bataillon couronne les cimes des Cumbres et en surveille les passages ; le 17 le convoi arrive à Puente Colorado. Le commandant Thoumini de la Haulle en prend le commandement et l'amène, le 18, à la Cañada où il le remet à un détachement du 95e.

A partir de ce moment jusqu'à la fin de juin, les compagnies du 2e bataillon vont être employées à tour de rôle à des convois presque journaliers qui remonteront vers Puebla ou redescendront sur Vera-Cruz.

CHAPITRE II

I. — PRINCIPALES OPÉRATIONS DU CORPS EXPÉDITIONNAIRE DEPUIS LA REDDITION DE PUEBLA JUSQU'A LA FIN DE L'ANNÉE 1863.

Situation générale après la reddition de Puebla. — Entrée à Mexico ; Le général Bazaine prend le commandement en chef. — Constitution du corps expéditionnaire. — Marche des colonnes Douay et de Castagny au nord-ouest et à l'ouest de Mexico.

II. — MARCHES ET OPÉRATIONS DU 7e PENDANT LA MÊME PÉRIODE.

Les colonels Chagrin de St-Hilaire et Giraud. — Opérations dans les Terres-Chaudes. — Du 27 mai au 3 juillet le 1er bataillon fournit des escortes de convois. — Colonne mobile du commandant Thoumini de la Haulle (27 juin-11 juillet). — Opérations sur Huatusco (15 juillet-3 août) et reconnaissances autour de ce point (août). — Nomination d'un colonel et d'un lieutenant-colonel. — Inspection générale de 1863. — Mouvement sur Soledad (octobre). — Organisation des compagnies franches, des contreguérillas et de la section de discipline de Vera-Cruz (octobre). — Mouvements dans les cantonnements (novembre). — Colonne légère sur Zongolica (22-28 novembre). — Tehuacan est renforcé, puis évacué (fin novembre-décembre). — Principales opérations de la compagnie franche.

I. — PRINCIPALES OPÉRATIONS DU CORPS EXPÉDITIONNAIRE DEPUIS LA REDDITION DE PUEBLA JUSQU'A LA FIN DE L'ANNÉE 1863.

Situation générale après la reddition de Puebla. — La reddition de Puebla va permettre à l'armée de donner tous ses soins à la pacification du pays ; mais cette opération, que l'on pensait tout d'abord mener rapidement à bonne fin, exigera des efforts considérables, hors de proportion avec le but poursuivi, et immobilisera au Mexique pendant plusieurs années des forces importantes.

Les Mexicains se préparent à organiser la défense de leur territoire en utilisant les difficultés naturelles du pays et en mettant à profit leur aptitude pour la guerre de partisans.

De nombreuses bandes, ou *guerillas*, apparaissent dans toutes les directions, prêtes à enlever les convois, à harceler les colonnes et à se replier devant toute force supérieure.

Outre ces guérillas, qui trouvent un appui sûr dans la complicité des habitants, quelques forces organisées se préparent à tenir la campagne. Le général Uraga occupe la route de Toluca, le général Doblado celle de Queretaro. Bientôt les généraux qui se sont enfuis de Puebla, Escobedo, Porfirio Diaz, Negrete, et ceux qui se sont évadés pendant le trajet de Puebla à Vera-Cruz, tels que Ortega et Garcia, vont retourner dans les provinces où ils sont connus et se mettre à la tête de bandes ou même de corps réguliers.

Negrete se prépare déjà à opérer entre Mexico et Vera-Cruz; mais le quartier général des guerillas paraît être tout d'abord dans le district de Jalapa, d'où elles rayonnent dans les Terres-Chaudes, attaquant les convois, bouleversant les travaux du chemin de fer, etc... Le 1er mai, une compagnie du régiment étranger, attaquée à Camaron par plusieurs bataillons mexicains, et par une nuée de cavaliers, est entièrement détruite.

En même temps le retour de la saison chaude éprouve cruellement nos troupes; le vomito fait de nombreuses victimes et le séjour des Terres-Chaudes devient des plus dangereux pour les nombreux postes qui occupent cette région, afin d'assurer les communications de l'armée avec sa base.

Entrée à Mexico. Le général Bazaine prend le commandement. — Le général Forey, après la prise de Puebla, marche sur Mexico où nos troupes entrent, le 7 juin, sans éprouver de résistance. Il s'occupe aussitôt de former un gouvernement provisoire; le 10 juin, l'Empire est proclamé et la couronne offerte à l'archiduc Maximilien, frère de l'empereur d'Autriche.

Nommé maréchal de France le 2 juillet, Forey est rappelé en France et cède le commandement en chef au général Bazaine (1er octobre).

Bien que notre entrée à Puebla et à Mexico, en dégageant l'honneur de nos armes, semble faciliter notre départ du Mexique, la France va se trouver entraînée à continuer la lutte et à faire de nouveaux sacrifices d'hommes et d'argent pour établir au Mexique un prince étranger.

Constitution du corps expéditionnaire. — Au moment où le général Bazaine prend le commandement du corps expéditionnaire, celui-ci est composé de la façon suivante :

Commandant en chef : général Bazaine.

Chef d'état-major général : général d'Auvergne.

Chefs des divers services : artillerie, général Courtois d'Hurbal; génie, général Vialla; intendant militaire Wolf.

1re division d'infanterie : général de Castagny.

1re brigade : général de Bertier; 7e bataillon de chasseurs, 51e et 62e.

2e brigade : général Mangin; 20e bataillon de chasseurs, 95e, 3e zouaves.

2e division d'infanterie : général Douay.

1re brigade : général Lhériller; 1er bataillon de chasseurs, 99e, 2e zouaves.

2e brigade : général Neigre; 18e bataillon de chasseurs, 81e, 1er zouaves.

Brigade de cavalerie : général du Barrail.

Brigade de réserve : général de Maussion; 7e Régiment Étranger.

Marine : régiment d'infanterie de marine, volontaires de la Martinique, fusiliers-marins, artillerie de marine (2 batteries), génie de la Guadeloupe et de la Martinique.

Artillerie, génie, administration et services divers.

Troupes des Terres-Chaudes : bataillon d'Égyptiens et contreguerilla du colonel Dupin.

Total 35.000 hommes (47.000 en y comprenant les troupes mexicaines alliées), avec 20 canons de siège, 30 de campagne, 22 de montagne et 20 obusiers.

L'archiduc Maximilien, avant d'accepter la couronne du Mexique, demande que le vœu émis par l'assemblée des notables à Mexico soit ratifié par la grande majorité du peuple mexicain : les troupes françaises vont donc parcourir le pays en tous sens pour réprimer les insurrections, amener la pacification générale et provoquer l'adhésion des habitants en faveur de Maximilien.

La première préoccupation du général en chef est d'organiser solidement ses communications avec la mer en réduisant le nombre des postes dans les Terres-Chaudes et en les installant dans des réduits fortifiés, pourvus de vivres et de munitions.

Les troupes alliées du général Marquez s'établissent à Jalapa; nous occupons solidement Puebla et Mexico; les débouchés de la Huasteca sont évacués, sauf Tlaxcala; enfin 4 compagnies franches et la contreguerilla du colonel Dupin sont chargées de poursuivre les guerilleros et les bandes aux abords de notre ligne de communications. Le reste du corps expéditionnaire forme deux colonnes principales sous les ordres des généraux de Castagny et Douay.

Quant aux forces dissidentes, d'après nos renseignements, elles seraient à ce moment réparties de la façon suivante (octobre 1863) :

Au nord-ouest de Mexico, entre Queretaro et Tepeji, le général Doblado avec 13.000 hommes; plus au nord, entre San Luis Potosi et Pachuca, le général Negrete avec 8.000 hommes; le général Uraga avec 4.000 hommes opérerait à l'ouest, vers Morelia; il est appuyé au sud par un corps de 4.000 hommes placé sous les ordres d'Alvarez dans l'Etat de Guerrero, et par un corps de 5.000 hommes commandé par Porfirio Diaz.

Notre base secondaire d'opérations étant la ligne Pachuca-

Mexico-Toluca, défendue à ses deux extrémités par les troupes mexicaines alliées, la tactique de nos adversaires va consister à déborder ces deux ailes pour prendre à revers nos positions. C'est ainsi que notre extrême gauche est d'abord attaquée par Porfirio Diaz qui enlève, le 30 octobre, la petite ville de Taxco; le général allié Vicario attaqué dans Iguala, est dégagé à temps; Porfirio Diaz se retire et va organiser la résistance dans les états d'Oajaca. A l'aile opposée, le général allié Mejia occupe Tula et s'avance jusqu'à Arroyo Zarco.

Marche des colonnes Douay et de Castagny. — A la fin d'octobre, les deux colonnes françaises se mettent en marche, le général Douay par la bonne route de Queretaro, le général de Castagny par la route moins bonne de Morelia. Le 19 novembre, le général Douay occupe Queretaro: le 24, le général de Castagny est à Acambaro, précédé par le général Marquez qui entre à Morelia le 30. Le 8 décembre, le général Douay occupe Guanajuato et se concentre à Silao, avec la plus grande partie de la colonne de Castagny, pour marcher contre Doblado que l'on croit à Piedra Gorda : mais celui-ci s'échappe dans la direction de Lagos et d'Aguas Calientes (18 décembre).

Le général Uraga attaque en vain Morelia défendue par les troupes alliées du général Marquez, et se retire sur Zamora; le général Douay se jette par la Piedad sur sa route, enlève Zamora et poursuit Uraga qui se replie sur Los Reyes. Le général Douay s'empare de son convoi et le rejette en désordre dans le Michoacan (28 décembre).

A la fin de décembre, le général allié Mejia entre à San Luis de Potosi, que le président Juarez a évacué précipitamment, et défend cette ville contre un retour offensif de Negrete. La colonne de Castagny est à Aguas Calientes; le général Bazaine, qui a son quartier général à Guadalajara, le 5 janvier 1864, rentre à Mexico au commencement de février.

II. — MARCHES ET OPÉRATIONS DU 7e PENDANT LA MÊME PÉRIODE

Les colonels Chagrin de Saint-Hilaire et Giraud. — Un décret du 16 mai 1863 nomme le lieutenant-colonel Chagrin de Saint-Hilaire, du 62e de ligne, colonel au 7e en remplacement du colonel Aurel passé au 56e.

Le lieutenant-colonel Giraud, du Régiment Etranger, nommé colonel au 99e par décret du 14 mars, prend provisoirement le commandant du 7e et le colonel Chagrin de Saint-Hilaire celui du 99e.

Opérations dans les Terres-Chaudes. — Après la prise de Puebla, le régiment séjourne dans les Terres-Chaudes et se trouve réparti sur la ligne de communications de l'armée; l'état-major est à Orizaba. Alors commence pour le 7e une série ininterrompue de marches, de reconnaissances et de petites opérations, sous un climat des plus meurtriers auquel il paie un large tribut. Dans une période de 9 mois, 165 hommes succombent dans les hôpitaux et 135 convalescents sont évacués sur la France.

Nous allons présenter le détail de ces opérations juqu'à la fin de l'année 1863.

Du 27 mai au 3 juillet le 1er bataillon fournit des escortes de convois. — Le 1er bataillon escorte des convois de prisonniers dirigés sur Vera-Cruz, du 27 mai au 3 juillet, date de sa rentrée à Orizaba.

Le 27 mai, le commandant Deplanque, avec le 1er bataillon, moins les voltigeurs qui occupent le Fortin, et avec la 1re compagnie du 2e bataillon, part d'Orizaba, escortant des officiers mexicains prisonniers de guerre; arrivée à Cordova, la 1re compagnie du 2e bataillon rétrograde sur Orizaba. Une partie des officiers prisonniers restent à

Cordova avec la 5e compagnie du 1er bataillon ; les officiers généraux repartent le 29 sous la conduite du commandant Deplanque qui les remet, à Chiquihuite au colonel Jeanningros du Régiment Etranger. Pendant que celui-ci conduit le convoi à Vera-Cruz, les compagnies du 1er bataillon remplacent les détachements du Régiment Étranger à Paso del Macho, à Chiquihuite et à Atoyac : elles en repartent le 2 juin pour Cordova.

Le 4 juin, le 1er bataillon, moins la 5e compagnie qui a relevé les voltigeurs au Fortin, repart de Cordova sous le commandement supérieur du lieutenant-colonel Charvet de l'infanterie de marine, escorte les prisonniers laissés à Cordova et les remet, à Chiquihuite, au colonel Jeanningros. La 3e compagnie et les voltigeurs descendent jusqu'à Vera Cruz avec la colonne Jeanningros ; les quatre autres compagnies remplacent, dans les trois postes indiqués ci-dessus, les compagnies du Régiment Étranger qui accompagnent les prisonniers à Vera-Cruz. Ces quatre compagnies à leur tour prennent, sous les ordres du capitaine Haffner (Emile), l'escorte d'un autre convoi de prisonniers jusqu'à Vera-Cruz, tandis que le commandant Deplanque continue d'occuper Chiquihuite avec cinq compagnies d'infanterie de marine placées sous ses ordres jusqu'au 20 juin.

Le 20 juin le 1er bataillon, réuni a Chiquihuite, remonte vers Orizaba avec un convoi de voitures chargées d'effets d'habillement ; une batterie, récemment arrivée de France avec le général Courtois d'Hurbal, fait partie du convoi qui arrive à Orizaba le 28 juin (21 et 22 Atoyac, 23 Potero, 24 et 25 Cordova, 26 et 27 Cotlapan).

La 4e compagnie relève la 5e au Fortin : celle-ci et les voltigeurs se portent sur Coscomatepec pour appuyer le mouvement du colonel Dupin sur Huatusco ; ces deux compagnies bivouaquent le 28 près de la barranca de Cosmatepec, occupent le village le 29 et rentrent le 2 juillet au Fortin, le 3 à Orizaba.

Colonne Thoumini de la Haulle (27 juin-11 juillet). — Des bandes nombreuses se montrent sur le plateau d'Anahuac, au débouché des Cumbres; il devient urgent de rassurer les populations par la présence de nos troupes. Le commandant Thoumini de la Haulle, avec les grenadiers, les 1re et 2e compagnies du 2e bataillon et deux compagnies du 51e, est chargé de parcourir cette contrée.

Le 27 juin il est à la Cañada, le 28 à Palmar, le 30 il revient à la Cañada; il est à Puente Colorado le 1er juillet et entre, le 2, à Tehuacan où sa tête de colonne essuie le feu des guerilleros qui fuient devant nos troupes. Il revient le 3 à Puente Colorado, le 4 à la Cañada et le 5 il est à San Andres où l'attend l'accueil sympathique d'une population qui a repoussé, quelques jours auparavant, les bandes de Cuellar. La colonne mobile rentre le 11 juillet à Puente Colorado où elle est dissoute.

Le 2e bataillon évacue les postes qu'il occupe et se réunit à Orizaba (24 juillet); les grenadiers et la 2e compagnie occupent Cordova du 30 juillet au 11 août.

Opérations sur Huatusco (15 juillet-3 août). — La pacification du pays exige impérieusement l'occupation de Huatusco dont Cuellar a fait son quartier général.

Cette ville est située au milieu d'un pays très accidenté et commande les deux routes de Vera-Cruz à Orizaba et à Jalapa; de ce point l'ennemi peut couper nos communications, insulter nos postes et attaquer nos convois.

Le général de Maussion, commandant supérieur d'Orizaba, décide que deux colonnes se dirigeront par un mouvement convergent sur Huatusco, de manière à couper l'ennemi de sa ligne de retraite sur Jalapa; l'une occupera Coscomatepec pour empêcher l'ennemi de franchir le rio Jamapa et de s'échapper par la rive droite, l'autre partira de Soledad et tournera Huatusco par le nord.

Le capitaine Suchel, avec les voltigeurs et la 5e compagnie

du 1er bataillon, se porte d'Orizaba sur Monteblanco (15 juillet) et Coscomatepec le (16); l'ennemi se trouvant rassemblé en grand nombre dans la barranca du rio Jamapa, il devient urgent de soutenir ce détachement. En conséquence une section de la 4e compagnie est dirigée en toute hâte sur ce point, le 23 juillet, et en même temps la 3e compagnie se porte à Las Animas (23 juillet) et à Coscomatepec, le 24.

La colonne de Coscomatepec a pour instructions d'occuper ce village, d'en surveiller avec soin les abords, d'occuper la barranca du rio Jamapa dès que l'ennemi l'aura évacuée, et de se diriger de là sur Huatusco en combinant son mouvement avec celui de la colonne de Soledad. Elle doit avant tout s'opposer énergiquement à tout mouvement que pourrait tenter l'ennemi pour passer sur la rive droite du rio Jamapa.

Le 30 juillet, dans l'après-midi, l'ennemi sort de la barranca avec l'intention de se porter au-devant d'un troupeau qu'il parait attendre et que l'on aperçoit au milieu d'un nuage de poussière : quarante hommes l'attaquent et le forcent à rentrer dans la barranca.

Le 1er août, le général de Maussion arrive à Coscomatepec; notre colonne occupe la barranca, évacuée depuis le matin; le 3, elle arrive à Huatusco où la colonne venue de Soledad est entrée la veille.

Celle-ci, composée des grenadiers et des 1re et 2e compagnies du 1er bataillon, est partie d'Orizaba le 27 juillet et arrivée le 30 à Soledad, où elle a fait sa jonction avec un bataillon du Régiment Étranger chargé du mouvement tournant. Par une première marche de nuit, du 31 juillet au 1er août, la colonne toute entière vient camper à Maffara, et une deuxième marche de nuit la porte, le 2 août au matin, sur Huatusco qu'elle espère surprendre; mais l'ennemi a évacué la ville. Le 4 août, le bataillon Etranger repart pour Soledad.

Reconnaissances autour de Huatusco (août). — Le commandant Deplanque, installé à Huatusco, s'occupe de nettoyer le pays en commençant par la route de Soledad, débouché direct, pour le commerce et les communications, entre Huatusco et Vera-Cruz. Le 24 août, la compagnie de grenadiers surprend, par une marche de nuit, une bande de voleurs à Piña : ceux-ci disparaissent aux premiers coups de feu, laissant entre nos mains des vivres, des marchandises volées et des chevaux.

Le 26 août, le commandant Deplanque part en colonne mobile avec les 2e, 3e et 5e compagnies, reconnaît Mirador, San Martino, et rentre le 27. Il repart le 29, avec les grenadiers et une section de la 1re compagnie pour reconnaître San Diego, Coatepec et la barranca de Chichicuilla. Le même jour la 2e compagnie visite Occapa et San Bartolo.

Nomination d'un colonel et d'un lieutenant-colonel. — Par décret du 20 août, le lieutenant-colonel Filhol de Camas est nommé colonel du 95e et remplacé par le commandant Colavier d'Albici du 7e bataillon de chasseurs.

Par décision du 21 août, le colonel Chagrin de Saint-Hilaire est nommé titulaire au 99e et le colonel Giraud prend définitivement le commandement du 7e.

Inspection générale de 1863. — L'inspection générale est passée, en 1863, par le général de Maussion commandant la brigade. L'ordre, en date du 3 octobre, laissé par l'inspecteur général, constate une fois de plus que la tenue, la discipline, l'esprit militaire ne laissent rien à désirer au régiment. Cet ordre se termine de la façon suivante.

« Le 7e de ligne réunit toutes les conditions nécessaires « pour perpétuer les belles traditions de ce régiment. Offi- « ciers, sous-officiers et soldats sont tous animés de cette « abnégation et de ce dévouement avec lesquelles on obtient « de grands résultats; ils en ont donné des preuves irrécu-

« sables dans le service pénible et méritoire d'escortes de « convois, de reconnaissances, etc., dans les Terres-Chaudes. « Ce régiment n'a pas eu, depuis son arrivée au Mexique, « l'occasion de se mesurer avec l'ennemi; mais que les cir- « constances viennent à se présenter, le 7e, déjà si riche de « gloire, saura, comme à Malakoff, immortaliser son Dra- « peau, heureux de donner un gage de plus à la Patrie ».

Mouvement sur Solelad (octobre). — Dans les premiers jours d'octobre les guerilleros dirigent une attaque sérieuse contre le chemin de fer près de Soledad. Cette attaque et les rapports d'espions faisant craindre une nouvelle levée de boucliers, décident le général de Maussion à envoyer des renforts à Soledad. Le commandant Thoumini de la Haulle quitte Orizaba le 6 octobre avec la 4e compagnie de son bataillon, va bivouaquer au Fortin, laisse le 7 à Cordova la 4e compagnie et part avec les 2e et 3e compagnies pour Soledad où il arrive le 11. Il en repart le 22 et rentre le 28 à Orizaba.

Pendant ce temps le 1er bataillon continue ses reconnaissances autour de Huatusco; le capitaine Haffner (Emile) visite, du 8 au 11 octobre, Bocca del-Monte, Collole et Puerta del Collole.

Organisation de la compagnie franche et des contreguerillas. — Dans le but d'assurer la tranquillité du pays et la sécurité des routes, le général en chef décide, à la date du 5 octobre, qu'il sera formé des compagnies de partisans chargées de sillonner en tous sens les contrées fréquentées par les bandes et les malfaiteurs.

Ces compagnies reçoivent la dénomination de « compagnie franche de tel régiment » et leur composition est la suivante : 1 capitaine, 1 lieutenant, 1 sous-lieutenant, 6 sous-officiers, dont 1 sergent-major et 1 fourrier, 8 caporaux, 92 soldats, 2 clairons, 1 infirmier avec un sac d'ambulance garni;

4 mulets, dont 2 de cacolets, conduits par des soldats du Train, sont attachés à chaque compagnie franche. A certains moments, dans les Terres-Chaudes, on adjoint au convoi 2 soldats du Train chargés de conduire chacun un mulet portant deux boîtes de cartouches de réserve.

Les hommes sont armés de la carabine des chasseurs à pied.

Les éléments sont choisis parmi les hommes de bonne volonté offrant de sérieuses garanties de moralité et d'énergie et, autant que possible, ayant déjà fait la guerre. Les caporaux et les soldats font partie intégrante de la compagnie franche, les officiers et les sous-officiers y sont détachés. Celle du 7e est définitivement constituée, à la date du 16 octobre, sous le commandement du capitaine adjudant-major Didier, du lieutenant Sorlin et du sous-lieutenant Granet.

Le 23 octobre, le général en chef décide la création, dans chaque division d'infanterie, d'une compagnie de contre-guérillas spécialement destinée au service des Terres-Chaudes. La brigade de réserve concourt avec la 1re division à la formation d'une de ces compagnies. Le 7e fournit le sous-lieutenant Arnould et 20 hommes choisis avec soin.

Organisation d'une section de discipline à Vera-Cruz. — Une décision du 28 octobre du général en chef prescrit d'organiser à Vera Cruz une section de discipline dont le dépôt sera installé au fort San Juan d'Ulloa : elle est destinée à recevoir les militaires du corps expéditionnaire qui, traduits devant des conseils de discipline régulièrement convoqués, seront jugés, par leur inconduite et leur incorrigibilité, d'un dangereux exemple pour leurs camarades.

Le cadre de la section doit être provisoirement constitué de la manière suivante ; 1 lieutenant, 1 sous-lieutenant, 1 sergent-major, 2 sergents, 1 comptable (sous-officier ou caporal), 4 caporaux, 2 tambours ou clairons, Ce cadre pourra être augmenté suivant les besoins; il sera choisi parmi les militaires de bonne volonté du 7e et du Régiment Étranger.

Le 7e fournit pour le cadre de cette section le lieutenant Wagner, 1 sergent-major, 3 caporaux et 1 tambour.

Mouvements dans les cantonnements (novembre). — L'installation du bataillon de fusiliers-marins dans les Terres-Chaudes amène un remaniement général de nos cantonnements.

Les grenadiers, 1re, 2e, 4e et 5e compagnies du 2e bataillon quittent Orizaba le 6 novembre et arrivent le 8 à Tehuacan : la 1re compagnie est restée à Puento Colorado, la 2e a gagné la Cañada et la 4e a poussé une section sur Zapotitlan.

Le Régiment Étranger abandonne les Terres-Chaudes pour s'établir à Cordova, au Fortin, à Coscomatepec et à Orizaba; par suite, la 3e compagnie du 1er bataillon, qui occupe Cordova, rentre à Orizaba le 12 novembre; la 1re compagnie du même bataillon quitte Huatusco le 17 et arrive le 19. La garnison d'Orizaba se trouvant assez nombreuse, les voltigeurs du 2e bataillon rejoignent leur bataillon à Tehuacan.

La 3e compagnie du 2e bataillon est relevée à Soledad par les fusiliers-marins et rentre à Orizaba du 21 au 26 novembre.

Le 26, la section de la 2e compagnie du 1er bataillon, relevée au Fortin par le Régiment Étranger, rentre aussi à Orizaba.

Colonne légère sur Zongolica (22-28 novembre). — Des renseignements provenant de diverses sources font craindre un soulèvement dans la sierra de Zongolica. Ce pays d'un accès difficile n'a reconnu notre intervention qu'après la chute de Puebla et peut nous causer de sérieux embarras en découvrant le flanc gauche de notre ligne de communications, il est nécessaire d'y montrer des troupes.

Une colonne légère, composée de voltigeurs et de la 4e compagnie du 1er bataillon, sous le commandement du lieutenant-colonel d'Albici, part d'Orizaba le 22 novembre, arrive à Tequila le même jour et à Zongolica le 23. L'excellent accueil fait à nos troupes ne laissant aucun doute sur les bonnes dispositions des habitants à notre égard, la colonne rentre le 28 à Orizaba.

La compagnie franche, chargée d'appuyer au besoin le mouvement de cette colonne, débouche le 25 de Tehuacan sur Zongolica, après avoir eu à vaincre de grandes difficultés pour traverser une région montagneuse presque inaccessible : elle rentre avec la colonne à Orizaba (1).

Tehuacan est renforcé, puis évacué. — Les mouvements de Porfirio Diaz font craindre une attaque sur Tehuacan : ce poste est renforcé en toute hâte par les 1re, 2e et 3e compagnies du 1er bataillon, La 3e compagnie part le 26 novembre (26 Tecamalucan, 27 Puente Colorado), arrive le 29 à Tehuacan; les deux autres compagnies quittent Orizaba le 27 (27 Alculcingo, 28 Chapulco) et arrivent le 29. La section de la 4e compagnie du 2e bataillon restée à Tehuacan se rend, le 28, à Zapolitlan où la compagnie se trouve réunie.

Le lieutenant-colonel d'Albici avec les voltigeurs, la 4e compagnie du 1er bataillon, la compagnie franche et une section de montagne, occupe le 30 novembre Aculcingo, prêt à se porter sur Tehuacan ou sur tout autre point menacé par Porfirio Diaz. La colonne rentre le 4 décembre à Orizaba, laissant à Aculcingo la compagnie franche qui n'évacuera ce point que le 24 décembre.

Les craintes relatives à une attaque sur Tehuacan étant dissipées, la 3e compagnie du 1er bataillon quitte ce poste le 7 décembre et s'arrête à Aculcingo jusqu'au 14; les 1re et 2e compagnies du même bataillon partent de Tehuacan le 13, s'arrêtant à leur tour à Aculcingo et la 3e compagnie rentre à Orizaba.

(1) Nous présenterons à part les opérations de la compagnie franche.

Le 16 décembre cette dernière part d'Orizaba à destination de Chiquihuite; elle occupe ce poste (17 décembre) momentanément dégarni par suite de la réorganisation de la contreguerilla du colonel Dupin qui s'opère à Orizaba.

Principales opérations de la compagnie franche. — Nous avons vu que la compagnie franche du 7e a été constituée à Orizaba le 16 octobre 1863.

Des bandes ennemies étant venues piller le village de San Juan de la Punta, situé à l'extrémité sud des montagnes de Chiquihuite et à 28 kilomètres de Cordova, la compagnie franche part le 26 octobre d'Orizaba, arrive le 28 à San Juan de la Punta qu'elle trouve désert, pousse le 29 une reconnaissance sur le rio Blanco, près de Palma Sola, à 24 kilomètres de San Juan, où elle rentre le 30.

Elle reçoit l'ordre de se rendre à Camaron et de garder ce poste en attendant le retour de la contreguerillera Dupin. La nécessité de se ravitailler et de déposer quelques malades à l'hôpital, force le capitaine Didier à revenir à Cordova le 31. Le 2 novembre il arrive à Camaron, y séjourne jusqu'au 5 et rentre à Orizaba le 8 novembre.

Le 16 novembre, la compagnie franche se remet en marche, débouche sur le plateau supérieur en franchissant les Cumbres de Maltrata et séjourne le 19 à San Andres; elle reçoit l'ordre de se porter en toute hâte sur Tehuacan où elle arrive le 21. Elle en repart le lendemain pour concourir à un mouvement combiné sur Zongolica, traverse en quatre jours 25 lieues de montagnes dans un pays presque inconnu et par des sentiers à peine frayés au milieu des rochers et des précipices, et arrive le 25 à Zongolica où elle opère sa jonction avec deux compagnies du régiment parties d'Orizaba. Elle se remet en route le 27, rentre à Orizaba et se dirige le 30 sur Aculcingo.

Du 26 octobre au 30 novembre la compagnie franche a parcouru 115 lieues, passant en quelques heures de la température élevée des Terres-Chaudes au froid glacial des montagnes; l'énergie de nos soldats leur a fait surmonter toutes les fatigues : trois d'entre eux sont morts à la peine.

La compagnie séjourne à Aculcingo du 30 novembre au 24 décembre et rentre à Orizaba; pendant cette période elle a parcouru en tous sens le pâté montagneux qui sépare la vallée d'Aculcingo de celle de Tehuacan, rassurant les populations, éloignant par sa présence les malfaiteurs qui considéraient jusqu'alors leurs montagnes comme inaccessibles aux troupes françaises.

Du 29 décembre au 1er janvier 1864 la compagnie franche sillonne le triangle formé par Orizaba, Cordova et Oméalca où des bandes venant de Catastla font de fréquentes apparitions : elle rentre à Orizaba le 1er janvier.

CHAPITRE III

I. — RÉSUMÉ DES OPÉRATIONS DU CORPS EXPÉDITIONNAIRE DEPUIS LE MOIS DE JANVIER 1864 JUSQU'A L'ARRIVÉE DE MAXIMILIEN

Le général Douay entre à Zacatecas et dégage Guadalajara (février 1864). — Poursuite des bandes ennemies. — Lutte contre les guerillas de la Sierra Morones, soumission de Sandoval (février-août). — Les Dissidents sont battus dans le nord : Doblado passe aux États-Unis. — Convention de Miramar. Situation générale à l'arrivée de Maximilien (juin).

II. — OPÉRATIONS DU 7ᵉ DU 1ᵉʳ JANVIER AU 1ᵉʳ JUILLET 1864.

Emplacements au 1ᵉʳ janvier 1864. — Mouvements pendant le mois de janvier. — Occupation de Cotastla, faux mouvement sur Quemistlan et sur Aculcingo. — Arrivée d'un détachement de France. — Occupation de Coxcatlan. — Février : mouvements divers. — Le lieutenant Vigouroux à Til Campus. — Le sous-lieutenant Vaxelaire à Cocuite. — Mouvements à la suite de la nouvelle organisation du Régiment Étranger. — Tehuacan est renforcé. — Mars : incendie à Cotastla. — Reconnaissances autour de Tehuacan. — Avril : reconnaissances aux environs de Coscomatepec. — Le lieutenant Lachau à Tlaliscoyan. — Mouvements divers et reconnaissances. — Organisation territoriale. — Le capitaine Sengel à Paso de Ovejas. — Mai : le 1ᵉʳ bataillon se rend à Mexico. — Mouvements exécutés par le 2ᵉ bataillon. — Arrivée de l'empereur Maximilien. — Juin : le capitaine Giraud à Puchingo. — Mouvements divers.

Opérations de la compagnie franche.

Coup de main sur San Miguel (11 février). — Poursuite de la bande d'Arenas (février-mars). — Reconnaissance du rio Blanco (mars-mai). — Colonne d'Ornano. — Opérations sur le rio Blanco. — Affaire de Cocuite (1ᵉʳ juin). — Construction d'un pont sur le rio Blanco. — Extrait de l'ordre général du 10 juillet. — Marche dans les Cumbres, du 27 juin au 1ᵉʳ juillet.

I. — RÉSUMÉ DES OPÉRATIONS DU CORPS EXPÉDITIONNAIRE DEPUIS LE MOIS DE JANVIER 1864 JUSQU'A L'ARRIVÉE DE MAXIMILIEN.

Pendant que le 7ᵉ de ligne protège la ligne de communications de l'armée et pousse des reconnaissances qui tiennent à distance les bandes ennemies, jetons un rapide coup d'œil sur les opérations militaires qui ont pour théâtre les régions situées à l'ouest et au nord de Mexico.

Le général Douay entre à Zacatecas et dégage Guadalajara (février). — Le général Douay après ses opérations contre Uraga, ramène ses troupes à Leon et prend le commandement de deux colonnes; il marche sur Aguas Calientes que l'ennemi a réoccupé, enlève la ville de vive force et entre à Zacatecas (6 février),

Pendant ce temps Uraga a reconstitué rapidement ses forces dans le sud et débouche avec 5.000 hommes sur Guadalajara, tandis qu'Ortega, venant de l'État de Zacatecas, descend avec 2.000 hommes vers le sud. Guadalajara, attaquée par des forces supérieures, est délivrée par le général Douay (25 février) : celui-ci parcourt les environs de Guadalajara, à l'ouest et au sud, et pousse au sud de Cocula pour détruire les fabriques d'armes de Tula et de Tapalga. Uraga est refoulé dans le nevado de Colima.

Poursuite des bandes ennemies. — A la fin de mars et au mois d'avril, le colonel Clinchant se porte de Puebla sur Zitacuaro; le colonel du Preuil marche par Leon à la poursuite des bandes de Romero et se porte rapidement, par une marche de nuit, sur la Cañada de los Negros où il disperse une bande de 600 cavaliers et 100 fantassins.

A la fin de mai, le colonel Garnier détruit les guerillas de l'État de Guanajuato et disperse les bandes qui infestent le pays entre Leon et La Piedad. Rincon Gallardo, gendre de Doblado, est forcé de quitter le pays. Le capitaine de Musset (1) surprend Guzman à Cueramaro et le fait prisonnier (26 juin); il atteint et tue Cantarito au rancho de Rodeo (août).

(1) Devenu plus tard chef de bataillon au 7e.

Lutte contre les guerillas de la Sierra Morones : soumission de Sandoval. — Dans la Sierra Morones, les colonnes légères du général de Castagny parcourent les vallées de Jerez et de Villa Nueva ; le 16 février, une bande ennemie est surprise à Colotlan ; le 26 mars, Jose Maria Chavez est fait prisonnier à Jerez ; le 11 avril, la bande de Sandoval est dispersée à Colotlan par le commandant de Courcy.

Pour en finir avec cette région, trois colonnes combinées entrent en campagne. Le colonel de Potier enlève Nochistlan, tue Jose Maria et prend 4 canons ; Sandoval s'échappe, poursuivi par le colonel de Potier, le commandant de Courcy et la colonne Japy partie du Zacatecas : il est battu le 22 mai à Valparaiso et fait soumission, au mois d'août suivant, ainsi que La Cadeña.

Les Dissidents sont battus dans le nord ; Doblado passe aux États-Unis. — Egalement traqués du côté de Piños, entre Zacatecas et San Luis Potosi, les Dissidents se replient au nord dans la Sierra Hermosa où Ortega concentre 3.000 hommes avec 16 canons. De son côté Juarez réunit ses forces dans les provinces du nord pour agir contre Zacatecas et San Luis Potosi ; Doblado descend de Monterey avec 6.000 hommes et 18 canons et marche sur Matehuala qu'occupent les troupes mexicaines alliées du général Mejia. Le colonel Aymard se porte de San Luis au secours de celui-ci et culbute les troupes de Doblado en vue de Matehuala (17 mai). Doblado abandonne la lutte et passe aux États-Unis : le pays au nord de San Luis Potosi se trouve dégagé pour quelque temps.

Convention de Miramar ; situation générale à l'arrivée de Maximilien. — Malgré la marche très rapide de nos troupes, malgré une série de succès, la situation reste incertaine et précaire. Nos colonnes se sont avancées dans le bassin du rio Grande jusqu'à 120 lieues des côtes de l'Océan, mais les difficultés pour conserver nos communications deviennent de plus en plus grandes : les bandes dispersées sur un point se reforment presque aussitôt sur un autre; la population, le clergé lui-même restent hostiles.

C'est à ce moment que l'archiduc Maximilien accepte officiellement la couronne du Mexique. La convention de Miramar (avril 1864) stipule que l'armée française évacuera le territoire mexicain au fur et à mesure que les troupes destinées à la remplacer seront organisées. La Légion Étrangère, portée à 8.000 hommes, doit rester au Mexique après notre départ.

Au moment où Maximilien débarque au Mexique on n'est pas sans craintes au sujet des tentatives que les bandes ennemies pourraient diriger contre le cortège impérial pendant le voyage de Vera-Cruz à Mexico. Aussi le général en chef prescrit-il de redoubler de surveillance aux abords de la voie ferrée et sur tout le parcours de l'Empereur; des mesures particulières sont prises pour mettre le cortège impérial à l'abri d'un coup de main qui aurait le plus fâcheux retentissement dans tout le pays et en Europe.

Maximilien débarque à Vera-Cruz le 28 mai et entre à Mexico le mois suivant.

II. — OPÉRATIONS DU 7 DU 1er JANVIER AU 1er JUILLET 1864

Emplacements au 1er janvier 1864. — Le 1er janvier 1864, le 7e occupe les emplacements suivants :

État-major, compagnie franche, voltigeurs et 4e compagnie du 1er bataillon à Orizaba :

Grenadiers et 5e compagnie du 1er bataillon à Huatusco.

3e compagnie — à Chiquihuite.

1re et 2e compagnies — à Aculcingo.

2e bataillon : Grenadiers, 1re et 5e compagnies et voltigeurs à Tehuacan.

2e compagnie à la Cañada, 3e à Puente Colorado, 4e à Zapotitlan.

Mouvements pendant le mois de janvier. — Le 4 janvier le commandant Thoumini de la Haulle, avec sa 1re compagnie, une section de la 2e et un obusier de montagne, dirige une reconnaissance sur Ajalpan; il rentre le 5 à Tehuacan.

Le 5, la 4e compagnie du 1er bataillon escorte un convoi d'Orizaba à Cordova; de Cordova à Chiquihuite l'escorte est fournie par le Régiment Étranger; la 3e compagnie du 1er bataillon conduit le convoi de Chiquihuite à Soledad (7 au 9) et repart le 11 de Soledad : elle rallie la 4e compagnie à Cordova le 13, et les deux compagnies rentrent à Orizaba le 14.

Les 1re et 2e compagnies du 1er bataillon, détachées à Aculcingo, rentrent le 6 à Orizaba.

Les grenadiers du 1er bataillon quittent Huatusco le 11 pour aller renforcer momentanément la garnison de Soledad (11 à San Geronimo, 12 Macacoyotes, 13 Soledad); ils en repartent le 23 et arrivent le surlendemain à Huatusco (23 Paso Tiotonche, 24 rancho Clementi Gonzalez).

Occupation de Cotastla (13 janvier). — L'occupation de Huatusco ne permettant plus aux bandes ennemies de se concentrer dans la région montagneuse comprise entre les routes d'Orizaba et de Jalapa, elles se rejettent sur le flanc gauche de la route de Vera-Cruz à Orizaba, d'où elles tentent de fréquents coups de main sur nos convois. Leur centre de réunion est Cotastla, petite ville construite en bambous et en palmiers sur les bords de l'Atoyac, à vingt lieues de Cordova.

Dans les premiers jours de janvier, le commandant supérieur d'Orizaba décide l'occupation de ce point sur lequel se dirigent, par un mouvement combiné, la compagnie franche du 7e, la contreguerilla du capitaine de Brian et les voltigeurs du 1er bataillon.

La compagnie franche, partie d'Orizaba le 9, arrive le 13 à Cotastla qu'elle trouve complètement désert (9 Cordova, 10 San Lorenzo, 11 Los dos Caminos, 12 San Campus). Les voltigeurs suivent à deux jours de marche et arrivent le 15 à Cotastla qu'ils occupent, avec mission d'y faire rentrer la population que les bandes ont chassée.

Faux mouvement sur Quemistlan et sur Aculcingo. — Le 13 janvier le lieutenant Lachau part de Huatusco avec 40 hommes de la 1re compagnie du 1er bataillon et 20 cavaliers du général Galvez, dans le but de porter secours au village de Quemistlan menacé par une bande de malfaiteurs. Ce détachement apprend à Chichicuilla que les brigands ont été chassés par les gardes urbaines des ranchos voisins; il rentre à Huatusco le 14.

Sur le bruit d'un mouvement offensif de Porfirio Diaz, les 1re et 2e compagnies du 1er bataillon partent en toute hâte d'Orizaba pour Aculcingo (15 janvier); le 2e compagnie rentre à Orizaba le 24, la 1re le 26.

Le 23 janvier la 4e compagnie du 1er bataillon part d'Orizaba en escorte de convoi (23 Cordova, 24 Chiquihuite, 25 Camaron, 26 Soledad). Elle repart de Soledad le 29 pour relever les grenadiers du 1er bataillon à Huatusco, où elle arrive le 31. Le lendemain les grenadiers rentrent de Huatusco à Orizaba (1er février Coscomatepec, 2 Fortin, 3 Orizaba).

Arrivée d'un détachement de France. — Le 24 janvier arrive à Orizaba un détachement de 330 hommes venant de France sous les ordres du capitaine Girard et du lieutenant Guionic (Henri), avec 4 sergents, 8 caporaux et un tambour.

Ce détachement parti d'Aix le 15 novembre 1863, arrive par étapes le 17 à Avignon, y prend les voies ferrées le 19 à destination de Cherbourg où il arrive le 21. Le transport l'*Eure*, sur lequel il s'embarque le 22 novembre, part le 23, relâche du 5 au 6 décembre à Funchal et arrive 27 à Fort de France. Par suite d'une épidémie de variole qui sévit à bord, les troupes ne sont débarquées que le 1er janvier 1864 : elles séjournent au fort Desaix jusqu'au 5 et arrivent le 17 janvier en rade de San Juan d'Ulloa. Le détachement débarque le lendemain, prend la voie ferrée jusqu'à Soledad et arrive le 24 à Orizaba en escortant un convoi d'argent à destination de Mexico (20 de Soledad à Palo Verde, 21 Paso Ancho, 22 Potrero, 23 Cordova). Ce détachement est réparti entre les diverses compagnies et sert à niveler leurs effectifs.

Occupation de Coxcatlan. — Les incursions incessantes des bandes ennemies, notamment de celles de Lallo Cacho, ancien préfet de Tehuacan sous Juarez, déterminent l'occupation momentanée du village de Coxcatlan, situé au sud de Tehuacan sur les confins de l'État d'Oajaca.

Le commandant Thoumini de la Haulle part de Tehuacan le 28 janvier avec la compagnie franche, la 5e compagnie et les voltigeurs du 2e bataillon. Arrivé le 29, il repart le lendemain avec la 5e compagnie et rentre le 31 à Tehuacan (30 San Sebastian), laissant la compagnie franche et les voltigeurs à Coxcatlan.

Février. Mouvements divers. — La 5e compagnie du 2e bataillon part le 5 février de Tehuacan pour aller relever à Zapotitlan la 4e compagnie qui rentre le 6 à Tehuacan.

La 1re compagnie du 1er bataillon part le 14 février d'Orizaba et relève, le 17, à Soledad les fusiliers marins qui rentrent en France.

Le 20 février le poste de Coxcatlan est évacué, les voltigeurs du 2e bataillon rentrent le 21 à Tehuacan.

Du 15 au 22 février la 5e compagnie du 1er bataillon sillonne en colonne mobile la contrée comprise entre Huatusco et Soledad : elle est le 15 à San Geronimo, le 16 à Matta del Gallo, du 17 au 19 à Soledad, le 20 à Maffara, le 21 à Vista Hermosa ; le 22 elle rentre à Huatusco.

Le lieutenant Vigouroux à Til Campus. — L'occupation de Cotastla a eu pour conséquence de refouler vers le sud les bandes qui infestaient les routes de Vera-Cruz. Une partie de ces bandes s'est concentrée à Cocuite et a fortifié les abords de ce point, couverts par le rio Blanco dont le passage est difficile : il devient urgent d'aller les chercher dans ce nouveau repaire, ne serait-ce que pour leur prouver que la distance et les difficultés du terrain ne les mettent pas à l'abri de nos coups.

Une pointe sur Cocuite est donc résolue et confiée aux contre-guerillas auxiliaires du capitaine de Brian; la compagnie franche du Régiment Étranger doit en même temps descendre la rive droite du rio Blanco. Ces mouvements seront appuyés par une démonstration sur Til Campus, faite par une section de 50 voltigeurs du 1er bataillon, stationnés à Cotastla, sous les ordres du lieutenant Vigouroux (Antoine); 20 voltigeurs du même bataillon, commandés par le sous-lieutenant Vaxelaire, sont en outre adjoints à la troupe du capitaine de Briant.

Le lieutenant Vigouroux quitte Cotastla le 15 février pour se rendre à Til Campus, situé sur le rio Blanco à 7 lieues de Cotastla : il a pour mission de surveiller le cours de la rivière et de prêter au besoin main-forte à la compagnie franche du Régiment Étranger qui opère sur la rive droite.

Til Campus est situé au milieu des bois, à 600 mètres environ du cours du rio Blanco, auquel conduit un sentier aboutissant à une plage sablonneuse et découverte; un monticule de sable, de 2 mètres environ, formé par les grandes eaux, est le seul abri qu'offre la rive gauche; la rive droite est bordée de gros arbres et d'épaisses broussailles. La rivière à cet endroit est fortement encaissée, les eaux sont profondes et le lit a une largeur de 60 mètres; la disposition des lieux permet donc à l'ennemi d'organiser facilement des embuscades sur la rive droite, d'où ses feux balaieront la rive gauche.

La corvée envoyée à l'eau, le 18 février au soir est accueillie par plusieurs feux de peloton : le lieutenant Vigouroux envoie en toute hâte des renforts et se porte sur le lieu de l'engagement. La fusillade est vive du côté de l'ennemi qui est abrité et qui tire sur nos hommes obligés de se découvrir. Le voltigeur Le Calvez frappé d'une balle au front, roule sur le bord de la rivière ; l'ennemi a 3 hommes tués.

A la nuit tombante et avant de rentrer au poste, le sergent Mathiot et cinq voltigeurs, Moulin, Rouzès, Peter-Muffat, Le Roux et Aillerie, s'offrent spontanément pour aller chercher sur le bord de l'eau le corps du voltigeur Le Calvez : il faut, pour tenter cette opération, essuyer à très courte distance et complètement à découvert le feu de l'ennemi. Sous une pluie de balles, ils enlèvent et rapportent le corps de leur camarade.

Le lieutenant Vigoureux rentre le 19 à Cotastla. Cet officier mérite des éloges pour l'intelligence et l'habileté dont il a fait preuve en cette circonstance ; la belle conduite des voltigeurs, qui ont exposé leur vie pour rapporter le corps de leur camarade, a été mise à l'ordre du régiment ; le voltigeur Moulin a reçu la médaille militaire.

Le sous-lieutenant Vaxelaire à Cocuite. — Les vingt voltigeurs adjoints à la troupe du capitaine de Brian, sous les ordres du sous-lieutenant Vaxelaire, montrent de leur côté beaucoup de vigueur et d'entrain. Partis de Cotastla le 18 février, ils sont compris le 19 dans une petite colonne chargée d'une fausse attaque sur une barranca fortifiée située à une lieue en avant de Cocuite, pendant que le gros de la troupe tourne la position ennemie ; à une demi-lieue plus loin, l'élan de nos troupes met en fuite une troupe ennemie qui défend la sortie d'un étroit défilé. Sa mission terminée, le sous-lieutenant Vaxelaire rentre à Cotastla le 20 février. Le sergent-fourrier Gousselet reçoit la médaille militaire en récompense de sa belle conduite à cette affaire.

Mouvements à la suite de la nouvelle organisation du Régiment Étranger. — Une circulaire du général en chef fait appel aux officiers, sous-officiers et caporaux du corps expéditionnaire pour concourir à la nouvelle organisation du Régiment Étranger dont on va augmenter le nombre des bataillons. Les anciens gradés, qui ont rendu leurs galons pour faire la campagne du Mexique, pourront sur leur demande être admis dans ces nouveaux cadres. Ces troupes sont destinées à rester dix ans au Mexique; les conditions de solde, d'avancement, de retraite et de récompenses seront les mêmes que pour le corps expéditionnaire.

Le 7e fournit au Régiment Étranger un sous-lieutenant qui passe avec le grade de lieutenant, un capitaine et un sous-lieutenant avec leur grade, 2 sergents-majors, 2 sergents-fourriers, 9 sergents et 18 caporaux.

Le Régiment Étranger se rendant à Puebla pour procéder à sa réorganisation, le 7e occupe une partie des postes qu'il abandonne.

Une section de la 4e compagnie du 1er bataillon part le 22 février de Huatusco et occupe le même jour Coscomatepec. Une section de la 2e compagnie du 2e bataillon va de la Cañada à Puente Colorado (25 février) relever la 3e compagnie du 2e bataillon qui rentre à Orizaba (25 Temalucan, 26 Orizaba).

Le 26, les 2e et 3e compagnies du 1er bataillon vont relever le Régiment Étranger à Cordova et détachent chacune une section pour relever les postes de Chiquihuite et d'Atoyac.

Un sergent et 15 hommes détachés d'Orizaba, occupent le Fortin. Quant au poste de Rio-Seco, il est confié à la garde des nombreux travailleurs chargés de l'établissement d'un pont.

Le 26 février le commandant Deplanque du 1er bataillon est nommé commandant supérieur de Cordova par le général commandant supérieur d'Orizaba.

Du 26 au 28 février, les voltigeurs du 2e bataillon rentrent de Tehuacan à Orizaba (26 Chapulco, 27 Aculcingo, 28 Orizaba).

Tehuacan est renforcé. — Le 29, les 1re, 3e compagnies et voltigeurs du 2 bataillon partent d'Orizaba et vont renforcer la garnison de Tehuacan où ils arrivent le 2 mars. Nos renseignements annoncent, en effet, que des forces ennemies importantes sont sorties d'Oajaca et s'avancent par les routes de Huajuapan et de Teotitlan : bien que rien ne fasse supposer un projet d'attaque sur Tehuacan, il est nécessaire de renforcer ce poste pour préserver les territoires voisins des exactions qui signalent partout le passage des troupes dissidentes.

Mars. Incendie à Cotastla. — Un incendie considérable éclate à Cotastla dans le barraquement de la troupe et dans la boulangerie; la compagnie franche et les voltigeurs du 1er bataillon se font remarquer en cette circonstance par leur courage et leur sang-froid. Sont cités à l'ordre du régiment : les soldats Schneder et Trébosc, les voltigeurs Delaval, Laurent et Delcaire.

Le 26 mars, le général de Maussion, commandant supérieur des Terres-Chaudes de l'État de Vera-Cruz, nomme le lieutenant Lachau commandant militaire de Medelin, et le lieutenant Vigouroux commandant militaire de Pulga.

Reconnaissances autour de Tehuacan. — Les compagnies stationnées à Tehuacan font autour de cette ville de nombreuses reconnaissances dans le courant du mois de mars. La plus importante est exécutée du 9 au 14 mars par les voltigeurs et la 1re compagnie du 2e bataillon sous les ordres du capitaine Nottet : cette colonne parcourt toute la frontière du district, fouille San Sebastian, Ajasco, Coxcatlan (9 et 10 mars), pousse le 11 en avant de l'hacienda de Tilapa, tout près de Teotitlan, et rentre le 14 par Coxcatlan et Ajalpan.

Ces reconnaissances ont pour effet d'éloigner les avant-postes ennemis qui, craignant une surprise, reportent leur infanterie à six ou sept lieues en arrière de Teotitlan et ne laissent sur ce point que quelques éclaireurs.

Les voltigeurs du 2e bataillon quittent Tehuacan le 31 mars et rentrent le lendemain à Orizaba.

Avril. Reconnaissance aux environs de Coscomatepec. — Les postes de Huatusco et de Coscomatepec, cédés aux troupes alliées du général Calvez, sont évacués le 1er avril par les 4e et 5e compagnies du 1er bataillon qui rentrent à Orizaba (le 3).

Le même jour la 1re compagnie du 2e bataillon quitte Tehuacan pour s'établir à Puente Colorado où elle remplace une section de la 2e compagnie qui rentre à la Cañada.

Le 11, la 2e compagnie du 1er bataillon se porte de Cordava à Coscomatepec et dirige, du 11 au 16 avril, des reconnaissances aux environs de ce poste pour appuyer le mouvement exécuté par les garnisons alliées de Huatusco et de Coscomatepec contre les bandes ennemies. Celles-ci ont reparu dans le pâté montagneux formé par les contreforts d'Orizaba, et cherchent à se recruter de gré ou de force parmi les habitants des villages et des ranchos de la Sierra.

L'ennemi est surpris et battu près de Quemistlan par nos alliés : de son côté la 2e compagnie s'empare de quelques bandits à Tomatlan (14 avril) et rentre le 16 à Cordova.

Le lieutenant Lachau à Tlaliscoyan. — Une bande nombreuse, traversant le rio Blanco, s'est présentée à Tlaliscoyan. Le lieutenant Lachau, commandant militaire de Medelin, l'attaque le 15 avril à la tête d'un détachement de cavaliers de Murcia et de quelques hommes du bataillon égyptien. Il lui fait éprouver des pertes sensibles et la rejette en désordre de l'autre côté du rio Blanco.

Mouvements divers et reconnaissances. — Le 15 avril, la 1re compagnie du 1er bataillon, relevée à Soledad par une compagnie du génie colonial, rentre à Orizaba (le 21), après avoir séjourné du 17 au 21 à Cordova.

Le 18 la 3e compagnie du 1er bataillon part de Cordova, visite les villages de Cuitchapa, Omealca et Amatlan, et rentre à Orizaba le 20.

Le 20 la 3e compagnie du 2e bataillon exécute une reconnaissance sur Teotitlan dans le but d'avoir des nouvelles de Lallo Cacho qui a reparu aux environs d'Ajalpan.

Le 22 les 2e et 3e compagnies du 1er bataillon quittent Cordova, qui est occupée par le 2e bataillon d'Afrique récemment arrivé de France; elles arrivent le même jour à Orizaba.

Le 22, les grenadiers du 2e bataillon se portent de Tehuacan sur Tepango, où ont paru quelques guerilleros; ils rentre le 23.

Le poste du Fortin, relevé par le 2e bataillon d'Afrique, rentre à Orizaba le 24.

Le 26 le lieutenant de Couët de Lorry part de Zapotitlan avec une section de la 5e compagnie du 2e bataillon pour aller installer de nouvelles autorités à San Juan de la Reya; il rentre le 27.

Organisation territoriale. — D'après l'ordre général du 23 avril, la 1re division territoriale, à Queretaro, comprend les départements de Queretaro, Guanajuato et San Luis, La 2e division, à Guadalajara, comprend ceux de Jalisco Aguas Calientes et Zacatecas. Le district de Mexico prend le nom de subdivision territoriale de Mexico. Puebla devient le chef-lieu d'une subdivision comprenant les départements de Puebla et de Tlascala. Enfin tout le département de Vera-Cruz forme la subdivision territoriale d'Orizaba.

Le capitaine Sengel à Paso de Ovejas. — A la suite de l'évacuation de Puente Nacional, un chef de bande, Zepherino Daquin, est venu s'établir à Paso de Ovejas, cherchant à soulever les populations au nord de la route de Jalapa. Le capitaine Sengel, commandant supérieur de Soledad, reçoit l'ordre de disperser sa bande.

Parti de Soledad le 24 avril au soir, avec 50 soldats du génie colonial, 100 isolés et 60 cavaliers alliés de Figuerero. il arrive à Paso de Ovejas le 25 au matin. Après un combat d'une heure l'ennemi surpris par cette marche hardie, s'enfuit en désordre, perdant 15 hommes tués ou blessés.

Le capitaine Sengel est cité à l'ordre de l'armée du 26 mai 1864.

Mai. Le 1er bataillon se rend à Mexico. — Le 8 mai, le 1er bataillon moins la compagnie de voltigeurs est organisé en bataillon de marche et se met en route pour Mexico sous les ordres du commandant Deplanque (8 mai Aculcingo, 9 la Cañada, 10 San Agostin del Palmar, 11 Acacingo, 12 Amozoc 13 Puebla, 14 San Martino, 15 Puente de Tesmelucan, 16 Rio Frio, 17 Buena Vista, 18 Santa Marta, 19 Mexico).

Ce bataillon est complètement séparé de la portion centrale et a emporté un approvisionnement, en effets de toute nature, suffisant pour six mois.

A son arrivée à Mexico, les grenadiers et les 1re et 2e compagnies sont casernés au quartier San Yago; une section de la 3e compagnie avec le capitaine va occuper Monoalco; l'autre section avec le lieutenant est établie à Molino del Rey la 4e compagnie est restée à Rio Frio, détachant deux escouades à Buena Vista; la 5e compagnie est à Chapultepec.

Mouvements exécutés par le 2e bataillon. — Le 9 mai, les grenadiers du 2e bataillon rentrent à Orizaba; ils sont remplacés à Tehuacan par les voltigeurs qui partent le 10 d'Orizaba.

La 4e compagnie se porte de Tehuacan à Puente Colorado (12 mai); une section de cette compagnie et la section de la 1re compagnie restée à Puente Colorado continuent leur route sur Orizaba où elles arrivent le 14; le 19 l'autre section de la 4e compagnie rentre de Puente Colorado à Orizaba.

La 2e compagnie détachée à la Cañada est chargée d'occuper en même temps Puente Colorado et Presidio; le poste du Fortin est fourni par la garnison d'Orizaba.

Arrivée de l'empereur Maximilien. — En raison de l'arrivée prochaine de l'empereur Maximilien, les troupes françaises et mexicaines sont échelonnées sur la route qu'il doit suivre, prêtes à se porter en colonnes mobiles sur tous les points où seraient signalées des bandes ennemies.

A cet effet, les grenadiers et la 1re compagnie du 2e bataillon vont s'établir à Cordova; la 1re compagnie rentre à Orizaba dans la nuit du 29 au 30 mai, aussitôt après l'arrivée de l'empereur à Cordova.

Leurs Majestés impériales font le 31 mai leur entrée à Orizaba où elles sont accueillies par les acclamations d'une population qui veut voir dans leur présence la fin des maux de la patrie. Elles repartent le 3 juin pour continuer leur route sur Mexico.

Les grenadiers, restés à Cordova pour fournir la garde d'honneur, rentrent le 31 mai à Orizaba.

Le même jour une colonne mobile, composée de la 4e compagnie du 2e bataillon, de 400 hommes du Régiment Étranger, d'un peloton du 5e hussards et d'une section d'artillerie de montagne, sous les ordres du capitaine Suchel, va s'établir à Tecamalucan, avec mission d'observer les débouchés de la Barranca Seca, sur la route d'Orizaba à Puebla. La 4e compagnie pousse jusqu'à San Felipe de Madera et rentre le 5 juin à Orizaba, la colonne ayant été dissoute après le passage de l'empereur.

Juin. Le capitaine Giraud à Puchingo. — Les voltigeurs du 1er bataillon quittent Orizaba et rejoignent leur bataillon à Mexico (6-18 juin); ils sont immédiatement dirigés sur Molino del Rey pour concourir à la garde de l'empereur Maximilien qui s'est établi à Chapultepec. Les grenadiers ont été envoyés le 17 à Chapultepec dans le même but.

Le 13 juin le capitaine Giraud, avec 45 hommes de la 1re compagnie du 2e bataillon, est attaqué dans l'hacienda de Puchingo, près de Los Llanos, par 500 fantassins de Juan Francisco Lucas et 200 cavaliers de Baltazar Telles avec une pièce d'artillerie. Pendant plusieurs heures cette petite garnison résiste vigoureusement aux attaques d'un ennemi si supérieur en nombre, et le force à battre en retraite avec perte de 9 morts et d'un grand nombre de blessés.

Dans cette action, qui fait le plus grand honneur au capitaine Giraud et à sa troupe, il y a lieu de citer particulièrement le caporal Bossu qui s'est vaillamment comporté dans une sortie faite par la garnison et qui a été blessé de plusieurs coups de sabre.

Mouvements divers. — Les 1re et 4e compagnies du 2e bataillon quittent Orizaba pour aller remplacer à Cordova les compagnies du bataillon d'Afrique qui partent en colonne (19 juin) : ces compagnies sont elles-mêmes remplacées à Orizaba par la 5e qui quitte Tehuacan le 18 et arrive à Orizaba le 20.

Les opérations militaires, exécutées pendant le mois de juin par les compagnies du 2e bataillon stationnées à Tehuacan et à Zapotitlan, se réduisent à des patrouilles faites dans les environs de ces postes dans le but d'obtenir des nouvelles de l'ennemi et de protéger les villages et les haciendas contre les exactions des gens de Lallo Cacho.

En ce qui concerne le 1er bataillon, la 1re compagnie prend le 1er juin l'escorte d'un convoi de vivres partant de Mexico à destination de Queretaro; elle l'accompagne jusqu'à Tepeji et rétrograde sur Mexico. La 4e compagnie, stationnée à Rio Frio et à Buena Vista, exécute de nombreuses reconnaissances dans les montagnes environnantes : la plus importante a lieu le 20 juin sous les ordres du capitaine Hennequin qui tente en vain de surprendre une bande de voleurs signalée dans les environs.

OPÉRATIONS DE LA COMPAGNIE FRANCHE

Nous avons vu la part prise par la compagnie franche à l'occupation de Cotastla au mois de janvier 1864 : elle part de cette localité le 17 janvier, arrive à Orizaba le 20, en repart le 23 pour Tehuacan qu'elle quitte le 28 avec la colonne chargée d'occuper Coxcatlan (1).

Du 30 janvier au 11 février elle sillonne en tous sens la basse vallée de Tehuacan pour avoir des nouvelles de l'ennemi concentré dans la province d'Oajaca sous les ordres de Porfirio Diaz.

Coup de main sur San Miguel. — Le 11 février la compagnie franche se porte par une marche rapide, en traversant les lieux les plus déserts, sur le village de San Miguel dans les montagnes de la Mizteca, où l'on signale la présence d'un chef redouté qui jette l'épouvante dans les villages et les ranchos de l'État de Puebla. Le village est surpris le 12, à huit heures du soir, mais la guerilla que nous cherchons a quitté le matin même San Miguel pour gagner l'intérieur du Oajaca.

La compagnie repart le 14 février pour Coxcatlan par Zapotitlan, Tehuacan, San Gabriel, San Jose et Venta Salada. Le 22 elle reçoit l'ordre subit de rentrer à Orizaba, elle y arrive le 25 par la vallée de Rojas, dans le massif des Cumbres.

Du 30 novembre 1863 au 25 février 1864, elle a parcouru

(1) Voir pages 117 et 119.

près de 400 lieues; son état sanitaire est excellent, malgré toutes les fatigues qu'elle a eu à supporter et les énormes variations de température qu'elle a subies.

Poursuite de la bande d'Arenas. — Le 27 février, la compagnie quitte de nouveau Orizaba, se dirigeant sur Cotastla. Entre Palma Sola et San Campus elle aperçoit de loin la bande de Luis Arenas qui prend aussitôt la fuite et repasse le rio Blanco au gué de Choquatole. La compagnie arrive le 2 mars à Cotastla, en repart le 5 pour Soledad où elle séjourne jusqu'au 9.

Le lieutenant Sorlin prend le commandement provisoire de la compagnie franche, le capitaine Didier demeurant à Soledad où il remplace temporairement, dans le commandement des contre-guerillas des Terres-Chaudes, le capitaine de Brian promu chef de bataillon.

Revenu à Cotastla, le lieutenant Sorlin apprend qu'Arenas a reparu à Cueva Pinta : il se met aussitôt à sa poursuite et force une partie de sa guerilla à repasser le rio Blanco. La compagnie s'embusque toute la nuit aux deux gués de Choquatole et del Tronco, passages habituels des guerreros : mais ceux-ci prévenus à temps traversent le rio à des gués plus éloignés.

Le 16 mars la 1re section se rend à Paso del Macho, où se trouve le capitaine Gérard, provisoirement désigné pour commander la compagnie franche, et rentre avec lui à Cotastla le 19 (18 Tlanamacoyan); la 2e section va chercher le 22 à Tlanamacoyo le capitaine Lardy du génie colonial, chargé de la reconnaissance du rio Blanco, et le ramène le 23 à Cotastla.

Reconnaissance du rio Blanco. — Jusqu'au mois de juin la compagnie franche va prendre part aux reconnaissances et aux petites opérations ayant pour théâtre la région du rio Blanco.

Elle est tout d'abord chargée de protéger le capitaine Lardy qui exécute le levé topographique du cours de la rivière. Le 25 mars elle part de Cotastla, arrive le même jour à San Joaquim sur le rio Blanco, le 26 à Til Campus et le 27 à Santa Anna. Elle reçoit en ce point un feu très vif, mais oblige l'ennemi à abandonner sa position après une lutte d'une demi-heure; une section s'embusque derrière les arbres de la rive gauche et empêche par son feu l'ennemi de regagner ses retranchements. Pendant ce temps le capitaine Lardy reconnait le cours de la rivière et en fait le levé. A midi et demi, après une fusillade qui a duré plus de quatre heures, la compagnie se remet en route pour Tlaliscoyan où elle arrive dans la soirée.

Le 29 mars, elle part pour le rancho de Buena Vista; le 30 elle est à Medelin, en repart le 1er avril pour Cotastla où elle arrive le 3 (1er Paso del Toro, sur l'Atoyac, 2 Candellaria); le 6 elle va reconnaître les gués de Choquatole et del Tronco, le 7 celui de Palma Sola; elle est de retour le 8 à Cotastla.

Après deux jours de repos la compagnie franche reprend ses opérations. Le 11 avril elle se porte à Tlanamacoyan, le 12 à Paso del Macho; le 14 le capitaine Didier, qui a repris la veille le commandement de la compagnie, part de ce point avec un convoi de 150 mulets et rentre le 15 à Cotastla : le convoi continue sa marche sur Orizaba, du 16 au 18, accompagné par la 1re section qui rétrograde ensuite sur Cotastla où elle arrive le 23 avril.

Le 24 avril la 2e section, chargée de protéger l'exécution du levé, va coucher à Paso de los Carros, le 25 à Mecaïuca (Paso Choquatole); le 26 elle pousse jusqu'au rancho Santa Teresa, près de Candellaria, revient au rancho Santa Gertrudis (Paso Villiano) et rentre le 27 à Cotastla.

A partir de ce moment le rôle de la compagnie franche est de servir d'appui à une section du 2e bataillon d'Afrique chargée spécialement de protéger la reconnaissance du rio Blanco.

A cet effet, la compagnie quitte Cotastla le 28 avril et se porte sur Til Campus; le 29 elle est à San Joaquim; le 30 entre Til Campus et Santa Anna. L'ennemi suit nos mouvements sur la rive droite du rio Blanco, sans oser attaquer.

Le 1er mai la reconnaissance arrive à Tlaliscoyan en passant par le rancho San Antonio; dans cette journée la section du bataillon d'Afrique a un homme tué et deux blessés. Le 2 la compagnie franche est à Paso del Toro, le 3 à Medelin d'où elle repart le 8 pour rentrer le 9 à Cotastla par la rive gauche de l'Atoyac, en passant à Paso Choquatole.

Du 10 au 24 mai elle exécute de nombreuses patrouilles aux environs de Cotastla; du 24 au 27 elle bat le pays entre le rio Blanco et l'Atoyac pour avoir des nouvelles de l'ennemi que l'on dit concentré et prêt à pousser jusqu'à la route de Vera-Cruz. Elle prend ensuite part aux nombreux mouvements de troupes qui ont pour but de mettre à l'abri de toute insulte la route que va suivre Maximilien : la compagnie se porte, à cet effet, au rancho de Santa Gertrudis (28 mai) pour surveiller tous les passages de l'Atoyac, de Cotastla à Medelin, concurremment avec une section du bataillon d'Afrique établie à Mecaïuca.

Colonne d'Ornano : opérations sur le rio Blanco. — La compagnie est mise le 30 mai sous les ordres du commandant d'Ornano du bataillon d'Afrique, et prend part aux opérations de cette colonne sur le rio Blanco.

La colonne d'Ornano, composée d'une compagnie et demie d'infanterie, de 60 cavaliers du 5e hussards et d'un contingent mexicain d'environ 60 hommes, fantassins et cavaliers, se concentre à Til Campus le 30 mai.

Depuis trois heures de l'après-midi jusqu'à la nuit, les postes fournis par la compagnie franche tiraillent avec l'ennemi : celui-ci, fortement embusqué sur la rive droite du rio Blanco, nous interdit par un feu bien ajusté l'accès de la rivière.

A minuit la compagnie se met en route pour surprendre le gué de San Joaquim et faciliter le passage du reste de la colonne : à six heures du matin, le 31 mai, le passage est effectué au moyen de chevaux du pays; l'ennemi n'a pas cherché à l'inquiéter.

Affaire de Cocuite (1er juin). — En raison des renseignements que l'on a pu se procurer sur la force de l'ennemi, la colonne est renforcée, d'une demi-compagnie d'infanterie, venue de Cotastla, et de 60 cavaliers mexicains; son effectif s'élève à 400 hommes. Elle bivouaque le 31 à Matatos Santos.

Le 1er juin la colonne se met en marche sur Cocuite, la compagnie franche formant l'avant-garde. Vers midi l'ennemi se montre sur notre gauche, mais hors de portée de nos carabines; bientôt il apparait également à 1.500 mètres environ en avant de notre droite : quelques coups de fusils bien ajustés le tiennent en respect. La 2e section se déploie en tirailleurs, soutenue de près par la première; les tirailleurs franchissent rapidement le rio de las Posas, ruisseau légèrement encaissé et bordé d'arbres, ils trouvent les tranchées abandonnées et essuient quelques coups de feu des cavaliers qui battent en retraite. A 800 mètres au delà du ruisseau la 1re section, qui a relevé la 2e en tirailleurs, est accueillie par un feu vif de l'ennemi. Celui-ci est revenu en forces et tiraille de très près à l'abri des broussailles : en quelques instants il est forcé de battre en retraite et il s'éloigne lentement en faisant le coup de feu.

Après une heure de repos, la 1re section déployée en tirailleurs reprend la marche, la 2e suit en réserve: l'ennemi ne cède le terrain que pied à pied. Arrivé à une centaine de mètres de Cocuite le lieutenant Sorlin, avec 13 hommes pris à la réserve, débouche brusquement sur la place du village où il est reçu par un feu dirigé des cases qui entourent cette place ; en même temps le sous-lieutenant Granet avec une demi-section tourne le village à droite; une autre demi-section dont la marche est retardée par les lianes et les broussailles le tourne par la gauche. L'ennemi évacue le village que la compagnie franche occupe pendant que la cavalerie se lance à la poursuite de l'adversaire.

Le lendemain, 2 juin, la 2e section sert d'avant-garde à une colonne lancée sur la route de Tlacotalpan à la recherche de l'ennemi, et forme l'arrière-garde au retour.

Construction d'un pont sur le rio Blanco. — La 1re section avec 50 hommes du bataillon d'Afrique, sous les ordres du capitaine Didier, a pour mission d'établir un pont sur le rio Blanco à 1 kilomètre de Cocuite. Au moment de mettre en place les bois d'un ancien pont qui viennent d'être retrouvés, nos tirailleurs reçoivent le feu d'une embuscade ennemie établie à 50 mètres et qui n'atteint personne; l'ennemi est aussitôt replié; nos tirailleurs franchissent le rio Blanco sur le premier madrier jeté en travers de la rivière et prennent pied sur la rive gauche. En deux heures un pont de huit mètres de long sur deux mètres et demi de large est jeté sur la rivière. L'ennemi ne reparait pas.

Le 3 juin à cinq heures du matin le rio Blanco est franchi par toute la colonne en marche sur Tlaliscoyan : une section de la compagnie franche forme l'avant-garde, l'autre l'extrême arrière-garde. La compagnie rentre à Cotastla le 5 juin et le 12 à Orizaba : elle n'a perdu qu'un homme mort d'insolation.

Extrait de l'ordre général du 10 juillet. — L'ordre général du 10 juillet 1864 qui relate les opérations de la colonne d'Ornano s'exprime en ces termes :

« Une colonne mobile, commandée par le chef de batail-
« lon d'Ornano du bataillon d'infanterie légère d'Afrique, a
« parcouru dans les premiers jours du mois de juin le pays
« situé sur la rive droite du rio Blanco du côté de Cocuite,

« et a forcé l'ennemi à s'éloigner de ce point d'où il faisait « parfois des excursions jusque sur la route de Vera Cruz. « Parti le 26 mai de Cordova avec 100 hommes d'infanterie « légère d'Afrique et un escadron du 5e hussards, cet officier « supérieur complétait sa colonne, le 30 du même mois, sur « la rive gauche du rio Blanco, en se réunissant à la « compagnie de partisans du 7e de ligne et à la cavalerie « mexicaine. Il traversait le fleuve au gué de San Joaquim « et se portait sur Cocuite où il entrait le 1er juin. L'ennemi « avait essayé de défendre ce village, mais il n'avait pu « résister à l'élan de nos troupes et s'était enfui en laissant « sur le terrain une trentaine de morts et une cinquantaine « de blessés. Après avoir dispersé toutes les guerillas de « cette contrée le commandant d'Ornano licenciait sa « colonne le 6 juin et renvoyait dans leurs cantonnements « les troupes qui avaient pris part à l'expédition. Cette opé- « ration a été conduite avec prudence et habileté par le « chef de bataillon d'Ornano qui a été puisamment secondé « par le capitaine Didier commandant la compagnie de « partisans du 7e de ligne. »

Marches dans les Cumbres du 27 juin au 1er juillet. — Quelques vols à main armée ayant lieu sur la grande route, et notamment du côté d'Ingenio, la compagnie franche quitte Orizaba le 27 juin : 4 escouades sont reparties d'Ingenio à Tecamalucan, le reste de la compagnie occupe l'hacienda de l'Encinal dans la vallée qui conduit à San Andres par Maltrata et à trois lieues d'Orizaba ; les patrouilles de la compagnie sillonnent tous les environs.

Les 29 et 30 juin, des postes sont échelonnés depuis Ingenio jusqu'à Aculcingo et le gros de la compagnie s'établit à l'hacendia de Tecamalucan.

La compagnie franche rentre à Orizaba le 1er juillet.

CHAPITRE IV

I. — LE CORPS EXPÉDITIONNAIRE PENDANT LA 2e MOITIÉ DE L'ANNÉE 1864.

Opérations dans la Huasteca. — Combat de Candelaria (1er août). — Force des Dissidents. — Projets du maréchal Bazaine. — L'attaque combinée contre Juarez échoue. — Combat de Majoma (21 septembre). — Opérations au sud-ouest. — Combat de Jiquilpan (22 novembre). — A l'ouest, occupation de Mazatlan, échec de San Pedro — Dans le sud, opérations dans le Michoacan et contre Oajaca. — Colonnes Brincourt et Giraud. — Investissement d'Oajaca.

II. — OPÉRATIONS DU 7e, DE JUILLET 1864 A JANVIER 1865.

Le lieutenant Lachau à Tlacotalpan (14 juillet). — Mouvement de concentration sur Mexico. — Projets d'attaque contre Porfirio Diaz. — Colonne expéditionnaire de Teotitlan. — Affaire de Téotitlan (2 août). — Grande reconnaissance sur Tecomavaca. — Affaires de San Antonio et d'Ayotla (10 août). — Extrait de l'ordre général de l'armée. — Reconnaissances du 11 août, retraite de l'ennemi. — Nouveaux projets d'attaque de l'ennemi. — Arrivée de la colonne Brincourt à Teotitlan. — Marche des colonnes Brincourt et Giraud sur Don Dominguillo. — Attaque de l'Infernillo (21 août). — Marche sur Nochistlan. — Occupation de Yanhuitlan. — La colonne Giraud est dissoute (22 septembre). — Mouvements exécutés par le 1er bataillon, il se porte de Mexico sur Queretaro. — Réorganisation du corps expéditionnaire. — Solis menacé par l'ennemi est dégagé (22 septembre). — Le 2e bataillon se rend à Mexico. — Occupation de Tepeji. — Inspection générale de 1864. — Occupation de Toluca et mouvement contre Romero. — Le 2e bataillon se porte sur Guanajuato et Leon à la poursuite des Dissidents. — Tentative de Regules sur Mauroleon (décembre). — Le 1er bataillon occupe San Luis Potosi. — Poursuite des Dissidents par les capitaines Sengel, Nottet et Illartein.

Opérations de la compagnie franche.

Occupation d'Acambaro et de Queretaro. — Reconnaissances sur la Lerma. — Marche sur San Juan del Rio. — Occupation de Solis et opérations contre les bandes ennemies.

I. — LE CORPS EXPÉDITIONNAIRE PENDANT LA 2e MOITIÉ DE L'ANNÉE 1864

Pendant la 2e moitié de l'année 1864 les principales opérations ont lieu dans le nord du Mexique; des expéditions moins importantes sont entreprises à l'ouest et au sud : aucune d'elles ne donne de résultats décisifs.

Opérations dans la Huasteca; combat de Candelaria. — Au nord de la région de Mexico, une tentative faite par le colonel Tourre dans le Huasteca aboutit au combat de Candelaria (1er août) : privée de la coopération du colonel Dupin, qui opère avec sa contre-guerilla vers Tampico, la colonne Tourre est assaillie par les bandes d'Ugalde embusquées dans la défilé de Candelaria, près de Huejutla, et elle parvient non sans peine à les forcer à la retraite.

Zacatlan, tombé au pouvoir des Dissidents, n'est repris que le 27 décembre.

Forces des Dissidents; projets du maréchal Bazaine. — Mais c'est surtout dans le nord-ouest du Mexique que la situation est grave. Juarez, soutenu d'une façon à peine déguisée par les États-Unis, dispose de 12 à 13.000 hommes; 3.000 occupent Durango sous les ordres de Patoni; Ortega avec 2.500 hommes tient Sombrerete, Rio grande, San Juan Mesquital; Negrete, ministre de la guerre de Juarez, a sous ses ordres 4.000 hommes et une nombreuse artillerie. Dans le nord-est la Garza, gouverneur du Tamaulipas, dispose d'environ 3.000 hommes.

A ces forces nous opposons en première ligne la brigade Lhériller à Zacatecas, la brigade Aymard à San Luis Potosi, la division mexicaine alliée Mejia à Tula et la contre-guerilla Dupin à Tampico; en deuxième ligne, la division de Castagny dont le quartier-général est à Queretaro.

Le projet du maréchal Bazaine est de prendre l'offensive sur cette ligne pour rejeter Juarez hors du territoire mexicain ou dans le désert appelé Bolson de Mapimi où il ne trouvera ni à se recruter ni à se ravitailler. A cet effet la brigade Lhériller marchera sur Durango, le général de Castagny se portera au nord par la route de San Luis Potosi et de Saltillo, le général Mejia se dirigera sur Vittoria et Linares en se reliant au général de Castagny par la colonne légère du général Lopez; enfin le colonel Dupin suivra le mouvement en se dirigeant parallèlement à la côte.

L'attaque combinée contre Juarez échoue. — Le 4 juillet le général Lhériller entre à Durango; le général de Castagny occupe Saltillo le 20 août, Monterey le 26, et pousse la colonne Aymard sur Parras : celle-ci aurait peut-être réussi, en continuant sa marche, à acculer les Dissidents au rio de Nazas, mais le retard survenu dans la marche du général Mejia, qui traverse un pays difficile, décide le général de Castagny à rappeler la colonne Aymard.

Combat de Majoma (21 septembre). — Juarez réunit alors les corps de Negrete et d'Ortega, et marche contre la brigade Lhériller qui occcupe l'État de Durango. Les Dissidents s'avancent par Mesquital et Nieves et rencontrent près d'Estanzuela, au cerro de Majoma, le colonel Martin avec environ 500 hommes; cette poignée d'hommes attaque les divisions Alcade, Patoni, Ortega et la cavalerie de Carbajol, soit 3.500 fantassins et 700 chevaux après un engagement très brillant dans lequel le colonel Martin est tué, la petite colonne française force l'ennemi à la retraite (21 septembre).

L'attaque combinée contre Juarez a donc échoué; celui-ci occupe Chihuahua qui devient le siège de son gouvernement. De son côté le général de Castagny transporte son quartier général à Durango. La brigade Lhériller va bientôt rentrer en France. A l'est les troupes impériales occupent Matamoros à l'embouchure du rio Bravo.

Opérations au sud-ouest. Combat de Jiquilpan (22 novembre). — Dans le sud-ouest Uraga s'est rallié à l'empire et les Dissidents forment deux groupes principaux sous les ordres d'Arteaga et d'Etchegaray; ils occupent les environs de Zapotlan après avoir essayé vainement de se porter au nord pour rejoindre Juarez.

Au mois d'octobre le général Douay part de Guadalajara pour concerter avec le général Marquez une expédition dans la direction de Colima. Marquez s'avance par Zamora et Los Reyes, et rejoint le général Douay à Zapotitlic : l'ennemi menacé d'être pris à revers abandonne Colima où nos colonnes entrent le 5 novembre.

Cependant Arteaga se concentre à Tecototlan et se dirige à marches forcées vers l'est. Il a failli surprendre le général Rivas à Ameca (7 novembre) et menace ainsi nos postes disséminés dans la plaine. Quatre colonnes se mettent à sa poursuite; l'une d'elles, sous les ordres du colonel Clinchant, l'atteint le 22 novembre à Jiquilpan, au sud-est de la lagune de Chapala, et le met en déroute. Le général Douay occupe Morelia et poursuit la pacification de la province.

A l'ouest, occupation de Mazatlan, échec de San Pedro. — Dans le Sinaloa, nous occupons Mazatlan sur la côte occidentale, après une faible résistance (13 novembre). La petite garnison française, menacée le 11 décembre par un corps ennemi de 1.400 hommes, parvient à le repousser. Mais le 22 décembre un détachement franco-mexicain est attaqué par Rosales à San Pedro, près de Culiacan : il est obligé de se rendre par suite de la faiblesse des auxiliaires mexicains qui lachent pied. Dans le nord du Sinaloa, le général Vega notre allié est pris et fusillé par ordre de Patoni (16 décembre).

Le général de Castagny, qui a reçu l'ordre de se porter de Durango sur Mazatlan pour concourir aux opérations du Sinaloa, envoie d'abord à Durasnito un détachement chargé de réparer la route (18 novembre); l'avant-garde de la colonne, sous les ordres du colonel Deplanque, part le 18 décembre et rencontre les bandes de Corona qui défendent un passage difficile, l'Espinazo del Diabo : le 1er janvier 1865 l'ennemi est attaqué dans cette forte position et bousculé. La colonne arrive le 13 janvier à Mazatlan; mais dans la nuit du 10 au 11 janvier une compagnie laissée à Veraños pour garder les communications est attaquée et presque entièrement détruite.

Dans le sud, opérations dans le Michoacan et contre Oajaca. — Au sud, dans l'État de Guerrero, nous évacuons le port d'Acapulco.

Dans le Michoucan, Romero, Arteaga et Riva Palacio entretiennent la résistance. Zitamaro, enlevé par les guerillas le 8 août, est repris le 22; une colonne mobile bat tout le pays pour couvrir la route que l'empereur Maximilien se prépare à suivre pendant son voyage à l'intérieur. Un des chefs les plus influents, Crescentio Morales, est tué à Irimbo (13 octobre). Le 1er novembre Romero est battu et rentre dans les montagnes après une tentative sans succès sur Toluca (25 décembre). Le quartier général du général Douay à la fin de décembre est à Morelia.

Colonnes Brincourt et Giraud; investissement d'Oajaca. — La présence de Porfirio Diaz à Oajaca étant une menace continuelle pour notre ligne de communications, le maréchal se décide à marcher contre cette ville.

Au mois de juillet le général Brincourt se porte de Puebla sur Huajuapan, tandis que la colonne Giraud marche d'Orizaba sur Teotitlan et deux colonnes mexicaines sur Tlapa et Chilapa : ces mouvements ont pour objet de jeter les bases d'une attaque ultérieure sur Oajaca (1).

Porfirio Diaz et son frère Félix Diaz, surnommé El Chato, tombent sur deux détachements du 7e de ligne à San Anto-

(1) Bazaine se réservait le siège d'Oajaca qui, dans sa pensée, devait avoir autant de retentissement que celui de Puebla. Aussi les premières colonnes dirigées de ce côté avaient-elles pour mission de retenir Porfirio Diaz sous les murs d'Oajaca, sans trop s'aventurer elles-mêmes, et de tout préparer pour rendre possible un siège que Bazaine dirigerait en personne.

nió et à Ayotla, et sont repoussés malgré leur énorme supériorité numérique. Les colonnes Brincourt et Giraud poussent jusqu'à Nochistlan, mais le maréchal arrête le mouvement offensif sur Oajaca pour le reprendre à la fin de novembre.

A cette époque les préparatifs du siège sont poussés activement, malgré les difficultés du terrain, et le maréchal vient prendre lui-même la direction du siège. Dans les derniers jours du mois de décembre on opère l'investissement de la ville.

En résumé, à la fin de l'année 1864 la pacification a fait peu de progrès. La lutte continue dans les États du Michoacan, de Guerrero, d'Oajaca et dans le Sinaloa. Juarez est établi à Chihuahua d'où il dirige la résistance de toute la partie nord du Mexique.

II. — Opérations du 7e, de juillet 1864 a janvier 1865

Le lieutenant Lachau à Tlacotalpan. — Le chef de bataillon Maréchal, du génie maritime, commandant supérieur de Vera-Cruz, occupe Tlacotalpan le 10 juillet, après une faible résistance du général Garcia; il repart le 12 pour Vera-Cruz, laissant à Tlacotalpan une garnison composée de 100 Egyptiens, 15 ouvriers du génie de la Guadeloupe et 100 cavaliers alliés de Figuero ; ce détachement est sous les ordres du lieutenant Lachau du 7e.

Cependant l'ennemi ne veut pas nous laisser nous établir à Tlacotalpan sans tenter de nous déloger, : le 14 juillet il s'avance contre cette place avec 500 hommes. Le lieutenant Lachau à la tête de sa petite garnison se porte à sa rencontre : après un engagement sérieux où les deux troupes luttent corps à corps, les Dissidents abandonnent le terrain, non sans avoir subi des pertes considérables. De notre côté nous avons 4 tués et 17 blessés; au nombre de ceux-ci se trouve le lieutenant Lachau blessé pendant qu'il combattait à la tête de sa troupe.

Cet officier est cité à l'ordre de l'armée du 21 août 1864.

Mouvement de concentration sur Mexico. — Le 19 juillet, les 1re et 4e compagnies du 2e bataillon rentrent de Cordova à Orizaba; le poste du Fortin rentre également le 19. Le magasin, la musique, les isolés appartenant au 1er bataillon, ainsi que la 1re compagnie du 1er bataillon quittent Orizaba le 20 pour remonter sur Mexico : le reste du 2e bataillon doit se tenir prêt à marcher au premier avis.

La colonne arrive à Mexico le 1er août; la 1re compagnie du 2e bataillon séjourne à Puebla les 25 et 26 juillet et s'arrête à Rio Frio le 29.

Par suite du départ du général de Maussion qui rentre en France, le colonel Giraud du 7e prend le commandement de la subdivision territoriale d'Orizaba, et le lieutenant-colonel d'Albici celui du 7e de la ligne (15 juillet).

Projet d'attaque contre Porfirio Diaz. — On a vu plus haut quels étaient les projets du maréchal Bazaine contre Oajaca dont Porfirio Diaz avait fait son quartier général; mais en ce moment les opérations entreprises dans le nord du Mexique absorbaient la plus grande partie de nos forces. En conséquence le général en chef remet à une époque ultérieure toute attaque sérieuse contre Oajaca et se contente de diriger de ce côté trois colonnes légères qui reconnaîtront le pays et prépareront notre futur mouvement offensif.

Le général Brincourt, commandant supérieur de Puebla, reçoit l'ordre de se porter à Huajuapan et d'y établir un poste de 2 bataillons afin de tenir le pays et de permettre la construction d'une route accessible aux convois et à l'artillerie. En même temps le colonel Giraud du 7e de ligne doit marcher d'Orizaba sur Teotitlan et la brigade mexicaine Vicario descendra de Cuernavaca sur Chilapa.

Nous allons suivre les opérations de la colonne Giraud, dite colonne expéditionnaire de Teotitlan.

Colonne expéditionnaire de Teotitlan. — Le colonel Giraud quitte Orizaba le 28 juillet avec la compagnie franche les grenadiers et les 4e et 5e compagnies du 2e bataillon, une division du 1er chasseurs d'Afrique commandée par le sous-lieutenant de la Tour du Pin, un détachement de la cavalerie mexicaine du général Arguëlles et une section de montagne approvisionnée à 70 coups par pièce. Il prend, le 29, à son passage à Puente Colorado, la 2e compagnie du 2e bataillon et arrive le 30 à Tehuacan où sa colonne est complétée par l'adjonction de la 3e compagnie et des voltigeurs du 2e bataillon, stationnés dans cette ville, et d'un détachement de cavalerie du général Galvez sous les ordres du commandant Bolaños.

La colonne est composée de la façon suivante :

Infanterie. — Compagnie franche et six compagnies du 2e bataillon du 7e, 22 officiers et 729 hommes, sous le commandement du chef de bataillon Thoumini de la Haulle.

Cavalerie. — 1er chasseurs d'Afrique, 1 officier et 52 hommes, sous-lieutenant de la Tour du Pin; détachement du corps d'Arguëlles, 7 officiers et 30 hommes, colonel Laïlson; détachement du corps Galvez, 2 officiers et 50 hommes, commandant Bolaños.

Artillerie. — Une section de montagne, 27 hommes, capitaine Suchel, du 7e.

Services administratifs. — 1 officier et 31 hommes, officier d'administration Barbet-Massin.

Total : 33 officiers et 919 hommes hommes de troupe.

Le lieutenant-colonel d'Albici remplit les fonctions de chef d'état-major de la colonne.

Celle-ci quitte Tehuacan le 31 juilet, bivouaque à Ajalpan et arrive le lendemain à Coxcatlan. Elle repart le 2 août à 5 h. 1/2 du matin, précédée à deux heures de distance par la compagnie franche chargée de tourner par leur droite les positions que l'ennemi pourrait défendre, et la ville même de Teotitlan.

Affaire de Teotitlan (2 août). — Le terrain entre Tilapa et Teotitlan, profondément raviné et crevassé, peut être facilement défendu pied à pied par un ennemi résolu. A deux kilomètres environ de Teotitlan on traverse une barranca qui offre une excellente ligne de défense; au-delà de la barranca, sur la droite du chemin, s'élève un cerro de forme conique d'où l'on découvre parfaitement la ville et les environs.

Les voltigeurs qui marchent à l'avant-garde reçoivent l'ordre de faire occuper cette position jusqu'à ce qu'ils soient relevés par un détachement tiré du gros de la colonne : on aperçoit des groupes nombreux de cavaliers ennemis sur les hauteurs situées à mille mètres environ de Teotitlan. Les deux compagnies d'élite mettent sac à terre et se lancent en avant : elles entrent dans la ville sans rencontrer de résistance.

L'ennemi a évacué Teotilan à notre approche et a disparu derrière les mamelons qui s'élèvent au-delà de la ville. Deux lignes de retraite s'offrent à lui : l'une est tracée sur le flanc de la haute chaîne qui limite à l'est la vallée de Teotitlan; l'autre descend dans la plaine et s'embranche à l'hacienda d'Ayotla avec la grand'route d'Oajaca. Ces deux routes se rejoignent vers Los Cues, à quatre lieues de Teotitlan. Il était facile de prévoir que l'ennemi choisirait la première de ces routes, qui lui donnait de grandes chances de nous échapper vu les difficultés du terrain et grâce à l'avance qu'il avait sur nous.

La poursuite n'en est pas moins poussée avec vigueur par les chasseurs d'Afrique; mais dès que ceux-ci apparaissent sur les hauteurs en arrière de Teotitlan l'arrière-garde ennemie, composée d'une cinquantaine de cavaliers commandés par Lallo Cacho en personne, dirige sur eux un feu vif qui atteint mortellement le chasseur Bourrel. Nos cavaliers et ceux de Bolaños s'élancent en vain sur l'ennemi qu'ils ne peuvent atteindre à l'arme blanche : le feu de la cavalerie mexicaine alliée lui fait cependant éprouver des pertes sensibles et plusieurs chevaux tout équipés tombent entre nos mains. Notre cavalerie et la compagnie de voltigeurs rentrent à Teotitlan après avoir poursuivi l'ennemi pendant plus de cinq kilomètres.

La compagnie franche, arrêtée dans sa marche par des difficultés de terrain inouïes, ne peut arriver à Teotitlan qu'après l'occupation de cette ville.

Les journées de 3, 4, 5 et 6 août sont employées en reconnaissances qui sont poussées à l'est jusqu'à San Bernardino sur la crête des montagnes qui forment la muraille orientale de la vallée de Teotitlan, au sud jusqu'à San Martino Ayotla et à la barranca de Los Reyes, à l'ouest jusqu'à San Antonio et au rio Salado. Tous les villages que l'on traverse sont déserts, signe certain de l'hostilité des habitants à notre égard.

Les premiers jours du mois d'août sont également employés à des travaux de fortification : un petit ouvrage est construit sur un *teocali* de 30 mètres de relief situé en avant de l'église de Teotitlan ; l'hôpital, l'église qui lui est contiguë et sa plateforme sont transformés en un réduit pouvant abriter 200 hommes ; les abords de la place principale et du réduit sont couverts par des barricades et des abatis.

Grandes reconnaissances sur Tecomavaca. — Les ordres du général en chef prescrivent de se borner pour le moment à l'occupation de Teotitlan et de rentrer à Orizaba après y avoir établi une garnison assez forte pour s'y maintenir et pour couvrir la vallée de Tehuacan. Toutefois le mouvement de retraite ne doit commencer qu'après la rentrée d'une grande reconnaissance qui sera poussée jusqu'à Tecomavaca, village situé sur la route d'Oajaca à sept lieues environ au sud de Teotitlan, et jusqu'au rio Salado : cette rivière tourne brusquement à l'est à deux kilomètres au-delà de Tecomavaca et va se jeter dans le rio de Quiotepec à environ deux lieues plus bas.

En conséquence le colonel Giraud se porte en avant le 7 août avec les grenadiers, une section de la 2e compagnie, les 3e, 4e compagnies et voltigeurs, la compagnie franche, les chasseurs d'Afrique, la cavalerie de Bolaños et une demi-section de montagne; le reste de la colonne est laissé à la garde de Teotitlan. Le même jour un grand convoi de vivres, escorté par le capitaine Choppin-Mérey du bataillon d'Afrique, arrive à San Antonio et y est arrêté par le colonel Giraud.

La reconnaissance arrive dans la journée à Los Cues : on y apprend que la cavalerie de Lallo Cacho est probablement à Tecomavaca.

Le 8 au matin le lieutenant-colonel d'Albici se porte sur Tecomavaca avec une partie de la colonne et rentre à Los Cues le même jour : sa marche a été signalée à Lallo Cacho qui évacue Tecomavaca une heure avant l'arrivée de la colonne.

Des renseignements recueillis à Tecomavaca il semble résulter que Quiotepec et Cuicatlan sont occupés par environ 500 hommes du 1er bataillon léger de Mexico et 150 cavaliers de Lallo Cacho avec 4 pièces de montagne; que les hauteurs sont retranchées, que des batteries étagées battent la route de Tecomavaca, les gués du rio de Quiotepec et la route de Vueta Seca, coupée elle-même par des tranchées pleines d'eau, enfin que Chato Diaz, frère de Porfirio Diaz, gouverneur pour Juarez de l'État d'Oajaca, est attendu avec 200 chevaux à Cuicatlan. On peut en conclure que l'ennemi se prépare à défendre la route d'Oajaca, mais rien ne fait prévoir de sa part l'intention de prendre l'offensive.

Le 9 août la reconnaissance rentre à Teotitlan en passant par Ayotla et San Antonio, Le colonel Giraud laisse la

10

compagnie de voltigeurs du capitaine Nottet à Ayotla avec 10 cavaliers de Bolaños, pour servir d'avant postes dans la direction de Los Cues, un piquet de cavalerie de Laïlson occupe San Martino; la 3e compagnie sous les ordres du capitaine Noyer est chargée de relever, le 10 au point du jour, la compagnie Choppin-Mérey qui rétrogradera sur Tehuacan, et de garder notre magasin de San Antonio en éclairant notre flanc droit dans la direction de la Mizteca.

Affaires de San Antonio et d'Ayotha (10 août). — Le 10 août les voltigeurs et la compagnie Noyer sont à peine installés respectivement à Ayotla et à San Antonio que deux attaques furieuses sont dirigées contre ces positions par un ennemi dix fois supérieur en nombre : mais l'intelligence et la vigueur de nos officiers, le courage et l'élan de nos soldats vont ajouter dans cette journée une belle page à l'histoire du 7e de ligne.

L'ordre général du 30 septembre qui porte à la connaissance de l'armée les faits d'armes du mois d'août expose en ces termes les affaires de San Antonio et d'Ayotla.

Extrait de l'ordre général de l'armée. — « Le 10 août Porfirio Diaz à la tête de 3.000 hommes, après avoir dérobé sa « marche au général Brincourt à Huajuapan, venait tomber « en deux colonnes sur les avant-postes du colonel Giraud « du 7e de ligne à San Antonio et à Ayotla près de Teotitlan.

« San Antonio était occupé par une compagnie du 7e de « ligne commandée par le capitaine Noyer; à neuf heures « du matin cette compagnie était assaillie par près de « 2.000 hommes (bataillon de chasseurs d'Oajaca, bataillon « de Morelos y Guerrero et quelques troupes irrégulières). « Retranchée dans l'église du village, elle soutint les efforts « des assaillants avec une indomptable énergie jusqu'au mo« ment où la compagnie de grenadiers du 7e de ligne et la « compagnie Choppin-Mérey du 2e bataillon d'Afrique

« vinrent la dégager. Arrivant des deux côtés opposés, ces « deux compagnies tombèrent à la baïonnette sur l'ennemi et « le rejetèrent de l'autre côté du rio Salado en jonchant le « sol de morts et de blessés.

« Revenu de sa stupeur l'ennemi recommençait l'attaque « lorsque le colonel Giraud, arrivant de Teotitlan, prit « vigoureusement l'offensive et le rejeta définitivement en « désordre dans les montagnes.

« Pendant ce temps une colonne de 600 fantassins (1er ba- « taillon léger de Mexico et une compagnie du bataillon dit « de Juarez), 150 cavaliers et 3 pièces de canon, commandée « par Chato Diaz, débouchait sur Ayotla occupée par la com- « pagnie de voltigeurs du 7e de ligne (capitaine Nottet) et « 10 cavaliers mexicains de Bolaños. Sans avoir égard au « nombre, le capitaine Nottet charge à la baïonnette sur la « tête de la colonne d'infanterie et la rejette en désordre en « arrière d'une barranca voisine (la barranca de Los Reyes). « Les cavaliers de Bolaños se précipitent avec furie sur la « cavalerie qui menaçait les derrières et, accablés par le « nombre, succombent presque tous.

« A ce moment le lieutenant-colonel d'Albici arrivait sur « le terrain avec quelques renforts et l'ennemi prononçait « bientôt son mouvement de retraite que le lieutenant-colonel « d'Albici, entendant le bruit de la fusillade de San Antonio, « dut renoncer à inquiéter.

« A San Antonio l'ennemi a perdu 150 hommes, un grand « nombre de blessés laissés sur le terrain, 200 fusils, des « munitions et 40 prisonniers. Dans sa retraite précipitée « un mouvement de désertion considérable a réduit sa « troupe de plus de 1.000 hommes. De notre côté nous avons « eu 5 hommes tués et 28 blessés, dont le capitaine Noyer, « qui, malgré sa blessure, a combattu toute la journée.

« A Ayotla, l'ennemi a perdu 50 morts, 100 blessés, des « armes et 11 prisonniers.

« A l'occasion de cette brillante affaire le général en chef

« croit devoir porter à la connaissance de l'armée les numéros « des compagnies qui ont glorieusement combattu et qui « méritent une citation collective. Ce sont : la compagnie de « voltigeurs du 2e bataillon du 7e de ligne qui occupait « Ayotla ; la compagnie de grenadiers du 2e bataillon du « même régiment qui occupait San Antonio et qui a reçu le « premier choc de l'ennemi ; la 4e compagnie du 2e bataillon « d'Afrique.

« Mais parmi tous ceux qui se sont le plus distingués on « doit citer : le colonel Giraud qui a habilement dirigé « l'ensemble des deux affaires.

« Le capitaine Noyer, qui à San Antonio, a soutenu le pre- « mier choc de l'ennemi et a lutté avec énergie jusqu'au mo- « ment où les renforts sont arrivés ; il a été blessé dans l'action.

« Le capitaine Nottet qui, attaqué à Ayotla, a pris une « vigoureuse offensive et a repoussé avec sa compagnie une « troupe ennemie de plus de 600 hommes.

« Chevillard adjudant, qui a enlevé, à la tête d'une dizaine « de voltigeurs, une position fortement occupée par l'ennemi.

« Mourey sergent, a été des premiers à se jeter sur l'ennemi, « animant les hommes par son exemple.

« Joubert voltigeur, intrépide soldat, blessé dès le début « de l'action, n'en est pas moins resté au combat jusqu'à la « fin de la journée.

« M. Gérard capitaine, s'est précipité à la tête de ses gre- « nadiers pour dégager la compagnie du capitaine Noyer.

« Vigouroux sergent-major, s'est ouvert un passage pour « rejoindre sa compagnie dont il avait été un instant séparé.

« Dyon caporal, d'une intrépidité rare, blessé à la tête, « est resté à son poste jusqu'à la fin du combat. »

Instruit de l'importance de l'attaque de San Antonio par le bruit de la fusillade et les avis du colonel Giraud, le lieutenant-colonel d'Albici dirige sur ce point d'abord une quarantaine d'hommes et une pièce de montagne arrivés à Ayotla vers onze heures du matin avec le commandant

Thoumini de la Haulle, puis la compagnie franche et les chasseurs d'Afrique; il ne garde avec lui qu'une compagnie et une dizaine de chasseurs d'Afrique pour éclairer la vallée et empêcher les deux colonnes ennemies d'opérer leur jonction vers San Antonio à la faveur du rideau de collines qui bordent la rive gauche du rio Salado. Ces renforts arrivèrent trop tard à San Antonio pour atteindre les débris de l'ennemi.

Les chasseurs d'Afrique et la compagnie franche rétrogradent dans la soirée sur Ayotla où ils arrivent à sept heures du soir; la 2e compagnie du 2e bataillon, envoyée par le colonel Giraud y arrive une heure plus tard.

A la suite de ces deux affaires les récompenses suivantes sont accordées au 7e.

Le capitaine Nottet est nommé officier de la Légion d'honneur, le capitaine Noyer et le sous-lieutenant Granet chevaliers de la Légion d'honneur; les sergents Joly et Mourey, les voltigeurs Joubert, Delgouley, le grenadier Le Dantec est le fusilier Kangalle reçoivent la médaille militaire.

Reconnaissance du 11 août; retraite de l'ennemi. — Le 11 août au point du jour le lieutenant-colonel d'Albici se porte en reconnaissance avec la compagnie franche, les voltigeurs et 50 cavaliers pour avoir des nouvelles de l'ennemi. A son passage à Los Cues il apprend que, dans l'après-midi du 10, la colonne qui avait attaqué Ayotla avait traversé en désordre Los Cues en précipitant sa retraite vers Tecomacava. A sept kilomètres plus loin un Indien qui servait de guide à Porfirio Diaz et que nous avons enlevé, nous apprend que ce général s'est dérobé par des chemins affreux, et qu'après avoir à grand'peine rallié les débris de ses deux colonnes il s'est retiré sur Quiotepec et Cuicatlan, mettant entre lui et nous le cours du rio Salada et celui du rio de Quiotepec.

La reconnaissance rentre à Ayotla et la colonne est répartie de la façon suivante : à Teotitlan les chasseurs d'Afrique, les cavaliers de Bolaños, les 4e et 5e compagnies et, à dater du 13, la compagnie du bataillon d'Afrique rentrée de San Antonio; à Ayotla la 2e compagnie et les voltigeurs; à San Antonio les grenadiers, la 3e compagnie, 12 cavaliers de Laïlson et le convoi; à San Martino un piquet de cavalerie de Laïlson.

Nouveaux projets d'attaque de l'ennemi. — La colonne s'apprête à rétrograder le 15 août, lorsque les renseignements arrivés dans la soirée du 14 font connaître que Porfirio Diaz, après avoir rallié ses troupes à Quiotepec, a reçu des renforts sérieux d'Oajaca et se dispose à tenter sur nos positions une attaque désespérée, appuyée du côté de la montagne par des troupes de ligne et par les guerillas de Figueroa.

Le colonel Giraud prend ses dispositions pour repousser l'ennemi. Les vivres emmagasinés à San Antonio sont transportés à Teotitlan; la 2e compagnie et les voltigeurs cantonnés à Ayotla, ainsi que les grenadiers et la 3e compagnie stationnés à San Antonio, rentrent à Teotitlan à l'entrée de la nuit. La ville et les positions avoisinantes sont fortement occupées.

Le 16 arrive à Teotitlan un renfort destiné à concourir à l'occupation de cette ville et demandé précédemment à Tehuacan; il se compose d'un officier et 71 hommes du 2e bataillon d'Afrique, d'un officier et de 25 hommes du corps du général Galvez, et d'une section de montagne approvisionnée à 200 coups par pièce.

Arrivée de la colonne Brincourt à Teotitlan. — Le général Brincourt, après avoir installé le 1er août la garnison de Huajuapan, était déjà en marche sur Tehuacan pour rentrer à Puebla lorsqu'il apprend que les Dissidents préparent une nouvelle attaque contre nos lignes. Il change aussitôt son itinéraire et arrive le 17 à Teotitlan où il prend le commandement supérieur des deux colonnes. Porfirio Diaz prévenu de l'arrivée de ces renforts renonce à ses projets d'attaque.

Le général Brincourt décide qu'on ira chercher l'ennemi dans ses positions. Les forces qu'il a amenées avec lui comprennent 4 compagnies d'élite du Régiment Etranger, la compagnie franche du capitaine d'Aigrevaux, soit 500 hommes d'infanterie, 250 chevaux du 1er chasseurs d'Afrique, des lanciers et de la gendarmerie de Puebla, une section du génie et 2 obusiers rayés de montagne.

La ville de Teotitlan est confiée à la garde de la compagnie Choppin-Mérey à laquelle on laisse une section de montagne.

Marche des colonnes Brincourt et Giraud sur Don Dominguillo. — Le 18 août les deux colonnes réunies, comprenant environ 1.500 hommes et 2 sections de montagne, se mettent en marche et arrivent le soir à Tecomavaca que les avant-postes ennemis ont évacuée depuis une heure.

Le lendemain l'avant-garde part à quatre heures du matin pour détruire les obstacles accumulés sur la route et pour chasser les avant-postes ennemis de leurs positions; elle est composée de la cavalerie Bolaños, de la compagnie d'Aigrevaux de la compagnie franche du 7e, de la section du génie et d'une section de montagne ; elle est sous les ordres du colonel Jeanningros du Régiment Etranger. Le gros de la colonne suit à une demi-heure de distance.

L'avant-garde arrive sans coup férir jusqu'à Quiotepec, passe à gué la rivière et reconnaît les travaux de défense que l'ennemi y a établis de longue main. Ces travaux consistent en cinq redoutes ou batteries construites sur trois hauteurs que couvre le rio de Quiotepec: les batteries enfilent les gués, la route de la rive droite qui conduit de Quiotepec à Cuicatlan et celle de la rive gauche, dite de Vuelta Seca, qui mène à Guendulain; cette dernière est barrée par deux coupures et par des débris de rochers.

L'avant-garde aplanit les obstacles accumulés sur la route de Vuelta Seca et toute la colonne va bivouaquer à Paraje Blanco, sur la rive gauche du rio, à deux lieues en amont de Quiotepec.

Attaque de l'Infernillo (21 août). — Le 20 août la colonne arrive à Guendulain. D'après les renseignements recueillis Porfirio Diaz nous attend avec 5 bataillons, 200 chevaux et 4 pièces de montagne, en avant de Don Dominguillo, dans la position de l'Infernillo. On laisse un poste à Guendulain pour garder le matériel et le convoi et les troupes partent sans sacs le 21 au matin.

A deux lieues de l'Infernillo une colonne légère, sous les ordres du commandant Thoumini de la Haulle, s'engage dans un chemin de montagne qui permet de tourner la position de l'Infernillo. Elle comprend la cavalerie Bolaños, la compagnie d'Aigrevaux, la compagnie franche du 7e, une compagnie du Régiment Etranger et les lanciers de Puebla, avec une section de montagne. Une heure plus tard le colonel Jeanningros se porte en avant pour aborder de front la position avec le reste des troupes, moins le bataillon du 7e qui suit en réserve sous les ordres du général Brincourt. Mais l'ennemi s'est aperçu du mouvement tournant dont il est menacé et il abandonne en toute hâte les positions formidables qu'il semblait vouloir défendre.

Les colonnes Thoumini et Jeanningros font leur jonction dans Don Dominguillo même et peuvent encore apercevoir sur le sommet des montagnes les derniers traînards ennemis.

Les troupes rentrent le même soir à Guendulain.

Marche sur Nochistlan. — En se portant sur Nochistlan par une marche rapide à travers les montagnes de la Mizteca on peut encore espérer couper la retraite aux corps ennemis qui se rabattent sur Tamazulapam et de Coixtlahuaca sur Oajaca. Dans ce but la colonne se porte le 22 sur San Miguel Huautla où elle arrive dans la soirée : la fatigue des hommes nous force à y séjourner le 23. Le lendemain le général Brincourt se porte avec sa colonne sur Nochistlan en une seule marche, tandis que la colonne Giraud va coucher à Chicahuaxtepec et rejoint le général Brincourt à Nochistlan le 25.

Nous avons manqué l'ennemi de trente-six heures : le général Benavides avec 1.200 hommes et 9 bouches à feu a traversé Nochistlan le 23 au matin, en retraite sur Oajaca.

Occupation de Yanhuitlan. — Le village de Yanhuitlan, situé à quatre lieues en deçà de Nochistlan, parait préférable à Huajuapan au point de vue de la défense du pays et comme base des opérations ultérieures contre Oajaca dont il n'est distant que de vingt-cinq lieues; un vaste couvent solidement construit permet d'y abriter une nombreuse troupe. Ces considérations décident le général Brincourt à y reporter la garnison de Huajuapan.

Le 28 août 400 hommes du Régiment Etranger, dont 80 montés, partent de Huajuapan et viennent s'établir à Yanhuitlan. Le 5 septembre le général Brincourt s'y installe et hâte les travaux de fortification qui sont terminés le 13; la la place est armée de 2 pièces rayées de 12, et de 2 obusiers de montagne.

La colonne Giraud est dissoute (*22 septembre*). — En conséquence nous évacuons Nochistlan où les lanciers de Puebla restent seuls pour former l'avant-garde de la garnison de Yanhuitlan. Le départ de Nochistlan a lieu le 14 septembre ; la colonne Brincourt se dirige sur Puebla par Yanhuitlan, Huajuapan et Acatlan ; la colonne Giraud rentre à Tehuacan par Coaxtlihuaca et Zapotitlan : elle y arrive le 20, y séjourne le 21 et se dissout le 22.

Mouvements exécutés par le 1er bataillon. — Nous avons laissé le 1er bataillon à Mexico et aux environs. Jusqu'à son départ pour Queretaro les différentes fractions de ce bataillon exécutent quelques mouvements peu importants.

La 4e compagnie est relevée à Rio Frio par la 1re compagnie du 2e bataillon et rentre à Mexico, du 5 au 7 août; une section de cette dernière compagnie va occuper le poste de Puente Tesmalucan le 10.

La 5e compagnie du 1er bataillon part de Mexico le 7 août pour aller tenir garnison à Cuautitlan, à trente-deux kilomètres au nord de Mexico sur la route de Queretaro : elle y arrive le même jour.

Les trois postes de Rio Frio, Cuautitlan et Puente Tesmalucan assurent la sécurité de la région par de fréquentes reconnaissances et fournissent, presque chaque jour, des escortes de convois.

Le 1er bataillon se porte de Mexico sur Queretaro. — Par suite du rappel en France du 20e bataillon de chasseurs, le 1er bataillon du 7e part de Mexico pour aller occuper les cantonnements de ce bataillon. Les 1re, 2e, 3e et 4e compagnies quittent Mexico le 29 août et arrivent à Queretaro le 5 septembre (29 août Cuautitlan, 30 Tepezi, 31 San Francisco, 1er septembre Arroyo Zarco où s'arrête la 1re compagnie, 2 Soledad, 3 San Juan del Rio où s'arrête la 2e compagnie, 4 Colorado). Les deux compagnies d'élite partent de Mexico le 9 septembre et arrivent à Queretaro le 17.

Le 18 septembre les 3e et 4e compagnies quittent Queretaro pour aller occuper Salamanca; elles sont le 18 à Uatitschi, le 19 à Apasco, le 20 à Celaya, le 21 à Guaje et le 22 à Salamanca.

Le 10 septembre la subdivision d'Orizaba est supprimée. Elle forme deux cercles, celui d'Orizaba commandé par le chef de bataillon d'Ornano du 2e bataillon d'Afrique, et celui de Vera-Cruz sous les ordres du chef de bataillon

Maréchal, du génie maritime : ces deux cercles relèvent de la subdivision de Puebla.

Réorganisation du corps expéditionnaire. — La prochaine rentrée en France du général Lhériller et de sa brigade entraîne la réorganisation du corps expéditionnaire. Le général en chef répartit les troupes en deux divisions de la façon suivante :

1re DIVISION : général de Castagny.

1re brigade, général Aymard : 7e bataillon de chasseurs, 51e et 62e

2e brigade, N : 2e bataillon d'Afrique, 3e zouaves, Rég. Étranger.

2e DIVISION : général Douay.

1re brigade, général baron Neigre : bataillon de tirailleurs algériens, 1er zouaves, 81e.

2e brigade, général Brincourt : 18e bataillon de chasseurs, 7e et 95e.

Solis menacé par l'ennemi est dégagé. — A la suite de leur succès à Venta del Aire sur les troupes mexicaines alliées sorties de Toluca sous les ordres du général Cuevas, les bandes de Romero et de Castillo menacent Solis et répandent la terreur dans toute la contrée.

Sur l'ordre du commandant supérieur de Queretaro, le capitaine Sengel de la 1re compagnie du 1er bataillon part d'Arroyo Zarco le 22 septembre avec 54 hommes de sa compagnie, laissant un officier et le reste de la compagnie à la garde du poste : il se dirige à marches forcées sur Solis.

Le même jour la 2e compagnie du 1er bataillon part en toute hâte de San Juan del Rio se dirigeant vers le point menacé ; elle est remplacée jusqu'à son retour par une section de voltigeurs du même bataillon, qui fait d'une seule traite le trajet de Queretaro à San Juan del Rio (quatorze lieues).

La 1re compagnie arrive à six heures du soir à une lieue de Solis; ne pouvant traverser de nuit le terrain complètement inondé par la Lerma qui la sépare de Solis, la compagnie va coucher à Temascalcingo, après avoir parcouru treize lieues dans la journée. La 2e compagnie est obligée de s'arrêter le 22 au soir dans une grange, à une demi-lieue de Solis : elle a fait depuis le matin seize lieues.

Le 22 septembre les deux compagnies font leur jonction à Solis : l'ennemi, prévenu de ce mouvement et pressé vivement par 200 cavaliers mexicains aux ordres du général Oroños, s'est retiré en toute hâte dans la direction de Zitacuaro. Les deux compagnies rentrent le 25 dans leurs cantonnements.

Le 2e bataillon se rend à Mexico. — Le 22 septembre le 2e bataillon est dirigé de Tehuacan sur Mexico où il arrive le 4 octobre (22 septembre Tepango, 23 Tlacotepec, 24 Tecamachalco, 25 Tepeaca, 26 Amozoc, 27 et 28 Puebla, 29 San Martino, 30 Puente Tescamalucan, 1er octobre Rio Frio, 2 Buena Vista, 3 Santa Marta); il rallie en route sa 1re compagnie détachée à Puente Tescamalucan et à Rio Frio.

La 3e compagnie est immédiatement dirigée sur Chapultepec et la 4e sur Molino del Rey; ces deux compagnies seront relevées le 13 octobre par le Régiment Étranger et rentreront à Mexico.

Occupation de Tepeji. — Le 10 octobre la 1re compagnie du 2e bataillon et une division de chasseurs d'Afrique partent en toute hâte pour Tepeji par suite de l'apparition, dans les environs de Tula, d'une bande nombreuse venue de la Huasteca sous les ordres de Kampfeld.

600 hommes de cette compagnie, sous les ordres du lieutenant Dirat, et les chasseurs d'Afrique poussent le 12 sur Tula, y séjournent le 13 et dirigent le lendemain une reconnaissance sur Mixquihuala : l'ennemi s'étant éloigné dans

la direction de la Huasteca, ils rentrent le 15 à Tula et le 16 à Tepeji.

A dater de ce moment la 1re compagnie occupe Tepeji et rayonne dans toute la région avoisinante.

Inspection générale de 1864. — Le général Brincourt chargé de passer l'inspection générale du 7e termine ainsi l'ordre laissé au régiment à la suite de son inspection :

« En résumé le 7e de ligne est un beau et bon régiment, « fier de son passé, brillant d'avenir. Le glorieux combat « que quelques-unes de ses compagnies ont soutenu, un « contre dix, à San Antonio et à Ayotla, donne la mesure « de ce qu'on peut attendre du moindre de ses soldats. « Dévoué à l'empereur et à la patrie, il a conservé au « Mexique sa brillante tenue de France, son entrain et sa « gaieté; il s'est bronzé le cœur et la face dans les Terres- « Chaudes. Bien commandés, bien administrés par des chefs « qui ont une constante sollicitude pour leur bien-être, ses « soldats arpentent de gaieté de cœur les immenses plaines « du Mexique. Ils iront, si l'on veut, jusqu'au bout du Nou- « veau-Monde, se soutenant l'un l'autre par l'esprit de cama- « raderie, de subordination, d'ordre et de discipline qui les « anime. »

Occupation de Toluca et mouvement contre Romero. — L'empereur Maximilien, de retour d'un voyage dans l'intérieur du pays, commencé au mois d'août, doit s'arrêter quelques jours à Toluca où l'impératrice le rejoindra. Le 2e bataillon du 7e est désigné pour éclairer la route de Mexico à Toluca et pour occuper cette ville pendant le séjour de leurs Majestés.

Le 18 octobre les voltigeurs du 2e bataillon partent pour Lerma où ils arrivent le lendemain; les grenadiers, les 2e, 4e et 5e compagnies partent le 21 et arrivent à Toluca le 23 (21 Guajimapa, 22 Lerma), après avoir laissé la 5e compagnie aux Llaños de Salazar pour garder ce point et le défilé de Las Cruces. La 3e compagnie et la section hors-rang restent à Mexico.

Les bandes de Romero et de Castillo, sorties de nouveau de Zitacuaro, ont pillé le 23 octobre Tenango del Valle, à sept lieues sud-est de Toluca : une poignée de gardes ruraux a été impuissante à protéger cette ville contre 300 cavaliers bien armés auxquels se sont joints tous les bandits de la contrée. Après ce coup de main Romero, instruit de notre approche, se met en route par Tetitla et El Velador avec l'intention évidente de regagner Zitacuaro par la Huerta et Santa Maria del Monte.

Sans chercher à poursuivre à fond l'ennemi, le lieutenant-colonel d'Albici tente de le prévenir sur sa ligne de retraite. A cet effet il part de Toluca le 23 octobre à dix heures du soir avec les grenadiers et la 2e compagnie du 2e bataillon, se porte directement sur la Marcaria et de là sur les villages de Cacalomopam et de San Antonio où il arrive le 24 à quatre heures du matin : l'ennemi à traversé ce village deux heures auparavant. La colonne se rabat alors sur Zimacautepec, à deux lieues et demie de Toluca et rentre dans cette dernière ville à huit heures du matin.

Elle y reçoit l'avis que l'ennemi vient de se montrer près de Zimacautepec et qu'il a échangé des coups de fusil avec les habitants de la ville. Le lieutenant-colonel repart aussitôt avec la 4e compagnie, prend à Zimacautepec la cavalerie mexicaine du colonel Navarete qui l'y a précédé, et se porte à deux lieues au-delà jusqu'à San Francisco. Mais l'ennemi a précipité sa retraite et il est hors de nos atteintes : les environs de Toluca du moins sont dégagés et le séjour de l'empereur à l'abri de toute insulte.

La 5e compagnie part des Llaños de Salazar le 24 octobre aussitôt après le passage de l'impératrice et rentre à Toluca le lendemain; les voltigeurs se portent de Lerma à Toluca le 26 : le colonel Giraud y arrive le 25 et reprend le commandement du régiment. L'impératrice arrive à Toluca le 25 à neuf heures du matin et l'empereur à midi ; ils y séjournent jusqu'au 29.

Le 2e bataillon se porte sur Guanajuata et Leon à la poursuite des Dissidents. — Le 2e bataillon reçoit l'ordre de se porter de Toluca sur Guanajuato où il remplacera un bataillon du 51e, envoyé sur Durango. Il doit voyager à petites journées en se tenant jusqu'à Acambaro sur la rive gauche de la Lerma, afin de prêter un appui moral au mouvement combiné entrepris contre Romero par les troupes mexicaines alliées du colonel Lamadrid et de Valdes et par la compagnie franche Hubert de la Hayrie. Arrivé à Acombaro le bataillon se portera soit par la rive gauche de la Lerma sur Uriangato et Mauroleon, soit par la rive droite sur Salvatierra, suivant les renseignements que l'on se procurera sur les chefs ennemis Pueblita et Regules : ceux-ci paraissent vouloir envahir avec des forces considérables le pays compris entre Morelia et la Lerma.

Parti le 31 octobre de Toluca, le bataillon arrive le 8 novembre à Acambaro (31 octobre Las Majadas, 1er novembre Ixtlahuaca, 2 Torrecilla, 3 Jordana, 4 Tepetongo, 5 Pomoca, 6 Maravatio, 7 Tarandacuaro) ; il y séjourne le 9 pour avoir des nouvelles de l'ennemi : Pueblita et Regules se sont rejetés dans la direction de Los Reyes.

Le 11 le bataillon traverse la rivière et marche sur Guanajuato où il arrive le 20 novembre (11 Les Coyotes, 12 Salvatierra, 13 hacienda de Cacalote, 14 Celaya, 15 Guaje, 16 et 17 Salamanca, 18 Irapuato, 19 Santiaguillo). Le commandant Thoumini de la Haulle, les grenadiers et la 2e compagnie se détachent le 19 de la colonne à la Calera, grand'halte après Irapuato, et se dirigent sur Leon où ils arrivent le 22 (19 San Antonio, 20 Silao, 21 Sauces).

Le 19 la 3e compagnie du 2e bataillon, la section hors-rang, la musique et le magasin quittent Mexico et arrivent le 27 à Guanajuato ; la 3e compagnie se rend à Silao le 26.

Tentative de Regules sur Mauroleon. — Cependant Regules, dans les premiers jours de décembre, sort des montagnes au sud de Morelia, passe entre cette ville et la lagune de Cuitzeo et se dirige sur Puruandiro avec 2.000 hommes et 4 pièces de canon. Des troupes mexicaines alliées, sorties de Patzcuaro, de Zamora et de Penjamo, se portent à sa rencontre : Regules se rejette aussitôt à l'est vers Mauroleon.

Les 3e et 4e compagnies du 1er bataillon, sous les ordres du capitaine Lefranc de Lacarry, se portent le 12 décembre au secours du point menacé, laissant 50 hommes dans Salamanca, et arrivent le même jour à Valle Santiago, Regules déjà parvenu à quatre lieues de Mauroleon se voit menacé d'être enveloppé de toutes parts : il regagne rapidement les montagnes qui lui servent d'asile.

Le détachement rentre le 15 décembre à Salamanca.

Le 1er bataillon occupe San Luis Potosi. — Le 1er bataillon est désigné pour remplacer à San Luis Potosi un bataillon du 2e zouaves qui rentre en Algérie ; il se concentre d'abord à Queretaro. Le 2e bataillon fournit le détachement de Salamanca : à cet effet, la 2e compagnie quitte Leon le 11 décembre, prend la 3e compagnie à son passage à Silao et arrive le 15 à Salamanca (11 Sauces, 12 Silao, 13 la Calera, 14 Irapuato). Les 3e et 4e compagnies du 1er bataillon qui occupent Salamanca quittent ce poste le 17 pour rentrer à Queretaro (17 Guaje, 18 Celaya, 19 Uatitschi, 20 Queretaro). La 2e compagnie du 1er bataillon a quitté San Juan del Rio le 16 et arrive le lendemain à Queretaro ; la 1re compagnie du 1er bataillon reste à Arroyo Zarco.

Le 20 décembre le commandant Thoumini de la Haulle prend le commandement du 1er bataillon et le commandant

Haffner (Emile), nouvellement promu, celui du 2e bataillon.

Le 22 décembre les grenadiers et les 2e, 3e, 4e compagnies du 1er bataillon se portent de Queretaro sur San Luis Potosi (22 Santa-Rosa, 23 Puerto Nierto, 24 San Miguel Allende, 25 Dolores Hidalgo, 26 Trancas, 27 Quemada, 28 San Felipe, 29 San Bartolo, 30 Valle San Francisco, 31 Pila, 1er janvier San Luis Potosi).

La 1re compagnie du 2e bataillon restée à Tepeji se rend à Guanajuato (15 décembre San Francisco, 16 et 17, Arroyo Zarco, 18 Soledad, 19 San Juan del Rio, 20 Colorado 21 22 et 23, Queretaro, 24 Apasco, 25 Celaya, 26 Guaje, 27 Salamanca, 28 Irapuato, 29 la Calera, 30 Guanajuato).

Poursuite des Dissidents par les capitaines Sengel, Nottet et Illartein. — La fin du mois de décembre est signalée par plusieurs tentatives de nos postes contre les bandes ennemies.

Vers le 20 décembre des partis appartenant aux bandes de Valencia et d'Ugalde sortent de Zitacuaro et traversent la Lerma entre San Felipe de l'Obraje et Atlacomulco ; le 23 ils pillent Acambay et emmènent des habitants.

Le capitaine Sengel laisse une trentaine d'hommes à Arroyo Zarco pour garder ce poste et part le 23 avec le reste de la 1re compagnie du 2e bataillon. Arrivé à Aculco il apprend que l'ennemi s'est dirigé vers Acostadero ; à l'hacienda de Nado il marche sur San Francisco où est signalé l'ennemi, surprend la bande sur le point de partir, la poursuit, lui tue un homme, en blesse plusieurs et prend des armes et des chevaux. Le 25 il traverse la Lerma, se porte sur Solis, puis revient à Acambay et rentre le lendemain à Arroyo Zarco. Il est félicité par une lettre du maréchal en date du 10 janvier 1865.

De tous côtés on continue de signaler la présence des bandes de Valencia et d'Ugalde. Les forces mexicaines auxiliaires du département de Queretaro se sont mises à leur poursuite et les ont rejetés vers le nord : les bandes, après avoir hésité à attaquer San Luis de la Paz, se sont rabattues vers San Jose Iturbide.

Le 28 décembre le capitaine Nottet se porte avec la compagnie de voltigeurs de Guanajuato sur le point menacé; il arrive le même jour à Charco Azul, à huit lieues de Guanajuato; le lendemain il traverse Dolores Hidalgo et va bivouaquer à l'hacienda de la Venta, à dix-neuf lieues de Guanajuato. Il y apprend que l'ennemi a battu en retraite; il se porte alors le 30 sur San-Miguel Allende, à six lieues au sud-est de la Venta. Les bandes se sont rejetées vers le sud en passant près d'Apasco et paraissent vouloir traverser la Lerma; le capitaine Nottet rentre le 1er janvier à Guanajuato (31 décembre Joconostle).

Le voisinage des bandes ennemies ayant jeté l'alarme dans Celaya, cette ville demande du secours à la garnison de Salamanca : le capitaine Illartein se porte le 28 décembre à Molino de Sarabia et pousse le lendemain jusqu'à Guaje, prêt à secourir Celaya. Devant cette démonstration, les bandes se rejettent à l'est; quelques jours après elles sont atteintes et dispersées dans les environs de Cadereyta par la cavalerie mexicaine de San Juan del Rio.

OPÉRATIONS DE LA COMPAGNIE FRANCHE

Le 7 juillet 1864, une section de la compagnie franche escorte un convoi de prisonniers d'Orizaba à Soledad et rentre le 18; l'autre section avec 25 chasseurs d'Afrique prend l'escorte d'un fort convoi d'argent, composé de 64 voitures, qui se dirige sur Soledad (8 juillet) : par suite de fortes pluies, ce convoi éprouve des difficultés inouïes et n'arrive que le 18 à Soledad. La section rentre le 24 à Orizaba.

Du 27 juillet au 21 septembre la compagnie franche fait partie de la colonne expéditionnaire de Teotitlan. Du 22 septtembre au 4 octobre elle suit le mouvement du 2e bataillon de Tehuacan sur Mexico, où elle se réorganise à l'effectif de 100 hommes valides, et elle repart le 7 octobre pour Toluca.

Occupation d'Acambaro et de Queretaro. — Arrivée à Toluca le 9 octobre la compagnie franche y trouve l'ordre de se porter sur Acambaro pour attendre le passage de l'empereur qui doit y séjourner à son retour de Morelia. Elle reste à Acambaro du 16 au 19 octobre, jour où l'empereur fait son entrée. Le 19, une section quitte la ville pour éclairer sur la droite jusqu'à Maraviato la route que doit suivre l'empereur; elle rentre le 23 à Acambaro.

Le 25, le capitaine Didier reçoit l'ordre de se rendre en toute hâte à Queretaro qui, jusqu'à nouvel ordre, sera son centre d'action; il y arrive le 29.

L'itinéraire suivi par la compagnie franche depuis son départ de Mexico est le suivant : 7 octobre Guijimalpa, 8 Lerma, 9 Toluca, 10 Ixtlahuaca, 11 Venta del Aire, 12 San Felipe de Obraje, 13 Rio de Buena Vista, 14 Maraviato, 15 Rio de la Luna, 16 Acambaro, 25 Tarimoro, 27 Celaya, 28 Uatitschi, 29 Queretaro.

Reconnaissances sur la Lerma. — Les opérations dirigées dans les premiers jours de novembre contre Romero par le colonel Lamadrid, par Valdes et par la compagnie Hubert de la Hayrie ont en partie réussi; les bandes de ce chef battues à Laureles se sont momentanément dispersées, mais on prête à Romero l'intention de se jeter avec ses débris sur la rive droite de la Lerma en prenant la direction de Nopala.

Le 4 novembre le capitaine Didier part de Queretaro pour surveiller les passages de la Lerma entre Salamanca et Acambaro, et particulièrement celui de Salvatierra. Arrivé le 7 à Salvatierra il pousse des reconnaissances dans toutes les directions et repart le 9 pour rentrer à Queretaro le

17 (4 Uatitschi, 5 Celaya, 6 hacienda de Cacalote, 7 Salvatierra, 8 reconnaissances dans diverses directions, 9 Venta del Rincon de Tamayo, 10 au 13 Celaya, 14 et 15 reconnaissances, 16, Uatitschi).

La compagnie exécute ensuite, du 24 au 28 novembre, une série de nouvelles reconnaissances au sud-ouest de Queretaro sur les routes où quelques partis ont reparu (24 Pueblito, 25 San Bartolo avec des postes aux haciendas de San Nicolas et San Antonio sur la route d'Acambaro, 26 hacienda d'El Castillo, 27 postes à San Pedro et à l'hacienda de San Juanico, 28 Queretaro).

Marche sur San Juan del Rio. — A la suite de nouvelles inquiétantes envoyées par le sous-préfet de Cadereyta la compagnie part le 30 novembre pour cette localité : l'ennemi s'est mis en retraite sur Zimapan. Le capitaine Didier décide d'aller l'y chercher.

Le 6 décembre la compagnie bivouaque dans le lit du rio d'Ixmiquilpan dont les berges s'élèvent presque verticalement à une hauteur énorme. Après avoir surmonté des difficultés inouïes elle arrive le 7 à Zimapan : l'ennemi, fort dit-on de 2 à 300 fantassins, s'est réfugié à dix lieues dans la montagne; la compagnie se dirige au sud sur Nopala et arrive le 18 décembre à San Juan del Rio.

Depuis le 30 novembre elle a parcouru quatre-vingts lieues dans un pays difficile et exécuté de nombreuses reconnaissances; elle a suivi l'itinéraire suivant: 30 novembre hacienda de l'Esperanza, 1er décembre Cadereyta, 2 et 3 reconnaissances aux environs, 4 et 5 Tecosautla, 6 bivouac dans le lit du rio d'Ixmiquilpan, 7 Zimapan, 8 et 9 reconnaissances aux environs, 10 Tasquillo, 11 Alfajayucan, 12 hacienda de l'Astillero, 13 Huichapan, 14 et 15 reconnaissances, 16 Nopala, 17 hacienda d'El Cazadero.

Occupation de Solis. — Du 18 au 24 décembre des nouvelles sérieuses, venues de la rive gauche de la Lerma, retiennent la compagnie franche à San Juan del Rio : les bandes ennemies se sont ralliées et jettent la désolation dans tout le pays; Romero vient encore de piller huit haciendas.

Le maréchal décide que le général Douay transportera son quartier général de Guadalajara à Morelia.

La compagnie franche reçoit l'ordre de s'établir à Solis jusqu'à l'arrivée du général Douay à Morelia. En conséquence elle quitte San Juan del Rio le 24 décembre et arrive le même jour à Amealco où elle apprend que le capitaine Sengel a atteint un parti ennemi dans la journée du 23. Elle rétrograde dans la nuit du 24 au 25 pour essayer de couper la retraite à l'ennemi; mais les bandes se rejettent au nord et la compagnie se dirige sur le poste important de Solis qu'elle doit occuper : de ce point elle couvre un des passages de la Lerma et surveille le défilé de Puerto de Medina d'où partent des routes qui rayonnent dans toutes les directions (24 Amealco, 25 hacienda de la Borsilla, 26 Torre, 27 Solis).

Opérations contre les bandes ennemies. — Dans la soirée du 29 décembre le capitaine Didier est informé que les bandes de Valencia et d'Ugalde, fuyant devant les colonnes françaises et mexicaines, ont repris la direction du sud et marchent sur Molino de Caballero, à 24 kilomètres en aval de Solis : il prend immédiatement ses dispositions pour leur barrer le passage.

Dans la nuit du 29 au 30 le lieutenant Sorlin se porte avec trois escouades sur Molino de Caballero par la rive droite; trois escouades avec le capitaine Didier suivent la rive gauche et vont s'embusquer près d'un gué d'où partent les deux routes qui conduisent de la Lerma à Real del Oro et à Maravatio; les deux autres escouades gardent Solis. L'ennemi prévenu sans doute de ces dispositions se rejette au nord-est, et il va se faire battre quelques jours plus tard dans les environs de Cadereyta par la cavalerie mexicaine de San Juan del Rio. La compagnie rentre à Solis le 31 décembre.

Les journées des 2 et 3 janvier 1865, sont employées en reconnaissances sur Puerto de Medina et Tepetongo.

L'arrivée du général Douay à Morelia a décidé la retraite de toutes les bandes ennemies sur la rive gauche de la Lerma; la compagnie franche rentre à Queretaro (4 janvier hacienda de Galindo avec détachements à l'hacienda de la Hachi et à Sauz, 5 Colorado, avec détachements à Palma et à Palo Alto, 6 janvier Queretaro).

CHAPITRE V

I. — OPÉRATIONS DU CORPS EXPÉDITIONNAIRE DE JANVIER A AVRIL 1865.

Reddition d'Oajaca. — Suite des opérations dans la Huasteca, les Terres-Chaudes, le Michoacan, le Jalisco, le Sinaloa et dans le nord. — Situation générale au commencement d'avril.

II. — OPÉRATIONS DU 7e, DE JANVIER 1865 A SON DÉPART POUR DURANGO (FIN MARS).

Emplacements occupés le 1er janvier. — Soulèvement d'une compagnie auxiliaire mexicaine. — Conduite de convois. — Défection de Fragoso. — Valencia et Ugalde se joignent à lui (fin-février). Le capitaine Sengel poursuit Fragoso. — Départ du général Brincourt pour Durango (2 mars).

Opérations de la compagnie franche.

Désarmement des troupes auxiliaires licenciées. — Le lieutenant Sorlin poursuit Fragoso. — Le capitaine Didier cherche à couper la retraite aux Dissidents. — Le plan d'attaque contre Zimapan échoue. — Affaire de Cuatchiti (26 février), extrait de l'ordre du régiment du 14 mars. — Nouvelle poursuite de Fragoso. — Recherche d'un trésor à El Jofre.

I. — OPÉRATIONS DU CORPS EXPÉDITIONNAIRE DE JANVIER A AVRIL 1865

L'œuvre lente et difficile de la pacification du Mexique continue dans les premiers mois de l'année 1865 sur tous les points du territoire mexicain.

Reddition d'Oajaca. — L'investissement d'Oajaca est poussé avec vigueur pendant le mois de janvier : la tranchée est ouverte le 1er février et, le 9 au moment où l'assaut va être donné Porfirio Diaz se rend à discrétion.

Le général Mangin reste à Oajaca pour achever la pacification du pays et poursuivre les bandes de Chato Diaz et de Figueroa.

Suite des opérations dans la Huasteca et dans les Terres-Chaudes. — Dans la Huasteca une petite colonne française aventurée dans les montagnes de Pehuatlan parvient avec peine à se dégager (28 janvier). Les volontaires Autrichiens enlèvent Tesuitlan (6 février). Le mois suivant une suspension d'armes est conclue de ce côté.

Dans les Terres-Chaudes, Daquin a fait sa soumission, mais de nombreuses guerillas continuent la guerre de partisans. Le commandant Maréchal se porte sur le rio Blanco et entre à Tlaliscoyan (26 février), mais il est tué dans une embuscade (2 mars).

Dans le Michoacan, le Jalisco et le Sinaloa. — Dans le Michoacan le général Douay qui doit rentrer en France a cédé le commandement au colonel du Preuil. Celui-ci sillonne le pays de colonnes mobiles, tandis que le colonel de Potier surprend les bandes de Romero et s'empare de celui-ci (31 janvier). Dans le sud de la province, Arteaga appuyé sur une contrée montagneuse continue à inquiéter les environs de Morelia ; le 20 février un petit détachement français subit un échec à Los Reyes.

Dans l'Etat de Jalisco les guerillas atteintes par nos colonnes légères sont dispersées. Rojas est tué à Potrerillo le 28 janvier.

Dans le Sinaloa, le général de Castagny organise des colonnes mobiles pour battre le pays, et traite avec la dernière rigueur les villes insurgées. Le général mexicain Lozada arrive le 5 avril au Rosario avec ses contingents alliés et bat Corona qui quitte momentanément le pays. La route de Tepic à Mazatlan se trouve dégagée. Le général de Castagny fait occuper le port de Guaymas dans la Sonora par le colonel Garnier qui est transporté par mer de Mazatlan à Guaymas 29 mars).

Opérations dans le nord. — Dans le nord du Mexique Juarez a reconstitué rapidement ses forces et s'apprête à reprendre l'offensive; toute la Laguna de Mapimi est insurgée; Negrete s'est avancé entre Parral et Rio Florido. L'expédition du général de Castagny sur Mazatlan ayant dégarni Durango, le maréchal ordonne la formation d'une colonne à San Luis Potosi sous les ordres du général Jeanningros ; il porte le général Aymard de Durango sur le rio de Nazas et le général Brincourt de Leon sur Cuencame; le général Neigre quitte le Michoacan pour prendre position à Fresnillo. Au commencement d'avril ces mouvements sont terminés et les opérations vont commencer.

Situation générale au commencement d'avril. — A ce moment la situation générale du corps expéditionnaire est la suivante.

La 1re division a sa 1re brigade à Mazatlan avec détachements à Guaymas et Durango; sa 2e brigade est, partie à Mexico et Queretaro, partie à Oajaca.

La 2e division est commandée par le général Neigre qui marche de Morelia sur Durango. La 1re brigade est à Guadalajara et à Mexico, et occupe Morelia, Leon, Lagos, Aguas, Calientes et Zacatecas; une partie de la 2e brigade occupe aussi Guadalajara, Leon, Aguas Calientes et Zacatecas, ainsi que Guanajuato et San Luis Potosi; le reste de la brigade est en colonne au nord de Durango.

La cavalerie est répartie principalement entre les colonnes qui opèrent au nord de Durango; le reste est à Mazatlan, Mexico et Guadalajara.

En résumé, la situation est toujours précaire; le gouvernement de Maximilien fait peu de progrès : il a pour adversaire un puissant parti qui ne désarme pas. Et à la faveur de ces luttes intestines toute la lie de la population soulevée pille le pays, semant partout la terreur et la ruine.

II. — OPÉRATIONS DU 7e, DE JANVIER 1865 A SON DÉPART POUR DURANGO (FIN MARS)

Emplacements occupés le 1er janvier. — Le 1er janvier 1865 le régiment est réparti de la façon suivante :

1er bataillon à San Luis Potosi, sauf la 1re compagnie à Arroyo Zarco.

2e bataillon. Etat-major et grenadiers à Leon; 2e et 3e compagnies à Salamanca; le reste à Guanajuato.

La compagnie franche est à Solis; son centre d'action à partir du 6 janvier est Queretaro.

Le 4 janvier la 4e compagnie du 2e bataillon se rend de Guanajuato à Silao.

Les mouvements exécutés pendant le mois de janvier se bornent à des reconnaissances dirigées par les divers détachements aux environs des postes qu'ils occupent, pour assurer la sécurité du pays.

Soulèvement d'une compagnie auxiliaire mexicaine. — A la suite du soulèvement d'une compagnie mexicaine auxiliaire, qui a assassiné ses officiers et abandonné le poste de Yuriria Pundaro pour passer à l'ennemi, la compagnie Illartein (2e du 2e bataillon) se porte de Salamanca sur ce point, dans la nuit du 9 au 10 février. Les bandes de Ronda qui s'étaient avancées jusqu'à Huango battent en retraite, et la compagnie rentre à Salamanca le 14 après avoir rassuré les populations.

Conduite de convoi. — Le 19 février le lieutenant Lachau part avec une section de grenadiers du 1er bataillon pour escorter de San Luis Potosi à Salinas un détachement d'isolés qui se rend à Zacatecas; il rentre à San Luis le 28 (19 Mesquitic, 20 Parada, 21 Noria, 22 Espiritu Santo, 23 Salinas; même itinéraire au retour).

Défection de Fragoso. — En raison du voisinage des bandes de Fragoso qui, préposé à la garde de la route de Mexico à Queretaro, a fait défection dans les derniers jours de janvier, le capitaine Sengel, avec une section de la 1re compagnie du 1er bataillon, pousse une reconnaissance sur Soledad dans la nuit du 23 au 24 février; il rentre le 24 à Arroyo Zarco, en repart le 25 avec son autre section pour Tepeji del Rio menacé par les Dissidents, revient le 26 à San Francisco, et rentre le 27 à Arroyo Zarco, sans avoir rencontré l'ennemi.

Valencia et Ugalde se joignent à Fragoso. — Cependant Valencia et Ugalde, après leur défaite dans les environs de Cadereyta, se sont jetés dans la sierra de Zimapan et y ont de nouveau recruté leurs bandes. Forcés de reculer devant un détachement du 2e zouaves envoyé de Mexico à leur poursuite et d'abandonner cette contrée, ils se joignent à Fragoso et ces trois chefs, avec 300 cavaliers environ, tentent les 23 et 25 février un mouvement sur Soledad et Tepeji. Obligés de se replier devant les démonstrations faites par le capitaine Sengel, les bandes se retirent précipitamment sur Nopala et rencontrent le 26 près de l'hacienda de Cuatchiti une partie de la compagnie franche du 7e qui les disperse après un combat de deux heures (1).

Valencia et Ugalde se dirigent sur Amealco et leurs débris cherchent un refuge sur la rive gauche de la Lerma. Quant à Fragoso, il se rejette dans les cerros qui avoisinent Chanpantongo.

Le capitaine Sengel poursuit Fragoso. — Le 1er mars au matin Fragoso ayant reparu sur la route de Mexico, le capi-

(1) Voir page 176.

taine Sengel part d'Arroyo Zarco avec 55 hommes et 14 cavaliers de la Sécurité publique qui lui servent d'éclaireurs. Tournant San Miguel il cherche à couper l'ennemi de sa ligne de retraite vers Chapantongo et arrive au rancho de Durasno au moment où il en sort; il le poursuit dans la direction de San Sebastian et lui tue ou blesse plusieurs hommes après l'avoir suivi pendant quatre lieues jusqu'à San Bartolome. Les troupes de Fragoso démoralisées se débandent et disparaissent par la route de Chapantongo.

A la suite de ces opérations le département de Queretaro se trouve débarrassé des bandes qui le désolent depuis si longtemps. L'ordre du régiment du 14 mars cite comme s'étant signalés dans la journée du 1er mars le capitaine Sengel, le sergent-major Page, les sergents Richet et Lavenarde, le caporal Deveaux et les fusiliers Baltzinger, Fiol, Couchoud, Juliant, Fayard, Chemitte, Goanvec et Coché.

Départ du général Brincourt pour Durango. — En vertu d'un ordre du maréchal du 26 février, le général Brincourt part le 2 mars de Leon pour se porter dans le plus bref délai sur Durango, avec le 18e bataillon de chasseurs, un escadron du 12e chasseurs et 2 sections d'artillerie; toute la brigade doit le suivre.

La 4e compagnie du 2e bataillon se porte le 2 mars de Silao à Leon où les grenadiers du 2e bataillon sont seuls restés.

Le 19 mars ces deux compagnies partent de Leon pour aller chercher à Lagos une batterie d'artillerie qui se rend de Guadalajara à Queretaro; elles sont de retour le 22 et remettent la batterie à une compagnie du 81e chargée de la conduire à destination.

OPÉRATIONS DE LA COMPAGNIE FRANCHE

Les opérations de la compagnie franche pendant cette période de trois mois présentent un intérêt particulier.

Après son arrivée à Queretaro, le 6 janvier, la compagnie fournit des patrouilles et des reconnaissances jusqu'au 19 janvier dans toute la région avoisinante; puis elle reprend la série de ses marches à la poursuite des Dissidents qu'elle parvient à atteindre à la fin de février.

Désarmement des troupes auxiliaires licenciées. — D'après les ordres de l'empereur Maximilien une partie des troupes auxiliaires mexicaines doit être licenciée et remplacée par des gardes rurales entretenues aux frais des municipalités. La compagnie franche quitte Queretaro le 19 janvier pour aller procéder au désarmement et au licenciement de deux escadrons mexicains à San Juan del Rio (19 hacienda de la Lira, 20 San Juan del Rio); elle y séjourne jusqu'au 29 pour l'accomplissement de sa mission.

Le lieutenant Sorlin poursuit Fragoso. — Le 30 janvier on apprend la défection de Fragoso. Celui-ci rallié depuis un an environ a été chargé depuis cette époque de la surveillance de la route de Mexico entre Tepeji et San Juan del Rio.

Le lieutenant Sorlin part aussitôt avec six escouades de la compagnie franche pour aller couper à l'hacienda d'Aljives, le chemin de Zimapan suivi par les Dissidents; le capitaine Didier reste à San Juan avec deux escouades pour achever le désarmement.

Le lieutenant Sorlin arrive le 1er février à Aljives (30 janvier Tequisquiapan, 31 Tesocautla); un escadron de cavaliers mexicains du colonel La Peña occupe le pont de Tasquillo où la compagnie franche doit faire sa jonction avec lui le lendemain : mais l'officier qui le commande abandonne ce point et revient sur Tula sa garnison, sous prétexte que cette ville est assiégée.

Fragosa voyant le chemin de Zimapan coupé par la compagnie franche qui est arrivée le 2 février à Puente de

Tasquillo, se rejette du côté de Tepeji. Le lieutenant Sorlin le poursuit d'abord dans cette direction (3 février hacienda de Tasto, 4 Tepetitlan); mais sur les rapports du colonel La Peña, préfet politique de Tula, qui se croit menacé et d'après l'ordre du général Lhériller, il force sa marche et arrive le 5 à Tula.

Le 6 il en repart avec 100 cavaliers de La Peña et 25 hussards français pour secourir Mixquiahuala assiégée par 600 hommes; il y arrive le même jour et apprend que Fragoso est passé la veille, prenant la direction de Chapantongo. Le lieutenant Sorlin renvoie la cavalerie du colonel La Peña qui craint toujours pour sa ville, et se porte le 7 à Tepetitlan, le 8 à l'hacienda de San Jose de la Marques. Fragoso a fait sa jonction à Chapantongo avec Valencia et Ugalde; tous les trois ont marché au sud jusqu'à la route de Tula à Tepeji, puis se donnant rendez-vous à Zimapan ils se sont séparés pour piller une plus grande étendue de pays. Le lieutenant Sorlin, sans nouvelles du capitaine Didier qui devait le rejoindre le 7 à Tula, se dirige sur cette ville où il arrive le 9 en doublant l'étape.

Le capitaine Didier cherche à couper la retraite aux Dissidents. — Pendant ce temps le capitaine Didier avait armé une partie de la population de San Juan del Rio avec les armes provenant des troupes mexicaines licenciées et avait organisé la défense de la ville à l'aide des habitants eux-mêmes. Laissant à San Juan comme noyau de la défense 15 hommes sous les ordres du fourrier Huré, il part le 6 pour Tula avec 12 hommes. Le même jour il apprend au rancho de Casas Viejas la marche de son lieutenant sur Ixmiquilpan; il change de route et se dirige sur Huichapan d'où il se porte sur Ixmiquilpan après avoir rallié la garde rurale de San Juan del Rio. Le 7 février à cinq heures et demie du matin Valencia et Ugalde apparaissent tout à coup à Casas Viejas à la tête d'une centaine de cavaliers : en moins d'une demi-heure l'ennemi est dispersé, laissant sur le terrain 2 morts et 3 blessés; puis le capitaine Didier se porte en toute hâte sur Soledad 8 février), mais apprenant que l'ennemi s'est concentré à Zimapan il revient le 9 à San Juan del Rio pour organiser un coup de main contre Zimapan avec l'aide des Indiens de la Sierra Gorda. Un crédit de 500 piastres, des armes et des munitions sont accordés à cet effet par le ministère mexicain.

De son côté le lieutenant Sorlin repart le 10 de Tula et se dirige sur l'hacienda de Tequisquiapan d'où il surveillera mieux l'ennemi et le forcera, le cas échéant, à rentrer dans Zimapan; il y arrive le 15 (10 San Antonio de Tula, 11 hacienda de l'Astillerio, 12 et 13 Huichapan, 14 San Francisco).

Le même jour, 15 février, le capitaine Didier apprend dans la soirée que l'ennemi s'est montré à la fois à Cadereyta et au pont de Tasquillo; il dirige sur Tasquillo la cavalerie de Huichapan, sur l'hacienda d'Aljives le lieutenant Sorlin et lui-même part pour Cadereyta avec la cavalerie de San Juan del Rio (colonel Lalauri). Il arrive le 16 à Cadereyta où il a donné rendez-vous au colonel Antonio Montes, préfet de Tehuacan, pour attaquer Zimapan. Le même jour le lieutenant Sorlin est à Tecosautla, et le 17 à Aljives.

Le plan d'attaque contre Zimapan échoue. — Le capitaine Didier savait par expérience que l'ennemi, à la nouvelle de notre marche sur Zimapan, se réfugierait à l'Encarnacion, fonderie de fer située dans la montagne à cinq lieues de Zimapan et qui n'est accessible que par des gorges étroites, faciles à défendre. Son plan consiste à faire attaquer ce point par 400 Indiens dévoués de la Sierra de Jalpan; 200 autres Indiens, venant de Bernal, Toliman, Vizarron, Maconi, fermeront à l'ennemi sorti de Zimapan, les passages de l'ouest et du nord; deux compagnies du 2e zouaves, sous les ordres du commandant Figarol, couperont la retraite sur Actopan, vers le sud-est, en occupant Ixmiquilpan et El Cardonat. Enfin la compagnie franche avec la cavalerie Lalauri marchera directement par Aljives et Tasquillo sur Zimapan pour prendre l'ennemi entre deux feux.

Au moment où le capitaine Didier prépare l'exécution de ce plan, le commandant Figarol reçoit l'ordre de marcher sur Zimapan avec ses deux compagnies, la compagnie franche et la cavalerie La Peña. L'attaque fixée au 16 février se trouve retardée par suite de quelques difficultés d'exécution; le capitaine Didier profite de ce répit pour organiser les Indiens les plus rapprochés et faire garder les passages du nord et de l'ouest de façon à se ménager les chances de succès que son plan primitif pouvait lui faire espérer. Mais le préfet de Jalpan n'exécute pas l'ordre de faire marcher sur Encarnacion tout ce qu'il a d'Indiens armés.

Le 17 au soir le commandant Figarol arrive au village de Los Remedios à une lieue de Zimapan : il appelle à lui le lieutenant Sorlin qui le rejoint le 18 au matin après avoir franchi rapidement la barranca difficile d'Aljives. Mais l'ennemi s'est immédiatement réfugié à Encarnacion et, dans la nuit du 21 au 22, il franchit le pont de Tasquillo que la cavalerie du colonel La Peña a négliger de garder.

Le commandant Figarol se lance à sa poursuite le 22 au matin, tandis que le lieutenant Sorlin cherche à lui couper le chemin de San Juan del Rio : à cet effet il se dirige sur Aljives, suit le pied des montagnes de l'Astillerio, passe à l'hacienda de Baji et arrive le 24 à Huichapan. Rappelé en toute hâte à Mexico le commandant Figarol ne peut pousser la poursuite à fond et le colonel La Peña rentre tranquillement à Tula. Il faut renoncer à atteindre les bandes ennemies.

Affaire de Cuatchiti. — Cependant le capitaine Didier, rentré le 14 à San Juan del Rio, envoie l'ordre à son lieutenant de quitter Huichapan pour le rejoindre à Soledad où il arrive lui-même le 26 avec 25 hommes. Le reste de la compagnie franche avec le lieutenant Sorlin part de Huichapan le 25 et va coucher à l'hacienda de Sauz dans la direction de Chapantongo.

Le 26 février le lieutenant Sorlin se dirige sur Nopala et rencontre l'ennemi en route près de l'hacienda de Venta Hermosa; celui-ci, bien que fort de 300 hommes, n'ose se mesurer avec les 6 escouades de la compagnie franche et s'enfuit vers Solédad. La compagnie poursuit sa marche vers Nopala et, après quelques heures de repos, elle repart brusquement dans la direction prise le matin par l'ennemi : elle le rencontre et le bat, le soir même, près de l'hacienda de Cuatchiti.

Les opérations de la compagnie franche dans les journées des 25 et 26 février sont consignées en ces termes dans l'ordre du régiment du 14 mars 1865.

Extrait de l'ordre du régiment du 14 mars. — « Le « 25 février au matin, M. le lieutenant Sorlin en marche de « Huichapan sur Chapantongo, avec 6 escouades de la com- « pagnie franche formant une effectif de 70 hommes, reçoit « avis que les bandes réunies de Valencia, Ugalde et Fragoso, « fortes de 300 cavaliers bien armés et parfaitement montés, « ont, après une démonstration sur Tepeji del Rio, pris la « direction du nord. Il change aussitôt de route, va coucher « à l'hacienda de Sauz dans l'intention de se porter sur « Nopala et d'empêcher l'ennemi d'entrer dans cette ville où « il trouverait facilement à se recruter parmi une population « qui nous est hostile.

« Le 26 pendant la grand'halte, à une lieue de Nopala, « l'ennemi paraît à trois kilomètres en arrière sur la route ; « quelques coups de feu sont échangés avec son avant-garde « et, voyant les excellentes dispositions prises par le lieutenant « Sorlin, les bandits se mettent en retraite sur la Soledad.

« M. Sorlin entre à Nopala, puis à deux heures et demie de

« l'après-midi il repart brusquement par la route qui con-
« duit à Soledad.

« A cinq heures du soir, à 2 kilomètres environ de l'ha-
« cienda de Cuatchiti, il rencontre de nouveau l'ennemi qui,
« posté dans une position avantageuse, cherche à l'entourer
« d'un cercle de feu et à l'entamer par des charges conduites
« avec une grande vigueur ; mais les cavaliers ennemis vien-
« nent se briser contre la solidité de la compagnie franche
« et le sang-froid de ses officiers ; le feu parfaitement dirigé
« de nos carabines leur fait éprouver de grandes pertes.

« La nuit protège la retraite des bandits qui se retirent en
« désordre dans la direction d'Arroyo Zarco et se frac-
« tionnent quelques heures après. Valencia et Ugalde se
« portant sur Amealco, et Fragoso se jetant dans les cerros
« qui avoisinent Chapantongo.

« Dans ce combat, qui fait le plus grand honneur à la
« compagnie franche, l'ennemi a perdu une quinzaine
« d'hommes tués et une quarantaine de blessés ; bon nombre
« d'armes et de chevaux morts sont restés sur le champ
« de bataille. Grâce au sang-froid de MM. Sorlin lieute-
« nant et Granet sous-lieutenant et à leur sollicitude pour
« leurs soldats, le brillant succès ne nous a pas coûté un
« seul homme.

« Dans ce combat chacun a su faire son devoir. Le colonel
« est heureux de porter à la connaissance du régiment les
« noms de ceux qui se sont le plus particulièrement distin-
« gués. Ce sont : Roussot, sergent-major, Delille sergent, Bâti
« sergent, Romain caporal, Brouard caporal, Trebosc fusilier,
« Matry grenadier, Dupont voltigeur, Margailler grenadier,
« Courbier fusilier, Studer grenadier, Ravaud grenadier,
« Suttel fusilier, Berthet voltigeur, Baur fusilier, Marcilion
« et Poncet voltigeurs ».

Nouvelle poursuite de Fragoso. — Après l'affaire de Cuatchiti, Valencia et Ugalde coupent la route de Mexico à

Queretaro près de Cazadero et pillent l'hacienda de Cueva (27 février); mais serrés de près par la cavalerie de San Juan del Rio ils se rejettent dans le Sud et traversent la Lerma pour aller se joindre à Zitacuaro aux bandes de Regules et de Pueblita.

Le 1er mars une fraction de la bande de Fragoso est signalée du côté de San Francisco. Le capitaine Didier va s'embusquer, dans la nuit du 1er au 2 mars, à l'embranchement des routes de San Francisco à Nopala et à Chapantongo pour couper la retraite à l'ennemi que le capitaine Sengel poursuit de son côté (1).

Le 2, la compagnie franche se dirige sur l'hacienda de San Jose de Marquez et rencontre à Venta Hermosa le capitaine Sengel qui a rejeté la veille une bande ennemie dans la direction de Chapantongo. Un espion envoyé aussitôt sur ce dernier point annonce que Fragoso se dirige en toute hâte sur Zimapan.

En conséquence, la compagnie va coucher le 3 à San Juanico, petit village situé au pied du Cerro de la Virgen, d'où elle peut se porter à volonté sur San Francisco, Chapantongo, Nopala ou Soledad.

Le 4 et le 5 elle se ravitaille à Arroyo Zarco; le 6, elle est à Soledad où elle apprend que Fragoso a été repoussé de Zimapan par les Indiens que le capitaine Didier a envoyés sur ce point, après le départ de la colonne Figarol. Les bandits ramenés par leur chef à Chapantongo se sont mutinés et dispersés, sauf une trentaine qui ont pris avec Fragoso la direction de Pachuca.

La compagnie rentre à Queretaro le 20 mars après avoir sillonné le pays et acquis la certitude que les débris de Fragoso ont disparu (7 mars hacienda de Cueva, 8 au 13 San Juan del Rio, 14 au 17 hacienda de Tequisquiapan, 18 haciendas de Laja et de Fuentezueles, 19 hacienda del Ahorcado).

(1) Voir pages 171.

Recherche d'un trésor à El Jofre. — Un ordre du maréchal prescrit de protéger les recherches d'un Français, M. Laugée, qui cherche à découvrir un trésor enfoui, dit-on, par les Espagnols dans les environs de l'hacienda d'El Jofre, à l'époque de la guerre de l'Indépendance.

Le sergent-major Roussot part le 22 mars avec 15 hommes montés, va coucher à Santa Rosa et arrive le lendemain à El Jofre; le reste de la compagnie suit et arrive le 25. Les journées des 25 et 26 sont employées en recherches actives qui laissent quelques espérances sur la découverte du trésor cherché. Les recherches sont suspendues à la réception de l'ordre de départ pour le nord, envoyé à la compagnie franche.

Celle-ci rentre à Queretaro le 27 mars en doublant l'étape et y séjourne jusqu'au 1er avril.

CHAPITRE VI

I. — OPÉRATIONS GÉNÉRALES D'AVRIL A JUILLET 1865.

Dans le nord, Negrete est poursuivi et abandonne provisoirement la lutte (avril-juin). — Préparatifs de marche sur Chihuahua. — Opérations en Sonora. — Dans le Michoacan, lutte contre Arteaga et Regules, colonnes de Potier et Clinchant.

II. — MARCHE DU 7e SUR DURANGO ET OPÉRATIONS CONTRE REGULES (DE FIN DE MARS AU 1er JUILLET 1865).

Préparatifs de marche sur Durango. — Apparition de bandes ennemies dans le Michoacan. — La colonne d'Albici se concentre à Penjamo. — Elle marche au secours de Zamora menacé par Regules. — Sa dislocation (3 avril). — Concentration sur Leon. — Tentative pour couper la retraite aux Dissidents (7 au 10 avril). — Reprise du mouvement sur Durango (11 avril) : le régiment y est réuni le 13 mai. — Mouvements aux environs de Durango (mai-juin). — Pointe sur Sombrerete. — Escortes de convois. — Occupation de Papasquiaro.

Opérations de la compagnie franche.

Nouvelles fouilles à El Jofre. — La compagnie occupe Sombrerete (juin). — Escortes de convois.

I — OPÉRATIONS GÉNÉRALES D'AVRIL A JUILLET 1865

Dans le nord Negrete est poursuivi et abandonne provisoirement la lutte. — Dans les provinces du nord nous avons laissé les colonnes françaises en marche contre les lieutenants de Juarez. Arrivé à Cuencame le général Brincourt marche sur Mapimi que Negrete a évacué le 30 mars pour se jeter dans la direction de Parras; puis il revient à Durango tandis que Negrete continuant sa route à l'est entre à Saltillo, à Monterey (12 avril) et menace Matamoros qu'un renfort envoyé par mer délivre le 2 mai.

Le 17 mai Negrete est à Saltillo avec le gros de ses forces, environ 5 000 hommes. Le maréchal dirige contre lui trois colonnes : le général Brincourt qui débouche de Parras, le colonel Jeanningros qui s'avance par San Luis Potosi, et le général allié Mejia qui doit déboucher de Matamoros. Mais ce dernier n'exécute pas l'ordre qu'il a reçu et Negrete se met en retraite sur Monclova dans la nuit du 6 au 7 juin : son arrière-garde est atteinte et battue à Mesillas et ses troupes se débandent.

Après cet insuccès Negrete disparait et le commandement des Dissidents dans le nord passe aux chefs de bandes Ruiz, Aguirre, Villagran, Ojinaja et Carbajal.

Préparatifs de marche sur Chihuahua. — Le maréchal reprend son projet de marcher sur Chihuahua pour forcer Juarez à se réfugier aux États-Unis. Cette marche étant entreprise surtout dans un but politique, nos colonnes ne doivent pas dépasser Chihuahua de plus d'une journée de marche, et 15 ou 20 jours après leur arrivée dans cette ville elles devront revenir à Durango : on évitera ainsi les dangers que présenterait la dissémination de nos forces sur un territoire aussi étendu, à une distance énorme de notre base d'opérations.

Le 1er juillet tout est prêt pour cette expédition.

Opérations en Sonora. — Dans la Sonora le colonel Garnier qui occupe Guaymas tente en vain de surprendre les forces libérales commandées par Pesquiera (22 mai) : celui-ci se réfugie à Hermosillo.

Dans le Michoacan, lutte contre Arteaga et Regules : Colonnes de Potier et Clinchant. — La situation dans le Michoacan est plus grave. Notre mouvement de concentration vers le nord a laissé le champ libre à Arteaga et à ses deux lieutenants Regules et Riva Palacio, ainsi qu'à de nombreux chefs de bandes, Ugalde, Valdez, Traspeña, etc.

Le 7 mars Arteaga occupe Tacambaro ; le 15 avril Zitacuaro est évacué par les troupes mexicaines nos alliées. Regules qui n'a pu s'ouvrir par la Piedad un chemin vers le nord, échappe à la poursuite du colonel de Potier et enlève Tacambaro qui a été réoccupé par une garnison belge et mexicaine; il échoue le 17 avril contre Uruapan : le colonel de Potier le rejoint et le bat à Huaniqueo le 23 avril. Mais nos troupes ayant été rappelées sur Mexico, Uruapan tombe au pouvoir des Dissidents (19 juin). La colonne Clinchant se dirige aussitôt de Puruandiro sur ce point et s'en empare (23 juin); le colonel allié Mendez est chargé d'occuper le pays après le départ de nos colonnes.

En résumé, au fur et à mesure que nos colonnes s'avancent vers le nord des bandes ennemies surgissent sur nos derrières, sillonnent le pays en tous sens et entretiennent l'agitation sur les parties du territoire que nos troupes évacuent.

II. — MARCHE DU 7e SUR DURANGO ET OPÉRATIONS CONTRE REGULES (DE FIN MARS AU 1er JUILLET 1865)

Préparatifs de marche sur Durango. — Dans les derniers jours du mois de mars le 7e de ligne reçoit l'ordre de se rendre à Durango; le mouvement commence aussitôt.

Les 2e et 3e compagnies du 2e bataillon sont relevées le 26 mars à Salamanca par le 81e de ligne et arrivent le 27 à Guanajuato (26 Burras).

Les 1re et 5e compagnies du même bataillon quittent le 28 Guanajuato pour marcher sur Durango, avec ordre de suivre le plus près possible la colonne du général Neigre qui est parti le 25 de Leon.

L'état-major du régiment doit partir le 10 avril de Guanajuato avec les compagnies présentes dans cette ville, qui seront relevées par trois compagnies du Régiment Étranger: il ralliera à Silao les 1re, 5e compagnies et voltigeurs du 1er bataillon venant d'Arroyo Zarco et de Queretaro, et à Leon les grenadiers et la 4e compagnie du 2e bataillon. Les grenadiers, 2e, 3e et 4e compagnies du 1er bataillon marcheront directement de San Luis Potosi sur Durango.

Apparition de bandes ennemies dans le Michoacan. — Sur ces entrefaites l'apparition de bandes ennemies dans le Michoacan vient modifier les ordres précédents. 2 000 Dissidents avec 3 pièces de montagne entrent à Puruandiro après avoir menacé Patzcuaro et attaqué sans succès Quiroja; puis ils se dirigent sur La Piedad en rançonnant tous les villages et haciendas de la route, dans le but de s'approprier les ressources de cette ville et peut-être d'y passer la Lerma pour se jeter dans l'État de Guanajuato.

La colonne d'Albici se concentre à Penjamo. — Le colonel Giraud, commandant supérieur de cet État, forme une colonne légère sous les ordres du lieutenant-colonel d'Albici pour arrêter la marche de l'ennemi et le rejeter dans le sud.

Cette colonne comprend les 1re, 4e et 5e compagnies du 2e bataillon, la compagnie de grenadiers de la Sécurité publique stationnée à Penjamo, la compagnie d'infanterie du même bataillon stationnée à Piedra Gorda, l'escadron de contreguerillas de Silao, l'escadron de lanciers de Guanajuato stationné à Piedra Gorda et 25 cavaliers de l'escadron de Leon.

La 4e compagnie du 2e bataillon part le 28 mars de Leon et arrive le lendemain à Penjamo (28 Puerta de San Juan); l'escadron de Silao et les 25 cavaliers de Leon y arrivent le même jour, les troupes mexicaines de Piedra Gorda y sont depuis la veille.

Le lieutenant-colonel d'Albici part de Guanajuato dans la nuit du 28 au 29 mars, prend à son passage à Silao les 1re et 5e compagnies du 2e bataillon et arrive avec elles le 29 à Puerta de San Juan (treize lieues de Silao). Il y apprend que

800 Dissidents, qui se trouvaient dans la journée du 28 à trois lieues au sud de La Piedad, se sont dirigés du côté de Zamora et ont occupé Ecuandureo. Il se porte le 30 à Corralejo, à dix lieues de Puerta San Juan et à quatre lieues de Penjamo; le lendemain 31 mars toute la colonne est réunie à Penjamo.

Elle marche au secours de Zamora menacée par Regules. — A son arrivée dans cette ville le lieutenant-colonel d'Albici apprend que, le 29 au soir, les Dissidents réunis sous les ordres de Regules se sont présentés devant Zamora qui a refusé de se rendre, et ont engagé le combat devant cette place. Il se porte aussitôt sur La Piedad, à onze lieues de Penjamo, avec la 4e compagnie du 2e bataillon et les troupes mexicaines (31 mars); les 1re et 5e compagnies du 2e bataillon l'y rejoignent le même jour à cinq heures du soir après avoir pris quelques heures du repos.

A la nouvelle de cette marche Regules lève le siège de Zamora (31 mars) et se retire en toute hâte par San Simon sur Chavinda et Jiquilpan. Tandis que des colonnes sorties de Guadalajara et de Morelia se dirigent contre lui, le lieutenant-colonel d'Albici occupe La Piedad jusqu'au 3 avril pour prévenir tout retour offensif de ce côté.

Dislocation de la colonne d'Albici (3 avril). — Le 3 avril les 1re et 5e compagnies du 2e bataillon reprennent leur marche sur Durango par Lagos et Zacatecas et rejoignent dans cette dernière ville les compagnies parties de San Luis Potosi (3 avril la Cieneguilla, 4 San Pedro de Piedra Gorda, 5 San Diego, 6 hacienda del Salto, 7 et 8 Lagos, 9 hacienda de San Matias, 10 Encarnacion, 11 hacienda de Peñuelas, 12 et 13 Aguas Calientes, 14 rancho de La Trinidad, 15 hacienda de San Antonio, 16 San Francisco de Los Adames, 17 El Refugio, 18 et 19 Zacatecas).

Le reste de la colonne d'Albici s'est établi à Penjamo pour

couvrir La Piedad et les passages de la Lerma. Mais le 6 avril le lieutenant-colonel apprend que l'ennemi, serré de près par la colonne de Potier sortie de Morelia, s'est rejeté à l'est pour éviter également la colonne sortie de Guadalajara, et qu'il a traversé Purepero et Zipimeo : dès lors le séjour de la colonne d'Albici à Penjamo devient inutile. Les troupes mexicaines quittent cette ville le 7 avril et le même jour la 4e compagnie du 2e bataillon, se dirige sur Leon où elle arrive le 9 avec les cavaliers de l'escadron de Leon (7 Cueramaro, 8 hacienda de San Cristobal).

Concentration sur Leon. — Pendant ce temps le mouvement de concentration sur Leon est en pleine exécution. La 1re compagnie du 1er bataillon, partie d'Arroyo Zarco le 29 mars, arrive le 7 avril à Irapuato (29 Soledad, 30 San Juan del Rio, 31 Palo Alto, 1er et 2 avril Queretaro, 3 Apasco, 4 Celaya, 5 Guaje, 6 Salamanca). Les voltigeurs et la 5e compagnie du 1er bataillon partent de Queretaro en même temps que la 1re compagnie et arrivent avec elle à Irapuato le 7; le même jour y arrivent également les compagnies du Régiment Etranger destinées à relever la garnison de Guanajuato.

Tentative pour couper la retraite aux Dissidents. — Dans les premiers jours d'avril les Dissidents se trouvent traqués par les colonnes de Morelia et de Guadalajara qui leur ferment toute issue vers l'est et le sud; la colonne d'Albici leur barre la route de Zamora et de La Piedad. C'est alors qu'ils se décident à se jeter au nord-est par Huango et Cuitzeo de La Laguna.

Instruit de ce mouvement, le colonel Giraud essaie de leur couper la retraite avec les voltigeurs et la 5e compagnie du 1er bataillon et avec les compagnies du Régiment Étranger. Il leur ordonne de franchir la Lerma à Cuitreo de Las Naranjas et de se porter à marches forcées sur Huango, tandis que la 1re compagnie du 1er bataillon gardera Irapuato.

Parties d'Irapuato le 7 à neuf heures du soir après avoir déjà fait l'étape de Salamanca à Irapuato, ces compagnies arrivent le 8 à onze heures du matin à Cuitzeo de Las Naranjas où elles apprennent que l'ennemi a déjà dépassé Huango; elles en repartent le 8 à minuit, passant la Lerma à Pantoja, atteignent Jicamas le 9 vers midi, et se portent par une autre marche de nuit sur Valle Santiago où elles arrivent le 10 avril à dix heures du matin.

De son côté la 1re compagnie du 1er bataillon restée à Irapuato reçoit l'ordre le 8 de se porter en toute hâte sur Valle Santiago pour y rechercher l'ennemi. Elle arrive à Salamanca le 8 au soir, en repart le 9 à trois heures du matin et atteint Santiago le même jour à huit heures du matin; elle y apprend que l'ennemi passant par Santa Ana Mava et par Zinapecuaro, s'est rejeté dans la direction du sud, toujours vivement poursuivi par la colonne de Potier. La compagnie rentre à Irapuato (10 Salamanca, 11 Irapuato).

Reprise du mouvement sur Durango. — La rive gauche de la Lerma et les passages de la rivière se trouvant dégagés, les compagnies du 1er bataillon reçoivent l'ordre de gagner rapidement les points qui leur ont été assignés.

En conséquence, les voltigeurs et la 5e compagnie du 1er bataillon partent le 11 avril de Valle Santiago, rallient le même jour la 1re compagnie à Irapuato et les trois compagnies arrivent à Silao le 13 (12 La Calera) : elles marchent à partir de ce point avec la colonne Giraud qui quitte Guanajuato le 14 avril.

Le 13, les compagnies du Régiment Etranger relèvent la garnison de Guanajuato (2e, 3e compagnies et voltigeurs du 2e bataillon) qui part le lendemain avec l'état-major du régiment, arrive le même jour à Silao, où elle rallie les 1re, 5e compagnies et voltigeurs du 1er bataillon, et le 15 à

Leon où la colonne se grossit des grenadiers et de la 4e compagnie du 2e bataillon. Elle repart de Leon le 16 pour arriver à Durango le 13 mai; son itinéraire est le suivant : 16 avril rancho del Padre, 17 et 18 Lagos, de Lagos à Zacatecas même itinéraire que ci-dessus (page 185), séjour à Zacatecas du 28 au 30 avril, 1er mai Arroyo-en-Medio, 2 Fresnillo, 3 rancho Grande, 4 Sauces, 5 El Arenal, 6 Sombrerete, 7 Lodomena, 8 Concepcion, 9 La Bolsa, 10 San Quintin, 11 La Punta, 12 Navacoyan, 13 Durango.

Le régiment y est réuni le 13 mai. — Les grenadiers, 2e, 3e et 4e compagnies du 1er bataillon sous les ordres du commandant Thoumini de La Haulle quittent San Luis Potosi le 11 avril et arrivent le 18 à Zacatecas où ils prennent les 1re et 5e compagnies du 2e bataillon arrivées le même jour venant de la Piedad (voir page 185). Toute la colonne repart le 20 de Zacatecas et arrive à Durango le 4 mai. Son itinéraire à partir de San Luis Potosi est le suivant : 11 avril de San Luis Potosi à Mesquitic, 12 Noria, 13 Espiritu Santo, 14 et 15 Salinas, 16 San Antonio, 17 Troncoso, 18 et 19 Zacatecas, 20 Arroyo-en-Medio, 21 Fresnillo, 22 rancho Grande, 23 Sauces, 24 El Arenal, 25 et 26 Sombrerete, 27 Sauces, 28 Mortero, 29 Chaparone 30 avril et 1er mai San Quintin, 2 La Punta, 3 Navacoyan, 4 Durango.

Le 13 mai tout le régiment à l'exception de la compagnie franche se trouve donc réuni à Durango, mais pour peu de temps car quelques jours plus tard et jusqu'à la fin du mois de juin il va fournir des détachements qui sillonneront le pays soit pour en assurer la tranquillité, soit pour escorter des convois ou pour tenir garnison sur les points principaux.

Mouvements aux environs de Durango. — Le 17 mai les 3e et 4e compagnies du 2e bataillon partent de Durango à destination de San Salvador sur la rive gauche du rio de

Nazas : elles ont pour mission de protéger le pays contre les déprédations des bandes ennemies, concurremment avec la compagnie franche du 95e de ligne déjà établie sur ce point (17 mai Los Bastres, 18 Cacaria, 19 Sanceda, 20 San Lucas, 21 San Juan del Rio, 22 Menores de Abajo, 23 Huichapa, 24 El Rodeo, 25 San Salvador).

Pointe sur Sombrerete. — Le 27 mai la compagnie de voltigeurs du 2e bataillon est dirigée sur Sombrerete pour y rétablir l'ordre et en éloigner les guerillas ; elle suit l'itinéraire indiqué ci-dessus (page 188) par La Bolsa et Concepcion. Elle séjourne à Sombrerete jusqu'au 12 juin, époque où elle est relevée par la compagnie franche du 7e qui est arrivée le 9 dans cette ville en escortant un convoi.

Les voltigeurs rentrent à Durango avec ce convoi le 18 juin en suivant le même itinéraire.

Escortes de convois. — Le 25 mai la 2e compagnie du 2e bataillon escorte jusqu'à Porfias un convoi de munitions et d'isolés à destination de Cuencame (25 Labor de Guadalupe, 26 Chorro, 27 Porfias), elle rentre le 30 à Durango.

Du 31 mai au 5 juin la 5e compagnie du 2e bataillon escorte jusqu'à Sauces un convoi à destination de Cuencame, et rentre à Durango.

Le 9 juin les 2e et 3e compagnies du 1er bataillon escortent de Durango à Tepalcatis un convoi d'isolés à destination de Mazatlan. Le détachement attend à Tepalcatis l'arrivée du général de Castagny qui vient prendre le commandement de la 2e division dont le quartier-général est à Durango ; il rentre avec le général le 1er juillet (9 juin Rio Chico, 10 Los Charcos, 11 Borcelano, 12 El Salto, 13 Las Russias, 14 La Ciudad, 15 Durasnito, 16 Saucito, 17 au 21 Tepalcatis, 22 Buenos Aires, 23 et 24 Durasnito, 25 Los Charcos, 30 Rio Chico).

Le 10 juin la 4e compagnie du 1er bataillon part de

Durango, escorte un convoi de munitions jusqu'à San Salvador où elle arrive le 17 (10 San Antonio, 11 Sauceda, le reste de l'itinéraire comme ci-dessus) : elle y est retenue par ordre du général de division.

La compagnie franche du 95e s'étant portée de San Salvador sur Papasquiaro pour protéger ce point contre les bandes ennemies, la 3e compagnie du 2e bataillon part le 15 juin de San Salvador pour lui amener un convoi de vivres et de munitions, et rentre le 25 (15 Yerba buena, 16 Coneto de los Indios, 17 Toboso, 18 Chinacates, 19 et 20 Papasquiero, retour par le même chemin).

Le 25 juin les grenadiers du 2e bataillon escortent un convoi et des isolés du 95e de Durango à Cuencame où ils arrivent le 2 juillet (25 Labor de Guadalupe, 26 Chorro, 27 Porfias, 28 Sauces, 29 et 30 Yerbanis, 1er juillet, El Tanque, 2 Cuencame); ils y séjournent jusqu'au 7 juillet.

Occupation de Papasquiaro. — Le commandant Thoumini de la Haulle quitte Durango le 18 juin avec les 1re et 5e compagnies du 1er bataillon pour aller s'établir à Inde, point qu'il importe d'occuper pour assurer la tranquillité du pays et rejeter l'ennemi au nord. Arrivé le 24 juin à San Salvador, il en repart le 26 avec les 1re, 4e et 5e compagnies de son bataillon et va coucher le même jour à Chinaca : il y reçoit l'ordre de rétrograder sur San Salvador et de se tenir prêt à marcher sur Papasquiaro que l'on dit menacé par les bandes de Corona : celles-ci sont revenues du Sinaloa par la route de Culiacan à Tamazula. Le 27 juin les trois compagnies rentrent à San Salvador.

La veille la 4e compagnie du 2e bataillon a quitté cette ville pour se porter sur Papasquiaro dont elle doit former la garnison avec la compagnie franche du 95e déjà établie sur ce point (26 juin de San Salvador à Yerba buena, 27 Mesquite, 28 Toboso, 29 Chinacates, 30 Papasquiaro).

OPÉRATIONS DE LA COMPAGNIE FRANCHE

Nouvelles fouilles à El Jofre. — Nous avons laissé le 1er avril la compagnie franche à Queretaro, prête à suivre le mouvement du régiment vers le nord. Un ordre du maréchal lui prescrit de retourner à l'hacienda d'El Jofre pour y reprendre les fouilles. Elle part le 3 avril, laissant 15 hommes montés à Santa Rosa pour assurer ses communications avec Queretaro.

Les fouilles, reprises le 10 avril, sont interrompues par un nouvel ordre du maréchal qui rappelle la compagnie à Queretaro.

La compagnie occupe Sombrerete. — Arrivée le 8 mai à Queretaro, la compagnie en repart le 13 avec un convoi de munitions à destination de Durango. Mais à son passage à Sombrerete, le 9 juin, elle trouve l'ordre d'occuper cette ville avec mission d'assurer la sécurité de la route depuis Fresnillo jusqu'à Mesquital. Les voltigeurs du 2e bataillon qui occupent Sombrerete rentrent à Durango avec le convoi.

Escortes de convois. — Le 11 juin la 1re section part pour la Sierra de Chalchihuites, à douze lieues au sud-ouest de Sombrerete; un fort rassemblement ennemi signalé sur ce point se disperse à son approche; elle rentre à Sombrerete le 15.

Le 23 juin la 2e section va chercher à Concepcion un convoi qui vient de Durango; elle rentre avec lui à Sombrerete le 25, et la 1re section l'accompagne à son tour jusqu'à Rancho Grande; elle est de retour le 30 juin.

Dans l'intervalle de ces marches la compagnie franche éclaire les environs de Sombrerete par de fréquentes patrouilles, et se fortifie dans le réduit de cette ville.

CHAPITRE VII

I. — OPÉRATIONS GÉNÉRALES DE JUILLET 1865 A JANVIER 1866.

Expédition sur Chihuahua; colonne Billot. — Dans le Michoacan et l'Oajaca, défaite des Dissidents. — Regules et Porfirio Diaz reprennent les armes. — Continuation de la lutte dans la Huasteca. — En Sonora et dans le Sinaloa, blocus de Mazatlan. — Dans le Tamaulipas, siège de Matamoros. — Lutte contre Escobedo dans le Coahuila. — Le rappel de nos troupes est décidé.

II. — LE 7e DE LIGNE, DU 1er JUILLET 1865 A L'ÉVACUATION DE CHIHUAHUA (30 JANVIER 1866).

Réorganisation du corps expéditionnaire. — Occupation de Ramos. — Relèvement du poste de Sombrerete. — Occupation d'Aviles. — Ravitaillement de la colonne Brincourt. — Occupation de Papasquiaro par le 1er bataillon. — Caractère des marches exécutées en septembre. — Convoi sur Rio Florido. — Evacuation de San Salvador. — Départ du colonel Giraud. — Reconnaissances autour de Sombrerete. — Convois et reconnaissances vers Mazatlan. — Formation de la colonne Billot. – Elle entre à Chihuahua (17 novembre-11 décembre). — La colonne d'Albici appuie la colonne Billot. — Occupation du Parral (24 décembre). — Emplacements à la date du 1er janvier 1866.

Opérations de la campagnie franche.

Conduite de convois, occupation d'Aviles, pointe sur Matamoros, sur Mapimi et sur San Lorenzo. — Mouvements dans la direction de Parras. — Coup de main sur Los Arenales (1er octobre). — Reconnaissances autour d'Aviles et sur Mapimi. — La compagnie franche rejoint la colonne Billot (25 novembre). — Reconnaissances au nord et à l'ouest de Chihuahua. — Démonstration vers Paso del Norte. — La compagnie appuie une attaque sur Concepcion (12-28 janvier).

I. — OPÉRATIONS GÉNÉRALES DE JUILLET 1865 A JANVIER 1866

Expédition sur Chihuahua. Colonne Billot. — Le 1er juillet 1865 le général Brincourt marche avec 2500 hommes de

Parras sur Mapimi, Rio Florido et Santa Cruz de Rosales; il entre à Chihuahua le 15 août, après une marche des plus pénibles, sans avoir éprouvé de résistance : devant lui les chefs dissidents se retirent, Ruiz vers le nord, Aguirre vers le désert et Villagran à l'ouest. Celui-ci par une marche rapide revient sur le Parral où il écrase une compagnie française envoyée sur ce point.

Juarez s'établit à Paso del Morte d'où il continue à diriger son parti.

Sur les instances de l'empereur Maximilien le maréchal Bazaine envoie au général Brincourt l'ordre de ne pas évacuer Chihuahua; mais celui-ci a quitté la ville le 29 octobre avant d'avoir reçu ce contre ordre. Le commandant Billot se dirige de Durango sur Chihuahua pour réoccuper ce point avec 500 hommes du 7e de ligne : Juarez qui était déjà rentré à Chihuahua l'évacue de nouveau (9 décembre) et la colonne Billot occupe la ville le 11.

Dans le Michoacan et l'Oajaca, défaite des Dissidents; Regules et Porfirio Diaz reprennent les armes. — Les troupes belges sous les ordres du lieutenant colonel van der Smissen attaquent les forces d'Arteaga près de Tacambaro et les détruisent (11 juillet). Trois mois plus tard le colonel Mendez, qui commande dans le Michoacan, bat les Dissidents à Santa Ana Amatlan (12 octobre), s'empare d'Arteaga et de Salazar et les fait fusiller, leur appliquant le décret de l'Empereur Maximilien du 3 octobre qui condamne à mort les chefs Dissidents pris les armes à la main.

Dans le sud l'agitation continue. Le petit port d'Acapulco est occupé par une garnison mexicaine alliée transportée par mer. Figueroa battu le 25 octobre à Acalpan fait sa soumission, mais il reprend la campagne un mois après.

Porfirio Diaz qui s'est échappé des prisons de Puebla soulève de nouveau l'État d'Oajaca, tandis que Regules fait sa réapparition dans les districts d'Acambaro et de Maravatio.

Le général Aymard qui garde les passages de la Lerma, à la Piedad, et le général Mendez atteignent les bandes de Regules à Tacambaro et à La Palma (21 et 28 janvier 1866) et les dispersent.

Continuation de la lutte dans la Huasteca. — Dans la Huasteca les troupes austro-mexicaines sous les ordres du général de Thun enlèvent les Cumbres d'Acapulco (16 juillet) que les Dissidents reprennent quelques jours après. Une série d'engagements livrés dans les montagnes ne donnent aucun résultat et les troupes impériales se bornent à préserver les abords de la route de Vera-Cruz.

En Sonora et dans le Sinaloa. Blocus de Mazatlan. — En Sonora, le colonel Garnier reprend les opérations contre Pereira, entre le 29 juillet à Hermosillo et le 15 août à Ures. Les Indiens alliés tuent Rosales et entrent à Alamos. Toute la province parait pacifiée; mais le départ de nos troupes va tout remettre en question. Les forces que nous laissons dans le pays sont insuffisantes pour y maintenir l'ordre : un seul bataillon français occupe Guaymas dans toute la Sonora et un autre bataillon est chargé de tenir tout l'État de Sinaloa où les bandes de Corona font bientôt leur réapparition et bloquent nos troupes dans Mazatlan.

Dans le Tamaulipas, siège de Matamoros. — Sur la côte nord-est, le général Mejia dispose également de forces insuffisantes pour maîtriser le pays. Matamoros est bloqué par les troupes de Cortina; la ville repousse deux attaques les 25 et 26 octobre, et l'arrivée de l'escadre française la délivre (7 novembre). Des colonnes légères parties de San Luis Potosi et de Queretaro refoulent sur Tula les bandes ennemies qui commencent à descendre vers le sud : le bataillon d'Afrique, débarqué à Tampico le 19 juillet pour opérer contre elles, peut à peine se frayer un passage, tandis que plus au nord la contreguerilla, appuyée par un bataillon du Régiment Étranger, opère contre les bandes d'Escobedo qui bat le pays entre Linares et Burgos et coupe la route de San Luis Potosi. Le 17 novembre le lieutenant-colonel d'Ornano se porte sur Vittoria qu'il occupe, mais à son départ (5 1décembre) les Dissidents y entrent de nouveau.

Lutte contre Escobedo dans le Coahuila. — Dans le Coahuila le général Jeanningros se dirige de Saltillo sur Monclova où il entre le 15 novembre. Profitant de son éloignement Escobedo, qui a levé le siège de Matamoros, se jette sur Monterey; le général Jeanningros revient en toute hâte sur cette ville, où il arrive le 25 novembre, et atteint l'arrière-garde d'Escobedo.

Dans toute cette région la sympathie des États-Unis pour les Juaristes se traduit par l'intervention de nombreux officiers et soldats américains que la fin de la guerre de Sécession a rendus libres. Dans les premiers jours de janvier 1866 la petite ville mexicaine de Bagdad est pillée par des soldats nègres américains qui font la garnison impériale prisonnière.

Le rappel de nos troupes est décidé. — Ainsi au commencement de l'année 1866 les Dissidents chassés par nos colonnes reviennent en forces sur tous les points. De notre côté notre insuffisance numérique se fait sentir de plus en plus : un sentiment général de lassitude commence à gagner nos troupes et l'espoir d'une prochaine pacification abandonne les partisans mêmes de Maximilien. Enfin l'appui moral et matériel que les Étas-Unis prêtent à la cause de Juarez fait craindre de leur part une prochaine intervention à main armée.

Au mois de janvier 1866 le gouvernement français se décide à rapatrier nos troupes et arrête l'époque à laquelle commencera l'évacuation du Mexique.

II. — LE 7ᵉ DE LIGNE, DU 1ᵉʳ JUILLET 1865 A L'ÉVACUATION DE CHIHUAHUA (30 JANVIER 1866)

Réorganisation du corps expéditionnaire. — Par ordre général du 9 juin, le corps expéditionnaire est réorganisé comme il suit, à dater du 1ᵉʳ juillet 1865.

1ʳᵉ division, général de division Douay, quartier général à San Luis Potosi.

1ʳᵉ brigade, général Neigre : 1ᵉʳ zouaves, 81ᵉ, tirailleurs algériens.

2ᵉ brigade, général Mangin : 3ᵉ zouaves, 2ᵉ bataillon d'Afrique, Régiment Etranger;

2ᵉ division, général de division de Castagny, quartier-général à Durango.

1ʳᵉ brigade, général Brincourt : 18ᵉ bataillon de chasseurs, 7ᵉ et 95ᵉ.

2ᵉ brigade, général Aymard : 7ᵉ bataillon de chasseurs, 51ᵉ et 62ᵉ.

Occupation de Ramos. — La position prise par les Dissidents aux environs de Papasquiaro parait assez menaçante pour nécessiter l'occupation de Ramos, point situé sur le rio de Nazas d'où l'on peut observer Papasquiaro et San Salvador.

En conséquence le commandant Thoumini de la Haulle, avec les 1ʳᵉ, 4ᵉ et 5ᵉ compagnies de son bataillon, quitte San Salvador le 5 juillet et va s'établir à l'hacienda de Ramos (5 la Trinidad, 6 San Francisco, 7 passage du rio de Nazas grossi par les pluies de la saison, 8 Las Cases, 9 Ramos). Les bandes de Corona, Mezas et Carbajal, réunies sous les ordres de Patoni, font un mouvement rétrograde et s'échelonnent depuis Santa Catalina jusqu'au Parral. Le ravitaillement du poste de Ramos s'effectue par Papasquiaro; la 5ᵉ compagnie se porte sur ce point le 23 juillet et rentre à Ramos le 29 (23 Melchior, 24 Sauce, 25 Papasquiaro, 26 Los Martinez, 27 Sauce, 28 Melchior).

Relèvement du poste de Sombrerete. — Les 1re et 2e compagnies du 2e bataillon vont relever à Sombrerete la compagnie franche qui doit se porter sur Aviles. La 1re compagnie est partie de Durango le 7 juillet pour escorter un convoi de prisonniers jusqu'à San-Felipe : elle y reçoit l'ordre de gagner Sombrerete où elle arrive le 21 juillet. Ces deux compagnies ont pour mission d'exercer une action efficace depuis Rancho Grande, dans le département de Fresnillo, jusqu'à San-Felipe dans celui de Durango, et dans une zône de deux jours de marche à droite et à gauche de la route. De fréquentes reconnaissances devront être faites dans cette zône, mais une compagnie au moins devra toujours rester à la garde du poste.

Occupation d'Aviles. — Nous avons laissé les grenadiers du 2e bataillon à Cuencame où ils séjournent du 2 au 7 juillet après avoir escorté un convoi sur ce point; ils reçoivent l'ordre de se porter sur Santa Rosa, puis à Aviles où ils arrivent le 23 juillet (7 juillet de Cuencame à Noria Padriseña, 8 Pajonal, 9 San-Curlos, 10 au 22 Santa Rosa); ils occupent ce poste avec la compagnie franche et ils le fortifient afin de couvrir le pays contre les incursions des bandes qui se recrutent dans la Laguna de Mapimi.

Ravitaillement de la colonne Brincourt. — Le 9 juillet la 2e compagnie du 1er bataillon part de Durango pour escorter jusqu'à Santa Rosa un convoi de vivres et de munitions destiné à ravitailler la colonne Brincourt, qui doit se porter en avant. La compagnie arrive le 21 à Torreon et emploie la journée du 22 à décharger les voitures et à transporter les vivres et les munitions par canots sur la rive gauche du rio de Nazas qui n'est pas guéable en cet endroit.

La compagnie est de retour à Durango le 2 août (itinéraire par Tanque, Noria, Pajonal, Loma, San-Carlos et Torreon; retour par Loma, Pajonal, etc...).

Les voltigeurs du 1er bataillon escortent du 6 au 11 août un convoi d'isolés et de voitures de Durango à San Felipe : la 1re compagnie du 2e bataillon vient de Sombrerete chercher le convoi à San-Felipe et l'escorte jusqu'à Sombrerete, du 11 au 13 août; la 2e compagnie le conduit de cette ville à Zacatecas, du 15 au 20 août.

Du 9 au 15 août la 1re compagnie du 1er bataillon va en ravitaillement de Ramos à Papasquiaro et rentre à son poste.

Occupation de Papasquiaro par le 1er bataillon. — Le général commandant le 2e division décide que l'état-major et quatre compagnies du 1er bataillon fourniront la garnison de Papasquiaro.

Le commandant Thoumini de la Haulle part de Ramos le 25 août avec les 1re, 4e et 5e compagnies et arrive à Papasquiaro le 27; les grenadiers partent de Durango le 15 août et le rejoignent le 21 (15 San-Antonio, 16 Sauceda, 17 Piños, 18 Guatimape, 19, Magdalena, 20 Chinacates); la 4e compagnie du 2e bataillon rappelée de Papasquiaro à Durango suit le même itinéraire en sens inverse, du 28 août au 3 septembre.

Caractère des marches exécutées en septembre. — Les marches qui vont être exécutées pendant le mois de septembre seront particulièrement pénibles et fatigantes : des pluies torrentielles grossissent les rivières, transforment les plaines en vastes nappes d'eau et font naître à chaque pas des difficultés inouïes et de graves dangers. L'intelligence des officiers, le zèle et l'entrain des soldats triompheront de tous ces obstacles; le matériel confié à nos troupes ne subira même aucune perte, aucun dégât sérieux.

Convoi sur Rio Florido. — Les voltigeurs du 2e bataillon partent de Durango le 25 août pour escorter jusqu'à Rio Florido un convoi d'isolés appartenant à la colonne Brincourt. Ce convoi est placé sous les ordres du colonel Carteret-Trécourt du 95e de ligne. Les mouvements de Patoni faisant craindre qu'il soit attaqué au nord de San-Salvador, la 3e compagnie du 2e bataillon qui occupe cette ville s'établit à huit lieues au nord, à Tinaja, pour éclairer la route et renforcer l'escorte. Elle rentre le 3 septembre à son poste après le passage du convoi : celui-ci atteint Rio Florido le 10 septembre. Les voltigeurs sont obligés par la crue des eaux de séjourner le 11 et le 12 dans cette localité et rentrent le 29 septembre à Durango (du 25 août au 1er septembre itinéraire déjà indiqué de Durango à San-Salvador, 2 septembre séjour, 3 Casco, 4 Cieneguilla, 5 La Zarca, 6 Guitarilla, 7 Cerro Gordo, 8 Parrida, 9 Noria del Rufo, 10 au 12 Rio Florido ; retour par la même route).

Le 2 septembre la 1re compagnie du 2e bataillon part de Sombrerete pour aller prendre à Rancho Grande l'escorte d'un convoi d'isolés et de voitures allant de San-Luis à Durango. Arrivé à Sombrerete le convoi est escorté jusqu'à San-Felipe par la 2e compagnie du 2e bataillon ; la 3e compagnie du 1er bataillon vient de Durango prendre le convoi à San-Felipe et arrive le 16 à Durango, après avoir eu à surmonter des difficultés énormes au passage des rios de San-Quintin et de Mesquital.

Evacuation de San Salvador. — Le général de division envoie l'ordre à la 3e compagnie du 2e bataillon d'évacuer le poste de San-Salvador et de rentrer à Durango : le mouvement s'exécute du 10 au 18 septembre. La compagnie laisse à San Salvador un approvisionnement de vivres que les voltigeurs du 2e bataillon prennent à leur passage dans cette localité le 21 septembre et rapportent à Durango.

Départ du colonel Giraud. — Le colonel Giraud, nommé au commandement du régiment des zouaves de la garde, par décision du 13 août, quitte le commandement du 7e de ligne à la date du 18 octobre.

Le lieutenant-colonel d'Albici prend le commandement par intérim du régiment à la même date, jusqu'à l'arrivée du titulaire, le colonel Cottret.

Reconnaissances autour de Sombrerete. — Les compagnies de Sombrerete exécutent pendant le mois d'octobre trois reconnaissances autour de cette localité : la 1re compagnie du 30 septembre au 3 octobre (30 septembre Lodomena, 1er octobre Chalchihuites, 2 La Noria, 3 Sombrerete), et du 26 au 31 octobre (26 Lodomena, 27 Concepcion, 28 La Parilla, 29 Concepcion, 30 Lodomena); la 2e compagnie part dans la nuit du 7 au 8 octobre et fouille les montagnes qui avoisinent Noria, et principalement le point nommé la Cañada de l'Agua.

Convois et reconnaissances vers Mazatlan. — Les voltigeurs du 1er bataillon et la 4e compagnie du 2e bataillon partent de Durango le 21 octobre pour ravitailler deux colonnes qui viennent de Mazatlan, celles du général Aymard et du lieutenant-colonel Deplanque. En outre les voltigeurs doivent servir d'escorte au capitaine d'état-major Simon, chargé d'étudier le tracé d'une nouvelle route de Durango à Mazatlan.

Les deux compagnies arrivent le 24 octobre au Salto (21 Rio Chico, 22 Los Charcos, 23 Borcelano); la 4e compagnie en repart le 26, arrive le 27 à Ciudad et repart le 3 novembre avec la colonne Aymard; elle arrive avec elle le 9 novembre à Durango.

Les voltigeurs repartent le 25 octobre du Salto, couchent le 25 à Coscomate et atteignent le 26 La Muralla de Chavaria. L'ouverture d'une route à travers la Quebrada de Chavaria étant reconnue impraticable, ils reviennent le 27 à Ciudad par un sentier de montagne ; le lendemain la compagnie s'engage dans la direction de Mazatlan sur le chemin appelé Camino del Rey et rentre le 31 à Ciudad (28, Arroyo de Las Soyas, 29 Noche Buena, 30 Arroyo, 31 Ciudad). Elle en repart avec la colonne Deplanque le 3 novembre et la quitte à El Salto pour aller reconnaître l'ancienne route abandonnée qui conduit d'El Salto à Durango : elle est de retour dans cette dernière ville le 9 novembre.

Au commencement de novembre, deux compagnies du 2e bataillon quittent Durango à destination de Zacatecas qu'elles doivent occuper jusqu'à nouvel ordre ; mais arrivées à Mortero elles reçoivent l'ordre de rétrograder sur Durango où se forment les colonnes qui doivent opérer dans le nord (7 au 16 novembre).

Formation de la colonne Billot; elle entre à Chihuahua. — Deux colonnes mobiles dites du nord se forment à Durango pour opérer sur Chihuahua : la première est placée sous les ordres du chef d'escadrons d'état-major Billot qui doit aller réoccuper Chihuahua abandonnée par ordre supérieur. Il a sous ses ordres la compagnie franche du 7e, le 2e bataillon moins les 1re et 2e compagnies, la 4e compagnie du 1er bataillón, une section d'artillerie de campagne commandée par le lieutenant Glandu, une division du 1er chasseurs d'Afrique sous les ordres du capitaine Laigneau.

Ces divers éléments, moins la compagnie franche, la 4e compagnie du 1er bataillon et les grenadiers du 2e bataillon, partent de Durango le 17 novembre, arrivent le 23 à San-Salvador où ils prennent la 4e compagnie du 1er bataillon, et le 25 à Casco où ils sont rejoints par la compagnie franche et les grenadiers du 2e bataillon partis le 18 d'Aviles. L'itinéraire de la colonne Billot est le suivant : 17 novembre San-Antonio, 18 Sauceda, 19 San Lucas, 20 San Juan del Rio, 21 Menores de Abajo, 22 Huichapa, 23 et 24 San Salvador,

25 Casco; celui de la colonne d'Aviles est le suivant : 18 novembre Paraje Guillen, 19 Lactoria Marqueseña, 20 Sobaco, 21 Puerto de la Boquilla, 22 El Gallo, 23 Nancha, 24 Tinaja, 25 Casco.

La colonne Billot poursuit sa route et entre le 11 décembre à Chihuahua, d'où Juarez s'est enfui la veille en toute hâte dans la direction de Paso del Norte (26 novembre La Zarca, 27 Guitarilla, 28 Cerro Gordo, 29 Parrida, 30 San Isidro, 1er et 2 décembre, Rio Florido, 3 Allende, 4 Santa Cruz de Nerios, 5 Pradillo, 6 Santa Rosalia, 7 La Gruz, 8 Saucillo, 9 San Pablo, 10 El Fortin del Ojito, 11 Chihuahua).

La colonne d'Albici appuie la colonne Billot. — Une deuxième colonne sous les ordres du lieutenant-colonel d'Albici part de Durango le 18 novembre pour appuyer jusqu'à Santa Rosalia le mouvement de la colonne Billot : elle doit recevoir de nouveaux ordres à Santa Rosalia. Elle comprend le 1er bataillon du 7e : moins la 4e compagnie détachée à la colonne Billot, et une division du 1er chasseurs d'Afrique commandée par le lieutenant Cibot.

Les grenadiers, les 1re 4e et 5e compagnies du 1er bataillon quittent Papasquiaro le 14 novembre et arrivent le 18 à San Salvador (14 Chinacates, 15 Toboso, 16 Coneto, 17 Yerba buena); la 4e compagnie s'incorpore à la colonne Billot et les grenadiers à la colonne d'Albici ; les 1re et 5e compagnies poussent jusqu'à la Zarca, du 21 au 22 pour mettre à l'abri quelques approvisionnements de biscuit, elles attendront sur ce point le passage de la colonne d'Albici. Les éléments de cette colonne réunis à Durango (2e, 3e compagnies voltigeurs, et la cavalerie) partent le 18 novembre et arrivent le 24 à San Salvador où la colonne se constitue; elle repart le 26, prend le 28 à la Zarca les 1re et 5e compagnies et arrive le 9 décembre à Santa Rosalia (26 Casco, 27 Cieneguilla, 28 La Zarca, 29 Guitarilla, 30 Cerro Gordo, 1er décembre

Noria del Rufo, 2 au 5 Rio Florido, 6 Allende, 7 Santa Cruz de Nerios, 8 Pradillo).

Occupation du Parral. — La colonne d'Albici reçoit l'ordre de se porter sur le Parral en se jetant sur sa droite par Conchos et Pilar, afin de battre un terrain jusqu'ici inexploré et de tenter de surprendre les débris des bandes qui peuvent se trouver encore vers la Sierra. Elle arrive au Parral le 24 décembre (18 Conchos, 19 Vispa, 20 et 21 Pilar de Conchos, 22 Sapien, 23 Matezana).

Dans ces divers mouvements les colonnes ne rencontrent pas l'ennemi. Patoni, qui dans les premiers jours de décembre s'est avancé jusqu'au Parral pour y lever des hommes et y frapper des contributions, s'est enfui en toute hâte à notre approche; gagnant de vitesse la colonne Billot par la Sierra, il est sorti de Chihuahua avec Juarez, la veille de notre arrivée dans cette ville.

Les colonnes du nord mettent à profit leur séjour à Chihuahua et au Parral pour exécuter de fréquentes reconnaissances aux environs de ces points dans toutes les directions, afin d'assurer la pacification du pays.

Pendant ce temps la garnison de Durango est formée par les 1re et 2e compagnies du 2e bataillon qui ont quitté Sombrerete le 21 novembre et sont arrivées à Durango le 27 du même mois (même itinéraire que précédemment).

Emplacements à la date du 1er janvier 1866. — Le 1er janvier 1866 le 7e occupe les emplacements suivants :

Le 1er bataillon, moins la 4e compagnie, au Parral; la 4e compagnie à Chihuahua.

Le 2e bataillon, moins les 1re et 2e compagnies, à Chihuahua; les 1re et 2e compagnies à Durango.

La compagnie franche à Chihuahua. La section hors-rang et la musique à Durango.

Pendant le mois de janvier, la garnison de Durango

escorte un convoi : la 2e compagnie du 2e bataillon part de Durango le 25 janvier et se rend à Porfias d'où elle ramène des malades et des malingres évacués par le 18e bataillon de chasseurs qui est en colonne : la compagnie rentre à Durango le 30 janvier.

OPÉRATIONS DE LA COMPAGNIE FRANCHE

Conduite de convois. — Le 1er juillet la compagnie franche est réunie à Sombrerete. Du 7 au 11, l'une de ses sections va chercher un convoi à San Felipe et l'amène à Sombrerete où l'autre section le prend et le conduit à Rancho Grande (15 au 17), elle est de retour le 19 (7 juillet Concepcion, 8 rancho de Lancon, 9 San Felipe, 10 Concepcion, 11 Sombrerete, 15 juillet Arenal, 16 Sain el Alto, 17 Rancho Grande, 18 Sain et Alto, 19 Sombterete).

Occupation d'Aviles. — Du 23 au 28 juillet la compagnie remonte sur Durango avec un convoi d'argent, laissant à Sombrerete les 1re et 2e compagnies du 2e bataillon (23 Mortero, 24 Chaparone, 25 Trojes de San Quintin, 26 La Punta, 27 Navacoyan). A peine arrivée elle est dirigée sur Aviles pour surveiller les populations de la Laguna et protéger la frontière de l'État de Durango du côté du Coahuila et du Chihuahua (1er août de Durango à Labor de Guadalupe, 2 Chorro, 3 Porfias, 4 Sauces, 5 Tapias, 6 Yerbanis, 7 Tan que del Pasaje, 8 Noria Padriseña. 9 Pajonal, 10 Loma, 11 Aviles).

Pointes sur Matamoros, Mapimi, San Lorenzo. — Le rancho de Soledad et la villa de Matamoros sont signalés comme les principaux foyers de la rébellion et du banditisme. Le 17 août la compagnie va coucher à Torreon et se porte le lendemain sur Matamoros : tous les individus compromis ont pris la fuite. Le lendemain une section se porte sur Soledad, qui est également trouvée abandonnée, et rentre à Matamaros le même jour. Le capitaine fait prévenir la population que les mesures les plus rigoureuses seront prises contre le pays si les principaux habitants ne se présentent pas à Aviles dans un délai de huit jours. La compagnie rentre dans cette ville le 21 août.

Le préfet de Mapimi ayant manifesté des craintes au sujet d'une bande de 500 hommes commandée par Patoni, la compagnie franche franchit le rio de Nazas à San Juan de Casta le 24 août, arrive le 25 à Jacates et le 26 à Mapimi : sur la certitude que l'ennemi s'est éloigné elle repart le 29, va coucher à la Noria de Renoval et le 30 à Santa Rosa. Le 31 elle reconnaît San Sebastian et rentre le 1er septembre à Santa Rosa.

La compagnie y apprend qu'un rassemblement est signalé à San Lorenzo sur la rive droite de la rivière. Une énorme crue ne permettant pas de franchir le rio de Nazas, la compagnie se porte le 5 sur San Fernando où le passage est dit-on plus facile; mais les eaux y sont encore si grosses que, pour traverser la rivière dans les canots de San Juan de Casta, la compagnie est obligée de faire un grand détour et de marcher longtemps sur la route de Mapimi avec de l'eau jusqu'à la ceinture. La compagnie rentre le 6 à Aviles pour attendre des renseignements plus précis sur les bandes ennemies.

Mouvements dans la direction de Parras. — Les renseignements s'accordent à représenter l'ennemi comme se disposant à tenter un coup de main sur Parras dès qu'il sera en forces.

La compagnie franche part le 13 septembre pour Alamos de Parras avec un peloton de 25 exploradores mexicains; elle arrive le soir à Paso Mierelas pour y traverser le rio de Aguanaval, mais la rivière est devenue un torrent infranchissable. Le capitaine Didier rentré le 15 à Torreon y attend la farine et le pain qu'il a envoyé chercher à Santa Rosa. et reprend sa marche le 17; il va coucher à l'hacienda del Coyote et arrive le 18 à San Lorenzo où il apprend que l'ennemi s'est en effet porté sur Parras. Il se dirige le 19 sur Paso Velasquez, où la compagnie parvient enfin à franchir le rio de Aguanaval le 20 à une heure de l'après-midi au moyen d'un lit de fascines coulées à fond et d'un radeau construit par les hommes : à neuf heures du soir elle arrive à Alamos de Parras. L'ennemi a quitté en toute hâte Paso Mierelas le 16 septembre, décidé à brusquer avec 300 hommes l'attaque de Parras; repoussé le 18 par les habitants de cette ville et connaissant la marche de la compagnie franche, il s'enfuit sur San Lorenzo d'où il est rejeté sur la rive droite du rio de Aguanaval par les exploradores mexicains. La compagnie séjourne à Alamos de Parras du 20 au 30 septembre.

Coup de main sur Los Arenales. — Le colonel du Preuil du 12e régiment de chasseurs arrive le 23 septembre à Parras et réclame le concours de la compagnie franche : pendant que la colonne du Preuil opérera de son côté contre les ranchos et les villages rebelles, la compagnie se portera sur la villa de Los Arenales, vrai repaire de brigands.

Partie dans la nuit du 30 septembre au 1er octobre, elle arrive à Los Arenales à cinq heures du matin : elle n'y trouve que des vieilles femmes et des enfants, tous les hommes valides ont été renforcer les bandes. Le village est presque entièrement rasé; quelques maisons sont seules épargnées pour abriter les personnes restées dans le village : ordre leur est donné d'avoir à évacuer dans les huit jours ce nid de bandits. Le juge de Los Arenales surnommé « le Patriarche », qui est un des instigateurs des troubles de la Laguna, est arrêté.

Le 1er octobre la compagnie revient à Alamos de Parras par Saucillo et Los Hornos; elle y séjourne jusqu'au 14, prête à se porter sur Parras, et dirige pendant ce temps des reconnaissances dans les montagnes voisines. Enfin les bandes s'étant rejetées dans le désert de Mapimi, où elles sont obligées de se séparer pour vivre, elle rentre le 17 octobre à Aviles (15, Paso Mierelas, 16, Torreon).

Du 18 octobre au 1er novembre la compagnie exécute autour d'Aviles des reconnaissances fortes d'une section ou d'une demi-section.

Reconnaissances autour d'Aviles et sur Mapimi. — Le 1er novembre elle quitte Aviles pour se renseigner sur les projets de l'ennemi établi à Monclova, et pour visiter les ranchos de Abajo situés sur le cours inférieur du rio de Nazas. Elle séjourne le 1er et le 2 à Santa Rosa d'où elle fait reconnaître Torreon et San Ignacio; elle est le 3 et le 4 à San Sebastian d'où elle pousse des reconnaissances sur Concepcion et El Arenal; le 5 à Santa Cruz d'où elle reconnait Coyote; le 6, elle explore les ranchos de l'Alamito et de Jaboncillo, le gué de Guadualupe, et revient coucher à l'Alamito; le 7 et le 8, elle est à Santa Cruz et pousse une pointe sur Coyote.

Cependant les éclaireurs mexicains envoyés sur San Lorenzo rapportent qu'on a vu dans le pays des cavaliers appartenant à une bande descendue de Monclova; un nouvel avis signale la présence d'une bande d'au moins cent hommes en marche du Subaco dans la direction de Mayran. Deux espions sont lancés sur les traces de cette bande, mais sur ces entrefaites la compagnie reçoit du général de Castagny l'ordre de se rendre à Mapimi où elle recevra des prisonniers mexicains.

En conséquence elle va coucher le 9 novembre à Renoval, après avoir visité les ranchos de Quemada et de Las Masitas, et arrive le 10 à Mapimi; elle y séjourne jusqu'au 13 pour attendre le lieutenant-colonel Cousin du 95e, qui descend de Chihuahua : le capitaine Didier doit lui remettre les vivres et le matériel qui se trouvent à Aviles, avant de rejoindre la colonne Billot dont la compagnie franche va faire partie.

La compagnie franche rejoint la colonne Billot. — Le 14 novembre la compagnie quitte Mapimi avec la colonne Cousin, arrive le même jour à San Juan de Casta et le lendemain à Aviles ; on y apprend, par les rapports des espions, que la bande descendue de Monclova par le Subaco est du côté de Mayran ; que son chef Juan Vega a eu une entrevue avec Jesus Gonzalez Herrera, l'instigateur habituel des troubles de la Laguna, venu lui-même à San Sebastian pour s'informer de nos mouvements : celui-ci n'attend probablement plus que notre départ pour soulever tout le pays.

Le capitaine Didier remet au lieutenant-colonel Cousin les munitions, les vivres et le matériel d'Aviles, et part le 18 novembre avec les grenadiers du 2e bataillon pour gagner Casco, en marchant presque constamment à travers champs, droit sur cette localité (voir page 202 l'itinéraire de la colonne d'Aviles) ; il arrive à Casco le 25 novembre.

A dater du 25 novembre la compagnie franche fait partie de la colonne Billot dont elle forme l'avant-garde ; elle entre avec elle à Chihuahua le 11 décembre.

Reconnaissances au nord et à l'ouest de Chihuahua. — Le 17 décembre la compagnie franche fait partie d'une colonne légère envoyée au nord de Chihuahua dans la direction de Paso del Norte pour faire croire à une marche offensive de notre part ; le but réel est de reconnaître le pays et de faire du bois. Elle couche le 17 à Sacramento (24 kil.), le 18 à Torreon (8 kil.) ; le 19 elle pousse une reconnaissance dans la montagne et y fait du bois. Elle rentre le même jour à Torreon, rétrograde le 20 sur l'hacienda de Laborcilla (22 kil. de Torreon) et rentre le 21 à Chihuahua (10 kil.).

Le 25 elle se porte sur Aldama (28 kil.) pour installer les autorités impériales, reconnaître le pays, étudier l'esprit des habitants et recueillir des renseignements sur les projets de l'ennemi : elle rentre le 26.

Elle repart le 29 décembre en reconnaissance, couche à l'hacienda del Charco (3o kil.) entre Santa Isabel et Satero, se dirige le 30 vers le nord en traversant le rio de Chubiscar qui arrose Chihuahua, et va coucher au pueblo de Chubiscar à dix-sept kilomètres de Charco. Elle rentre le 31 à Chihuahua par un chemin abrupt et difficile.

Démonstration vers Paso del Norte. — Le 7 janvier 1866, la compagnie franche prend part à une démonstration faite par une petite colonne franco-mexicaine dans le but de faire croire à une marche sur Paso del Norte. Les exploradores mexicains poussent jusqu'à Encinillas, à soixante kilomètres au nord de Chihuahua ; le reste de la colonne couche à Torreon (34 kil.), à deux lieues à l'ouest de la route. Le 8, reconnaissance dans la Sierra, à seize kilomètres au nord de Torreon; les exploradores rejoignent la colonne au rancho Vittorino. Le 9, retour à Chihuahua.

Devant cette démonstration, Juarez a quitté précipitamment l'hacienda de Coralito pour se réfugier à Paso del Norte.

La compagnie appuie une attaque sur Concepcion. — Le 12 janvier une petite colonne composée de 50 fantassins et 40 cavaliers mexicains part de Chihuahua pour se joindre aux Indiens de la Sierra qui attaquent le village de Concepcion occupé par l'ennemi. La compagnie franche est chargée d'accompagner cette expédition jusqu'à Santa Isabel où elle arrive le 13. Le lendemain les Mexicains continuent leur route sur Concepcion qui est reprise le 19; du 14 au 19 la compagnie appuie le mouvement de nos alliés par des reconnaissances journalières poussées dans diverses directions à de grandes distances.

Après avoir installé les autorités impériales à Concepcion,

les Mexicains alliés rétrogradent sur Santa Isabel où ils arrivent le 26; le 27 la colonne entière va coucher à l'hacienda de Fresno; le 28 janvier les Mexicains rentrent à Chihuahua par la route directe; la compagnie franche y arrive le même jour mais en suivant un chemin de montagne très difficile, dans le but de s'assurer si, comme on le dit depuis quelques jours, des Indiens Apaches ont réellement paru dans le pays.

CHAPITRE VIII

I. — DE JANVIER A AOUT 1866 ; LE CORPS EXPÉDITIONNAIRE ENTAME SON MOUVEMENT RÉTROGRADE.

Formation des bataillons de Cazadores. — Evacuation de Chihuahua; progrès rapides des Dissidents. — Perte de Tula (mai) et de Matamoros (juin). — Evacuation de Monterey et de Matehuala. — Opérations contre Regules dans le Michoacan. — Contre Porfirio Diaz dans l'État d'Oajaca. — Dans le Guerrero et la Sonora. — Dans les Terres-Chaudes.

II. — OPÉRATIONS DU 7e JUSQU'A SA CONCENTRATION A DURANGO.
(du 30 janvier au 8 août 1866).

Evacuation de Chihuahua et du Parral (30 janvier). — La colonne du nord s'établit à Aviles. — Lutte contre Herrera et Viesca dans la Laguna. — Quatre colonnes legères convergent sur San Lorenzo (2 mars). Marche de la colonne d'Albici à la nouvelle du combat de Santa Isabel. — Grande reconnaissance vers l'est. — Route de Monclova par le Subaco. — La colonne du nordré occupe en toute hâte le Parral (23 mars-2 avril). — Reconnaissances autour du Parral (8-23 avril). — Nouvelle évacuation du Parral (12 mai); colonne Cottret. — Retour offensif de la colonne du nord (1er juin). — Elle s'établit à San Salvador (9 juin). — Cerro-Gordo est évacué (18 juin). — Reconnaissances et convois autour de San-Salvador. — Situation dans la Laguna. — Nouveau soulèvement dirigé par Herrera. — Colonnes mobiles autour d'Aviles (fin mars-juillet). — La colonne du nord évacue San Salvador. — Le mouvement est contremandé (9 juillet). — Un nouvel ordre prescrit la réunion du régiment à Durango (8 août).

Opérations de la compagnie franche.

La compagnie fait partie de la colonne du nord. — Mouvement sur San Juan. — Elle renforce le 1er bataillon à Aviles (29 mai). — Mutation dans le cadre. — Dernières opérations dans la Laguna.

I. — DE JANVIER A AOUT 1866 : LE CORPS EXPÉDITIONNAIRE ENTAME SON MOUVEMENT RÉTROGRADE

Formation des bataillons de Cazadores. — Le gouvernement français ayant décidé en principe le départ de nos troupes à bref délai, on s'occupe de créer des bataillons mixtes de Français et de Mexicains sous le nom de Cazadores de Mexico, et de constituer une armée nationale : celle-ci sera forte d'environ 50.000 hommes et comprendra les troupes permanentes, les gardes rurales, les corps auxiliaires, la légion étrangère et les volontaires autrichiens et belges.

Le 1er mai le général Neigre prend le commandement de la division formée par la Légion et les Volontaires. Les bataillons de Cazadores, dont le nombre a été fixé à 9, sont organisés au mois de juin : chacun d'eux comprend environ 15 officiers français et une centaine de sous-officiers et soldats français.

Evacuation de Chihuahua. Progrès rapides des Dissidents. — Le 31 janvier la colonne Billot évacue Chihuahua et nos troupes reçoivent l'ordre de se maintenir quelque temps au Parral, avec défense de s'éloigner de plus d'une journée de marche au nord de cette ville. Chihuahua, attaquée le 25 mars par Luis Terrazas, est abandonnée par les Impérialistes.

Bientôt les Juaristes font des progrès extrêmement rapides dans le nord : chaque ville évacuée par nos troupes tombe immédiatement au pouvoir des Dissidents. Le colonel Cottret du 7e se replie sur San Salvador d'où il surveille le rio de Nazas; à la fin de juillet le général de Castagny reçoit l'ordre de replier les troupes qui se trouvent au nord de Durango et de ne laisser dans cette place que la colonne Cottret; il transporte son quartier général à Leon.

Au sud-est de Durango, Garcia de la Cadeña reprend les armes contre nous, occupe Nochistlan et Teocaltiche et reste maître des vallées de Jerez et de Juchipila.

Dans la Laguna de Mapimi les bandes de Gonzales Herrera descendent au sud par San Juan et San Miguel Mesquital; mais elles échouent contre nos troupes à Fresnillo et à Salada (25 et 26 mai .

Perte de Tulà. (1) — Au nord-est Matamoros et Tampico sont serrés de près par les guerillas. Nous évacuons Parras où les bandes de la Laguna apparaissent aussitôt; le détachement du commandant de Brian, qui marche contre les Dissidents après avoir rétabli le préfet Campos à Parras, est détruit par des forces supérieures au combat de Santa Isabel (1er mars). Défense formelle est faite aux détachements français de s'éloigner à plus de quatre ou cinq lieues des grandes lignes d'opérations.

Le 1er avril Escobedo attaque le poste français de Matehuala, puis celui de Tula (1); ce dernier ayant été remis aux troupes mexicaines alliées, la bande de Rivera s'en empare le 7 mai et coupe ainsi les communications entre Tampico et San Luis Potosi.

Une tentative des généraux Jeanningros et Douay, qui se dirigent l'un de Monterey sur Montemorelos, l'autre de Saltillo sur Galeana, pour prendre à dos les guerillas d'Escobedo, reste sans résultat. L'ennemi est maître de la ligne des montagnes qui depuis Linares le mettent en communication avec la Huasteca et la sierra Gorda, au cœur même du pays. Son audace s'accroît de jour en jour; ses forces augmentent à vue d'œil. Jalpan est pris et repris (juin) et les villes situées aux portes mêmes de Mexico, telles que Tula (de l'État de Mexico) et Tucalcingo sont menacées (juillet).

Perte de Matamoros: évacuation de Monterey et de Matehuala. — Le 15 juin le général allié Olvera, qui conduit un convoi au secours de Matamoros, est attaqué près de Camargo par les bandes d'Escobedo et son détachement est détruit; le général Mejia est obligé d'abandonner Matamoros qui capitule le 23 juin.

A la fin de juillet le maréchal se décide à faire évacuer Monterey où Escobedo entre aussitôt; Saltillo est aban-

(1) Dans l'État de Tamaulipas.

donné le 5 août; le 8, un corps ennemi qui suit notre mouvement de retraite est battu à Custodio par la colonne du Preuil. Matehuala est évacuée et le général Douay s'arrête à Venado (août).

Opérations contre Regules dans le Michoacan. — Dans le Michoacan, Regules a réparé ses pertes et franchi la Lerma au gué de Concepcion pour marcher sur la Piedad : il est surpris et battu par le général Aymard près de Zamora (18 mars). Le général Mendez se lance de Morelia à la poursuite de Regules et entre à Huetamo que celui-ci abandonne pour se mettre à l'abri derrière le rio de Las Balzas (25 avril). Dès le mois suivant Regules reparait à Zitacuaro (27 mai) : son avant-garde arrive à Ixtlahuaca, à soixante kilomètres de Mexico, et ne se retire que devant les troupes françaises envoyées contre elle.

Le général Aymard dégage la région comprise entre la Lerma et Leon. Le 15 mai il bat à Frias un détachement ennemi sous les ordres de Torres. En revenant sur Mexico il tombe à Zitacuaro sur Regules (10 août), mais celui-ci revient en forces quelques jours après et menace Toluca : il faut envoyer un détachement de Mexico pour dégager la ville.

Opérations contre Porfirio Diaz dans l'État d'Oajaca. — Dans l'Oajaca, Porfirio Diaz a repris l'offensive avec l'appui des bandes de Figueroa et de Chato Diaz. A la fin de mars il enlève Jamiltepec qui est repris le 11 mai; au mois d'août il remonte vers le nord et s'empare de Teotitlan, mais il échoue devant Huajuapan et se retire dans la sierra devant une colonne autrichienne.

Dans le Guerrero et la Sonora. — L'État de Guerrero est au pouvoir d'Alvarez, sauf le port d'Acapulco où une petite garnison mexicaine alliée, bien commandée par le général Montenegro, se maintient péniblement.

Dans la Sonora, Hermosillo, enlevé le 3 mai par Garcia Morales et Pesquiera, est repris, perdu de nouveau et repris le mois suivant. L'ordre d'évacuer la Sonora arrive au moment où une tentative du lieutenant-colonel Fistié pour dégager le pays vient d'échouer (août).

Dans les Terres-Chaudes. — Les rapides progrès des Dissidents les amènent déjà sur notre ligne de communication. Dès le 18 mars nous sommes obligés d'envoyer une colonne pour battre le pays entre le rio Blanco et le rio de Cosomoloapan : nos canonnières débarquent des fusiliers-marins à Tlacotalpan. Alvarado est repris par l'ennemi le 28 juillet et nos troupes décimées par le vomito se maintiennent difficilement dans un pays complètement insurgé.

Ainsi sur tous les points du territoire mexicain notre mouvement rétrograde a surexcité l'ardeur des Dissidents et décuplé leurs forces : notre ligne de communication est menacée, et si notre retraite elle-même s'effectue sans être sérieusement inquiétée, c'est grâce à l'attitude énergique de nos troupes et aux vigoureux retours offensifs qu'elles exécutent sur plusieurs points.

II. — OPÉRATIONS DU 7e JUSQU'A SA CONCENTRATION A DURANGO (DU 30 JANVIER AU 8 AOUT 1866)

Evacuation de Chihuahua et du Parral. — En exécution des ordres du maréchal nos troupes doivent évacuer de nouveau Chihuahua et le Parral. Les colonnes Billot et d'Albici, constituées sur de nouvelles bases, se trouvent réunies le 8 février à Allende : la compagnie franche du 7e, la 4e compagnie du 1er bataillon, l'escadron de chasseurs d'Afrique et la section de montagne passent à la colonne d'Albici : celle-ci doit se diriger sur Durango par petites étapes, précédée par la colonne Billot qui emmènera les malades, les malingres et les impedimenta des deux colonnes.

Le mouvement de retraite commence le 30 janvier. Les grenadiers, 3e, 4e, 5e compagnies et voltigeurs du 2e bataillon et la 4e compagnie du 1er bataillon, faisant partie de la colonne Billot, quittent Chihuahua et arrivent à Allende le 8 février (même itinéraire que ci-dessus page 156); ils y trouvent la colonne d'Albici partie le matin du Parral. Les deux colonnes se mettent en route les 10 et 11 février pour La Zarca où elles arrivent le 16 et le 17 (même itinéraire que page 202). Dans la nuit du 12 au 13 février est arrivé à Rio Florido un courrier extraordinaire qui prescrit au lieutenant-colonel d'Albici de hâter sa marche sur La Zarca où doit l'attendre la colonne Billot.

A La Zarca les cinq compagnies du 2e bataillon qui faisaient partie de la colonne Billot passent à la colonne d'Albici qui conserve seule le nom de colonne du nord. Le commandant Billot poursuit le 18 sa marche sur Durango avec les malingres et les impedimenta, escortés par deux compagnies du 18e bataillon de chasseurs qui ont été envoyées de Durango à sa rencontre.

La colonne du nord s'établit à Aviles. — La colonne du nord comprenant le 7e de ligne, moins les 1re et 2e compagnies du 2e bataillon restées à Durango, les chasseurs d'Afrique et la section d'artillerie, part de la Zarca le 19 février et arrive le 21 à Mapimi (19 Santo Domingo, 20 La Cadeña). Les bandes d'Isabel Lopez et de Guerrero ignorant notre approche ont le matin même envahi cette ville que notre brusque arrivée sauve d'un pillage certain : les bandes sont poursuivies jusqu'à quatre lieues au-delà de Mapimi.

La colonne repart le 23 février et arrive le soir à San Juan de Casta; le 25 elle se porte à La Loma où elle reçoit un convoi de vivres et d'effets parti de Durango le 15 février sous l'escorte des 1re et 2e compagnies du 2e bataillon. Le 27 la 2e compagnie du 1er bataillon et la 3e compagnie du 2e bataillon, remplaçant les deux compagnies venues de

Durango et qui restent à la colonne, partent pour Durango avec les malingres et les impedimenta : elles y arrivent le 9 mars. La colonne d'Albici a ordre de se porter à Aviles et de s'y établir jusqu'à nouvel ordre.

Lutte contre Herrera et Viesca dans la Laguna. — D'après les renseignements recueillis le 23 février à San Juan de Casta, le lieutenant-colonel d'Albici a dirigé de ce point dans la journée du 24 une grande reconnaissance sur Santa Rosa. Celle-ci, composée de la compagnie franche, des quatre compagnies d'élite et de trois pelotons de cavalerie, rentre à San Juan de Casta le 24 au soir par Aviles et la rive droite du rio de Nazas ; elle a appris que l'ennemi s'est éloigné de quelques lieues et occupe ce qu'on appelle dans le pays les Ranchos de Abajo.

Les bandes qui obéissent à Gonzales Herrera, de chef du mouvement dans la Laguna, occupent plus particulièrement Taquillo de Piedras, Concepcion, Las Leocadias et San Sebastian.

Celles qui sont venues du Coahuila avec Andres Viesca, gouverneur de cette province pour Juarez, sont en arrière et occupent Coyote, Alamito, Jaboncillo, San Lorenzo, Burro et Mayran. Ces forces réunies s'élèvent à 7 ou 800 hommes, dont 500 cavaliers, avec 3 pièces de montagne. Les bandes qui obéissent à Viesca sont exclusivement composées de volontaires; dans celles de Herrera on compte beaucoup d'hommes enlevés de force.

Le 27 février la colonne du nord est établie à Aviles, d'où elle doit traquer les bandes ennemies par de petites colonnes mobiles qui ne lui laisseront aucun repos.

Quatre colonnes légères convergent sur San Lorenzo. — Quatre petites colonnes légères sont immédiatement organisées pour battre les deux rives du rio de Nazas en restant à portée les unes des autres : elles doivent déboucher le même jour et à la même heure sur San Lorenzo pour envelopper l'ennemi, s'il n'est pas prévenu à temps, ou s'il ose nous y attendre.

La première colonne est composée de la compagnie franche, de la 5e compagnie du 2e bataillon et d'une division de cavalerie, sous les ordres du capitaine Didier. Elle part le 27 février et arrive à San Lorenzo le 2 mars (27 février Santa Rosa, 28 Renoval, 1er mars Sacramento).

La deuxième colonne, formée de la 4e compagnie et des voltigeurs du 2e bataillon et d'un peloton de chasseurs d'Afrique, sous les ordres du capitaine Nottet, part le même jour et suit l'itinéraire ci-après : 27 février Torreon, 28 Matamoros, 1er mars, Coyote, 2 San Lorenzo.

Les deux autres colonnes, serrant la rivière de plus près, partent le 28 février. L'une est composée de la 3e compagnie et des voltigeurs du 1er bataillon, sous les ordres du capitaine Suchel ; elle est chargée de battre la rive gauche par Santa Rosa le 28 février, Santa Cruz le 1er mars, et San Lorenzo le 2. L'autre colonne comprend les grenadiers du 2e bataillon et la 1re compagnie du 1er bataillon sous les ordres du capitaine Gérard : elle longe la rive droite, couche le 28 à Torreon, se joint le lendemain au capitaine Nottet, à Coyote, et débouche avec lui à San Lorenzo.

Aucune de ces colonnes ne rencontre l'ennemi. Le capitaine Nottet surprend quelques éclaireurs à Torreon et en tue deux. Le capitaine Didier arrive à Sacramento quelques instants après que le chef de bande Isabel Lopez en est sorti pour rejoindre sa troupe bivouaquée près du rancho de Santander.

Les quatre colonnes sont réunies le 2 mars à San Lorenzo ; la compagnie franche et les voltigeurs du 2e bataillon poussent jusqu'à Burro, à dix kilomètres de San Lorenzo, pour avoir des nouvelles de l'ennemi. Des divers renseignements que l'on parvient à recueillir il résulte que vers le 25 ou le 26 février Herrera et Viesca se sont éloignés vers l'est, soit par la route de Parras, soit par celle de Monclova; les chefs de bandes qui obéissent à Herrera, notamment Isabel Lopez et Nestor Reyes, sont restés dans le pays pour observer nos mouvements et en informer l'ennemi. L'attitude des populations nous est peu sympathique : on ne trouve dans les villages et les haciendas que des vieillards, des femmes et des enfants qui ne nous donnent aucun renseignement précis sur les mouvements de l'ennemi.

Le 3 mars les quatre colonnes légères rentrent par la rive droite, couchent à Concepcion et arrivent le lendemain à Aviles.

Marche de la colonne d'Albici à la nouvelle du combat de Santa Isabel. — Le 5 mars nous apprenons, par les déclarations de deux éclaireurs faits prisonniers et par les avis envoyés par les chefs de villages, que Viesca, Herrera, Treviño et Naranjo ont obtenu à Santa Isabel, près de Parras, un avantage sur Maximo Campos, préfet de Parras, et qu'ils se disposent à venir nous attaquer avec 2000 hommes : l'ennemi aurait déjà dépassé San Lorenzo et ses avant-gardes atteindraient Coyote.

La colonne part dans la nuit du 5 au 6 mars pour se porter à la rencontre de l'ennemi; mais les renseignements qu'elle reçoit le 6 à Concepcion sont fort incertains : Lopez a quitté ce point en toute hâte avant notre arrivée et on ne sait rien des forces ni de l'emplacement de l'ennemi.

Le 7 au matin, au moment où la colonne va marcher sur San Lorenzo, ou apprend d'une manière certaine que Viesca n'a pas dépassé les Cerritos de Niño Jesus, que Naranjo est à Las Havas et qu'il paraît vouloir se diriger sur Monclova par le Subaco; quand à Herrera et il est sans doute encore dans la Laguna, mais ses éclaireurs le préviennent de tous nos mouvements. Dès lors il n'y a pas lieu de fatiguer nos troupes dans une poursuite inutile, surtout au moment où des ordres de route, dont l'exécution peut n'admettre aucun retard, sont officiellement annoncés. La colonne rentre donc le 8 mars à Aviles.

Les renseignements recueillis par nos reconnaissances des 9 et 10 mars sont contradictoires : les uns représentent l'ennemi comme définitivement en retraite sur Monclova; d'après les autres, il occuperait encore Mayran, les Cerritos de Niño Jesus et Las Havas et attendrait de nouveaux renforts pour nos attaquer. Le 11, le commandant Thoumini de la Haulle avec les grenadiers, 1re et 3e compagnies et voltigeurs du 1er bataillon et une division de cavalerie, dirige une reconnaissance jusqu'à Concepcion sans obtenir de nouvelles précises : il devient nécessaire de pousser plus loin pour vérifier l'exactitude des bruits qui circulent.

Grande reconnaissance vers l'est. — En conséquence le commandant Thoumini de la Haulle, parti de Concepcion pour rentrer à Aviles le 12 mars, reçoit l'ordre de s'arrêter, à Santa Rosa; le lieutenant-colonel d'Albici se met en route le 12 pour le rejoindre avec les 4e et 5e compagnies du 1er bataillon et le reste de la cavalerie. En même temps le commandant Haffner descend la rive droite avec la compagnie franche, les 1re et 2e compagnies et les voltigeurs du 2e bataillon et la section de montagne. Le 13, la colonne d'Albici couche à Santa Rosa et la colonne Haffner à Coyote; le 14 elles se réunissent à Burro.

Il est encore impossible d'obtenir des renseignements précis sur l'ennemi : toutefois nous apprenons que la retraite de Naranjo et de Treviño sur Monclova est certaine, celle de Viesca probable, mais que Herrera est encore dans les Cerritos de Niño Jesus.

Le 15 la colonne se porte à Mayran où Herrera avec quelques hommes a paru la veille; le 16 elle est à Las Havas, rancho complètement ruiné, situé à dix-huit kilomètres de Mayran, sur la rive droite du bras principal du rio de Nazas, près du point où la rivière forme lagune en toute saison.

Nous reconnaissons en passant les positions de Niño Jesus à huit kilomètres de Mayran : elles sont fortes par elles-mêmes mais faciles à tourner. Herrera s'est empressé de les abandonner à notre approche en prenant, à travers bois, la direction du Subaco, probablement pour gagner Monclova.

Route de Monclova par le Subaco. — De Las Havas il nous a été facile de déterminer d'une façon assez exacte la position des Aquajes du Subaco. Ils sont distants de dix à douze lieues de Las Havas et situés au fond d'une vallée étroite, formée par le Mitote et par un contrefort du Subaco; c'est le premier point où l'on bivouaque en allant de Las Havas à Monclova. Partout l'eau est en abondance; les chemins serpentent à travers bois et, sans être carrossables, n'offrent pas d'obstacles sérieux au passage de l'artillerie de montagne. A en croire les habitants, ce pays était cependant impraticable; il est évident que l'ennemi et ceux qui le servent ou qui le craignent ont cherché à nous tromper et à nous laisser ignorer le plus longtemps possible la nature de la route qui conduit à Monclova par le Subaco.

Le 17 mars, la colonne rétrograde directement de Las Havas sur Burro, en repassant par les Cerritos de Niño Jesus, dont elle a ainsi reconnu tous les débouchés. Le 18, elle se fractionne de nouveau pour battre les deux rives du rio de Nazas en remontant sur Aviles; le lieutenant-colonel d'Albici se porte le 18 à Santa-Cruz et le 19 à Santa-Rosa, tandis que le commandant Haffner gagne Coyote et Torreon: le 20 les deux colonnes rentrent à Aviles.

La colonne du Nord réoccupe en toute hâte Le Parral. — Par suite des évènements graves qui se passent dans le nord, le lieutenant-colonel d'Albici reçoit l'ordre de se porter en toute hâte sur Le Parral avec les 6 compagnies du 2e bataillon, la compagnie franche, l'escadron de chasseurs d'Afrique et la section de montagne : ces troupes conservent le nom de colonne du Nord. Le 1er bataillon reste à Aviles.

La colonne part d'Aviles le 23 mars et arrive le 27 à La Zarca (23 Jacates, 24 Mapimi, 25 Cadeña, 26 Santo Domingo); elle y apprend que Le Parral a été enlevé le 22 mars par 5 à 600 hommes aux ordres de Guadalupe Soto et d'Augustin Vasquez. Elle hâte sa marche pour sauver Cerro Gordo menacé par les bandes, y arrive le 28 en doublant l'étape, et repart le 30 pour Noria del Rufo où elle apprend que Luis Terrazas s'est emparé le 25 de Chihuahua et que les troupes mexicaines alliées sont complètement dispersées. Le 31 la colonne est à Rio Florido, le 1er avril à Allende et le lendemain elle entre au Parral : l'ennemi s'était flatté de défendre la ville contre nous, mais il l'abandonne en toute hâte dans la nuit du 30 au 31 mars. Le lieutenant-colonel d'Albici reprend aussitôt le commandement supérieur du Parral.

Le colonel Cottret, arrivé à Durango le 2 avril, prend à la date du 3 le commandement du régiment.

Reconnaissances autour du Parral. — Le 8 avril une colonne légère composée de la compagnie franche, des 1er et 2e compagnie, du 2e bataillon et d'un peloton de cavalerie, sous les ordres du capitaine Didier, se porte du Parral sur Atotonilco avec mission de détruire ce pueblo, vrai repaire de bandits. Ce but est atteint dans les journées du 9 et du 10 avril, et la colonne se dirige le 11 sur Allende où elle arrive le 13 (11 Ituralde, 12 Concepcion); elle y séjourne les 14 et 15, pour assurer la rentrée d'une amende frappée sur cette ville par le général de division. Elle repart le 16 pour se porter au-devant du colonel Cottret, qui arrive de Durango, avec la 2e compagnie du 1er bataillon et la 3e compagnie du 2e bataillon. Parti de Durango le 7 avril le colonel Cottret arrive à La Zarca le 16, en repart le 18 pour Cuesta de la Muerte et arrive le 19 à Parrida où il fait sa jonction avec le capitaine Didier : celui-ci a marché le 16 avril d'Allende à Balsequillo, le 17 à Guadalupe, les 18 et 19 à Parrida. Tous deux rentrent au Parral le 23 avril.

Nouvelle évacuation du Parral; colonne Cottret. — Les ordres du maréchal prescrivent d'évacuer de nouveau le Parral. Afin de laisser l'ennemi le plus longtemps possible dans l'incertitude sur nos projets, la colonne dessinera d'abord un mouvement en avant jusqu'à Santa-Cruz de Nerios, puis se retirera lentement en opérant de fréquents retours offensifs, et s'établira, jusqu'à nouvel ordre, à San Salvador.

La colonne du nord, passée sous le commandement du colonel Cottret, quitte le Parral le 12 mai et va coucher à Allende; le 13 elle est à Santa-Cruz : les bandes ennemies croient à une marche offensive de notre part et abandonnent précipitamment Santa-Rosalia. Le 15, retour à Allende; les 16 et 17 à Rio Florido; le 18, retour offensif sur Allende; le 19 et le 20 séjour à Allende; le 21 la colonne part pour Concepcion où elle séjourne le 22; le 23, départ pour Cerro Gordo où elle arrive le 25; elle en part le 28, arrive à La Zarca, y séjourne le 29 et dirige la compagnie franche par Mapimi sur Aviles pour renforcer la colonne Thoumini de la Haulle.

Le 30 mai la colonne Cottret repart vers le nord et arrive le 31 à Cerro Gordo où elle est rejointe par le préfet du Parral et par la petite troupe mexicaine organisée pendant notre séjour dans cette ville. Cette troupe, menacée d'être enveloppée par des forces considérables descendues de Santa-Rosalia, a battu en retraite par les routes de Canutillo et de Torreon : 6 à 800 hommes sous les ordres de Mirafuentes, Guadalupe Soto et Augustin Vasquez occupent Le Parral dès le 26 mai.

Retour offensif de la colonne du nord. — Cependant les progrès de l'ennemi continuent : le gros de ses forces a déjà dépassé, dit-on, Rio Florido et ses éclaireurs ont été vus entre Noria del Rufo et Parrida. Le colonel Cottret décide qu'on se reportera contre l'ennemi par une marche rapide pour tenter de le surprendre.

La colonne se met en marche le 1er juin à onze heures du soir; le 2 à onze heures du matin elle est à Noria del Rufo; elle en repart à huit heures du soir et se porte par une deuxième marche de nuit sur Rio Florido où elle arrive le 3 à deux heures du matin, mais malgré toutes les précautions prises notre marche a été éventée : Vasquez, qui a paru dans la journée du 2 à Rio Florido avec une simple escorte de quelques cavaliers, a repris en toute hâte le chemin du Parral. L'ennemi croyant à une attaque contre le Parral s'enfuit précipitamment de cette ville jusqu'à la Cruz et à Santa-Cruz de Rosales : il ne reparait au Paral que le 10 juin, époque où il n'a plus à mettre en doute notre retraite sur le rio de Nazas.

La colonne s'établit à San Salvador. — La colonne Cottret quitte Rio Florido le 3 juin à midi et arrive le 9 à San Salvador; elle laisse à Cerro Gordo la petite troupe mexicaine du Parral sous les ordres du commandant mexicain Macias.

Dès le 11 il est nécessaire de pousser vers La Zarca une reconnaissance chargée de prendre des nouvelles de l'ennemi et de prêter un appui moral à la troupe du commandant Macias déja menacée. En conséquence, les grenadiers et les voltigeurs du 2e bataillon avec un peloton de chasseurs d'Afrique partent le 11 de San Salvador et arrivent le 13 à La Zarca (11 Tinaja, 12 Cieneguilla). Le 14, à la suite de renseignements reçus pendant la nuit, le commandant Haffner part de San Salvador avec la 2e compagnie du 1er bataillon, la 1re compagnie du 2e bataillon et un peloton de cavalerie pour aller renforcer cette reconnaissance; il arrive le 16 à La Zarca, mais le 18 les nouvelles sont plus rassurantes et il rentre avec toutes nos troupes à San-Salvador le 20 (18 Cusco, 19 Tinaja).

Cerro Gordo est évacué. — L'ennemi parfaitement renseigné sur nos moindres mouvements se dispose à enlever Cerro Gordo dès que nos reconnaissances se seront éloignées : 300 cavaliers Dissidents ont quitté le Parral et sont déjà à Rio Florido. Pereyra, dont la présence est signalée à Bocas, doit couper la retraite au commandant Macias avec des bandes recrutées à Sestin et à El Oro ; en même temps un détachement d'insurgés de la Laguna débouchera par Jaralito.

Le commandant Macias qui n'a pas plus de 100 hommes sous ses ordres se décide à évacuer Cerro Gordo (18 juin) ; il arrive à San Salvador le 22 et va s'établir quelques jours après avec sa petite troupe à Nazas, par ordre du général de division.

Reconnaissances et convois autour de San Salvador. — Du 20 au 25 juin une nouvelle reconnaissance comprenant les 2e, 3e et 4e compagnies du 2e bataillon et un peloton de chasseurs d'Afrique est dirigée sur La Zarca, et constate que l'ennemi n'ayant pu enlever la troupe mexicaine du commandant Macias a retrogradé sur ses positions,

Du 26 juin au 2 juillet la 5e compagnie du 2e bataillon se rend de San Salvador à San Juan del Rio pour prendre l'escorte d'un convoi de vivres et d'effets amené jusqu'à cette ville par une compagnie du 18e bataillon de chasseurs ; elle rentre à San Salvador avec le convoi.

Le 27 juin une reconnaissance, composée des grenadiers et de la 1re compagnie du 2e bataillon, de la 2e compagnie du 1er bataillon avec un peloton de cavalerie, se porte sur Nazas par la route carrossable de Boca de Cobre (27 Tinaja, 28 Nancha, 29 et 30 Gallo, 1er juillet Boca de Cobre, 2 Nazas). Elle repart le 3 juillet en suivant un chemin muletier très difficile qui s'embranche à Boca del Cobre sur la route carrossable (3 Boca de Cobre, 4 Paraje de Santiaguillo, 5 San Salvador).

Enfin le 5 juillet une nouvelle reconnaissance, composée des 1re, 2e compagnies et voltigeurs du 2e bataillon avec un peloton de cavalerie, prend la route muletière de Boca de Cobre et arrive le 7 à Nazas ; elle en repart le 12 pour rejoindre à Rodeo la colonne Cottret qui a quitté San Salvador sur ces entrefaites. A cet effet elle suit une route muletière très difficile qui longe les montagnes de la rive droite du rio de Nazas : elle bivouaque le 12 à Mesquitilla, le 13 au rancho d'Arnoles et arrive le 14 à Rodeo où elle rejoint la colonne Cottret.

Situation dans la Laguna. — Il nous faut maintenant revenir au 1er bataillon que nous avons laissé à Aviles à la fin de mars, au moment où la colonne d'Albici se porte sur le Parral.

La tranquillité paraît régner dans la Laguna : on ne signale aucun gros rassemblement dans la contrée. Jesus Gonzales Herrera lui-même a momentanément disparu de la scène et cherché un refuge à Monclova ; seuls quelques groupes peu nombreux, dirigés par des chefs subalternes tels que Isabel Lopez, Nestor Reyes, Marcos Guerrero, parcourent la contrée avec mission d'informer Herrera de tous nos mouvements. Grâce à leur faible effectif ces bandes échappent facilement à nos recherches et, par les intelligences qu'elles conservent dans les populations qui nous sont hostiles, elles transmettent rapidement à Monclova des renseignements exacts.

Nouveau soulèvement dirigé par Herrera. — On ne s'étonnera donc pas que le départ du 2e bataillon, de la cavalerie et de l'artillerie pour le Parral, ait été immédiatement le signal d'un soulèvement à la tête duquel va paraître encore Herrera : celui-ci est bientôt à la tête de 6 à 800 hommes avec lesquels il se croit assez fort pour marcher sur Fresnillo par Alamos de Parras, Cedros et Rio Grande. Repoussé par des compagnies du 95e aux environs de Fresnillo, il se jette dans la Laguna où il réorganise ses bandes, et il s'empare de la ville de Parras, défendue par la troupe mexicaine du préfet Maximo Campos, qui est trahi par le chef de sa cavalerie, Toribio Regalado : cette cavalerie passe tout entière dans les rangs de l'ennemi et livre à Herrera la ville de Parras où il trouve 800 fusils. Mais à la nouvelle qu'une colonne française marche de Saltillo sur Parras, Herrera disparait de nouveau dans la Laguna, y refait ses forces et, à la fin de juin, commande dit-on, à 1000 ou 1200 hommes avec trois ou quatre pièces de montagne.

En présence de ces évènements le commandant Thoumini de la Haulle, resté à Aviles avec le 1er bataillon, moins la 2e compagnie, dirige des reconnaissances journalières dans les environs de cette place; le manque de cavalerie ne lui permet pas de découvrir les mouvements de l'ennemi et d'espérer l'atteindre, mais il empêche, par des colonnes mobiles, les Dissidents de s'établir en forces dans le voisinage. Nous allons indiquer les reconnaissances dirigées par ces colonnes depuis la fin de mars jusqu'à la fin de juillet, époque où le 1er bataillon évacue la Laguna.

Colonnes mobiles autour d'Aviles. — Le 27 mars le capitaine Haffner (Charles) avec les grenadiers et les 1re et 3e compagnies reconnaît le défilé de Puerto de los Soldades, à cinq kilomètres au nord de San Juan de Casta, s'arrête à San Ignacio et va coucher à Santa Rosa; le 28 il est à Santa-Cruz, le 29 il traverse la rivière et bivouaque à Concepcion : il rentre à Aviles le 30 par Taquillo de Piedras, Torreon et San Carlos.

Le 2 avril le capitaine Hennequin avec les 4e, 5e compagnies et les voltigeurs se porte à Concepcion; il pousse le lendemain jusqu'à San Lorenzo et rentre le 6 par Santa-Cruz et Santa Rosa.

Les 12 et 13 avril le capitaine Lefranc de Lacarry se porte avec les 3e et 4e compagnies sur Santa-Rosa, par San Carlos et Torreon, et rentre par San Fernando et Los Angeles.

Le 14 c'est le capitaine Suchel qui se rend à Loma avec la 5e compagnie et les voltigeurs; le lendemain il fait une reconnaissance au nord et à l'est par La Goma, San Juan de Casta et Monterey; le 16, nouvelle reconnaissance vers le sud sur la route de Noria Padriseña; le 17, séjour à Loma pour protéger l'arrivée d'un convoi venant de Durango; retour à Aviles le 18.

Le lendemain le capitaine Haffner repart avec les trois mêmes compagnies que précédemment et pousse jusqu'à San Lorenzo (19 Santa-Rosa, 20 Santa-Cruz); il en repart le jour même de son arrivée à huit heures du soir et arrive le lendemain 22 à Aviles, à trois heures du soir.

Le 3 mai les 4e et 5e compagnies partent à huit heures du soir à la poursuite d'une guerilla qui a fait son apparition à San Juan de Casta : ce détachement fouille inutilement le village, va coucher à Loma et rentre le lendemain par Monterey.

Les 6 et 7 mai les voltigeurs se portent à Loma pour protéger l'arrivée d'un convoi; les 9 et 10, le capitaine Haffner avec les trois mêmes compagnies que précédemment, visite San Carlos, San Fernando et Santa-Rosa; les 16 et 17 les trois compagnies de gauche vont coucher à Santa-Rosa et rentrent par Torreon et San Carlos; le 21, les trois compagnies de droite repartent pour Santa Rosa, couchent le 22 à Matamoros, visitent le 23, Catuño et Soledad, rentrent le soir à Matamoros et sont de retour le 25; le 30 mai le capitaine Suchel pousse avec les trois compagnies de gauche jusqu'à Matamoros et rentre le 2 juin; le 5 juin les trois compagnies de droite repartent avec le capitaine Haffner pour Monterey et Loma et rentrent le 6 par La Goma et San Juan de Casta ; du 8 au 9 les trois autres compagnies se portent sur Santa Rosa et rentrent à Aviles.

Le 15 juin la colonne Haffner se porte sur Santa Rosa et gagne le 16 Concepcion par Las Leocadias et Taquillo de Piedras; le 17, elle enlève à San Sebastian un troupeau de gros bétail appartenant au propriétaire de ce rancho que l'on sait être en relations constantes avec l'ennemi; elle rétrograde par Las Leocadias sur Santa-Rosa et rentre le 18. Le 19 les 4e et 5e compagnies, avec le capitaine Hennequin vont coucher à Loma pour protéger le départ du courrier et rentrent le lendemain par La Goma et San Juan de Casta; le 23, les voltigeurs font le même trajet pour protéger l'arrivée du courrier et rentrent le 24 juin.

Outre ces reconnaissances, de fréquentes patrouilles ont lieu pendant toute cette période pour éclairer les environs immédiats d'Aviles. Bientôt la crue du rio de Nazas rend impossible tout passage d'une rive à l'autre et très difficile toute marche dans la Laguna : les opérations du 1er bataillon se réduisent, par ordre du général de division, à des reconnaissances de jour et de nuit d'une durée de douze heures : ces reconnaissances suivent autant que possible les crêtes, et se portent sur les points culminants d'où l'on découvre au loin le pays.

La colonne du nord évacue San Salvador. — Des ordres arrivés le 5 juillet prescrivent au colonel Cottret d'évacuer San Salvador pour se porter, par Menores de Arriba, Tanquecillos et Molino de Guadalupe, sur Yerbanis où il doit se joindre le 14 à une colonne partie de Durango sous les ordres du général de Castagny. Le lieutenant-colonel d'Albici quittera la colonne à Menores avec quatre compagnies pour aller prendre le commandement supérieur de Durango.

Les pluies qui tombent en abondance rendent difficile le passage du rio de Nazas : le colonel Cottret fait transporter dès le 8 juillet les vivres et le matériel sur la rive droite du fleuve; le 9 il va bivouaquer avec toute la colonne à Rodeo.

Le mouvement est contremandé. — Le 9 au soir un courrier extraordinaire apporte le contre-ordre qui prescrit de rester à San Salvador. Le 10 la colonne rétrograde, mais elle est obligée de s'arrêter sur la rive droite de la rivière qui vient de subir une crue considérable : cette crue ayant encore augmenté dans les journées des 11 et 12 juillet, la colonne s'établit à Rodeo qui offre une bonne position et un campement favorable.

Un nouvel ordre prescrit la réunion du régiment à Durango. — Un nouvel ordre du maréchal rappelle le régiment à Durango.

En conséquence la colonne du nord quitte Rodeo le 24 juillet et arrive le 31 à Durango où elle se dissout (24 Huichapa, 25 Menores de Abajo, 26 bivouac sur la rive gauche du rio de San Juan en face du rancho de Valdes, 27 San Lucas, 28 Sauceda, 29 Cacaria, 30 Morcillo).

Le 1er bataillon évacue Aviles dans les journées des 26 et 27 juillet. Le 26 les quatre compagnies du centre avec le convoi et les malingres vont coucher à Loma; le lendemain le commandant Thoumini de la Haulle quitte Aviles avec les deux compagnies d'élite et la compagnie franche, rallie le reste du bataillon à Loma et toute la colonne va coucher à Pajonal; elle arrive le 8 août à Durango où tout le régiment se trouve réuni (28 Noria Padriseña, 29 Tanque del Paraje, 30 Yerbanis, 31 Tapias, 1er août Sauces, 2 Porfias, 3 Santa Rosa, 4 et 5 Santa Lucia, 6 Cacaria, 7 Los Bastres).

OPÉRATIONS DE LA COMPAGNIE FRANCHE

La compagnie fait partie de la colonne du Nord. — Pendant la période qui s'étend du mois de janvier au commencement du mois d'août 1866, la compagnie franche fait presque constamment partie de la colonne du nord dont nous venons de retracer en détail les opérations : nous n'avons donc qu'à indiquer ici les marches exécutées par la compagnie franche en particulier, en dehors des opérations de cette colonne.

Le 30 janvier 1866, la compagnie franche évacue Chihuahua avec la colonne du nord; elle suit cette colonne, après sa reconstitution, sur La Zarca, Mapimi, Loma et Aviles où la compagnie reste cantonnée du 27 février au 23 mars, prenant part, en totalité ou par fractions, aux reconnaissances exécutées dans la Laguna.

Le 23 mars elle se porte avec la colonne du nord sur Le Parral, puis elle fait partie de la petite colonne qui va brûler le village d'Atotonilco (8-23 avril) et se porte au devant du colonel Cottret.

Mouvement sur San Juan. — Le 26 avril la compagnie part du Parral avec 50 fantassins mexicains pour aller dégager une petite troupe alliée qui se croit compromise du côté de Jimenes. Arrivée le même jour à Allende elle prend position le lendemain à l'hacienda de San Juan, à seize kilomètres au nord d'Allende, laissant les Mexicains continuer leur route jusqu'à Jimenes. Ce mouvement a pour résultat de déloger l'ennemi établi à Santa Rosalia : celui-ci s'enfuit vers le désert et abandonne pour quelques jours cette localité.

Rentrée le 28 avril à Allende, la compagnie en repart le 29 avec la 4e compagnie du 2e bataillon pour escorter jusqu'à Cerro Gordo la section d'artillerie du lieutenant Glandu et ramener celle du lieutenant Marx avec laquelle elle rentre le 8 mai au Parral.

Elle renforce le 1er bataillon à Aviles. — Du 12 au 29 mai la compagnie fait partie de la colonne Cottret qui évacue Le Parral; le 29 mai elle est dirigée sur Aviles pour renforcer le 1er bataillon (29 mai de La Zarca à Santo Domingo,

30 Cadeña, 31 mai et 1er juin Mapimi, 2 San Juan de Casta, 3 Aviles). Le voltigeur Marcillon, de la compagnie franche, est assassiné le 1er juin à Mapimi.

Le 4 juin la compagnie repart pour Mapimi dans le but de fusiller l'un des assassins du voltigeur Marcillon, que l'on est parvenu à saisir; elle couche à la noria de La Goma et arrive le 5 à Mapimi. Elle repart le 6 et fait étape au village de Vinagrillo où elle reçoit l'ordre du général de division qui la rappelle à Durango. Le 7, elle couche à la noria Toreña et rentre le 8 à Aviles en coupant le pâté montagneux qui s'étend de Mapimi au défilé Palacios; elle se dirige le 10 juin sur Durango (10 Paso de Rosetillat, 11 hacienda de Tetillas, 12 Nazas, 13 rancho Jacales, 14 hacienda del Peñon blanco, 15 fabrica del Peñon blanco, 16 Las Magueyes, 17 Chorro, 18 juin Durango).

Mutations dans le cadre. — Le 21 juin le capitaine Didier, désigné pour organiser et commander le 6e bataillon de cazadores mexicains, remet le commandement de la compagnie franche au capitaine Nottet. Le lieutenant Sorlin, nommé capitaine adjudant-major dans le même bataillon, est remplacé par le lieutenant de Couët de Lorry.

Dernières opérations dans la Laguna. — La compagnie quitte Durango le 4 juillet pour retourner dans la Laguna; elle emmène avec elle un détachement de 54 hommes du 1er bataillon et un convoi de vivres. Arrivée à Yerbanis le 9, elle reçoit l'ordre du général de division de passer par Cuencame et d'y séjourner, afin de rassurer la population et la garnison mexicaine qui craignent d'être attaquées : l'ennemi maître de Parras s'est avancé jusqu'à Alamos de Parras. La compagnie séjourne à Cuencame le 10, envoie le 11 une section en reconnaissance sur la route d'Alamos et, à la nouvelle que l'ennemi a disparu, toute la compagnie repart le 12 pour Aviles où elle arrive le 14.

Elle repart le 21 juillet pour une expédition de quelques jours afin de vérifier la position de l'ennemi qui s'est rapproché par suite de l'inondation et des difficultés de communications. Elle arrive avec peine à Torreon, se porte le lendemain à Coyote, mais les eaux l'empêchent d'atteindre Burro où l'ennemi a fait un grand approvisionnement de bestiaux et de fourrage. Craignant d'être coupé par l'inondation le capitaine Nottet rétrograde le 23 sur Taquillo de Piedras. Le 24 les eaux ont diminué; la compagnie se reporte à Coyote dans l'intention de pousser le lendemain jusqu'à Burro. Mais dans la nuit elle reçoit l'ordre de revenir en toute hâte sur Aviles où elle arrive le 26 : elle rentre à Durango le 8 août avec le 1er bataillon.

CHAPITRE IX

I. — Marche en retraite du corps expéditionnaire.
(Aout 1866 janvier 1867).

Concentration à Mexico. — Evacuation de la Sonora, du Sinaloa, du Jalisco, de Durango, Zaçatecas et San Luis Potosi. — Progrès rapides des Dissidents. — Derniers engagements. — Capitulation d'Oajaca. — Situation en janvier 1867.

II. — Opérations du 7e jusqu'a sa concentration a Mexico.
(8 aout 1866-15 janvier 1867).

Le 2e bataillon occupe l'État de Zacatecas. — L'ennemi menace l'État de Durango. — La colonne Thoumini de la Haulle se porte sur Sauceda (28 août). — Affaire de Porfias (6 septembre). — Mouvements au nord de Durango (septembre). — L'ennemi menace Sombrerete. — Marche du colonel Cottret sur Sombrerete (octobre). Nouveaux progrès de l'ennemi : la colonne Cottret opère au nord et au nord-est de Durango (23 octobre-7 novembre); reconnaissances autour de Zacatecas et de Fresnillo. — Départ de Durango (13 novembre). — Evacuation de Sombrerete, Fresnillo et Zacatecas (fin novembre). — Le régiment rentre à Mexico (27 décembre), sauf la colonne Haffner qui occupe Aguas Calientes : cette colonne rentre à Mexico (15 janvier 1867).

Opérations de la compagnie franche.

Reconnaissances sur Cauatlan et Santa Lucia (août). — La compagnie franche se joint à la colonne Thoumini de la Haulle (29 août-11 septembre). — Pointe sur Nombre de Dios (septembre). — Dernières opérations de la compagnie franche : sa dissolution (17 janvier).

Concentration à Mexico. — L'embarquement des premières troupes françaises, qui doit commencer à la fin de septembre 1866 et se continuer par échelons, est subitement contremandé à la suite de la mission confiée au général Castelnau : le maréchal reçoit l'ordre de maintenir ses troupes sur des points choisis de façon à tenir l'ennemi en respect et à faciliter l'embarquement ultérieur du corps expéditionnaire.

L'empereur Maximilien parait décidé à abdiquer et à quitter le Mexique; mais au commencement de décembre il se résout définitivement à conserver le pouvoir. L'armée française reprend son mouvement de retraite et se concentre à Mexico.

Evacuation de la Sonora, du Sinaloa et du Jalisco. — Les troupes occupant la Sonora sont embarquées à Guaymas le 15 septembre et transportées à Mazatlan; le 13 novembre la garnison de Mazatlan est transportée à son tour par mer à San Blas; nos troupes gagnent Tepic où elles font leur jonction avec le général de Castagny qui s'est porté au-devant d'elles avec une colonne légère, et elles rentrent à petites journées à Mexico.

Derrière elles, la garnison de Guadalajara se replie, laissant dans cette place le général allié Guttierez (12 décembre) dès le 19 décembre la ville tombe au pouvoir des Juaristes).

Evacuation de Durango, Zacatecas et San Luis Potosi. — Le colonel Cottret avec la dernière colonne française se replie lentement de Durango sur Zacatecas, Aguas Calientes, Queretaro et Mexico. Le général de Castagny quitte Leon le 28 décembre. Les troupes impériales laissées derrière nous pour occuper les points principaux ne tiennent pas et se replient immédiatement.

L'évacuation des postes du nord amène quelques engagements. Le général Douay reçoit l'ordre de prononcer un mouvement offensif sur Matehuala pour dégager cette ville et de se retirer ensuite jusqu'à San Luis Potosi ; le 20 octobre il disperse la cavalerie ennemie, évacue Matehuala le 28, et laisse une colonne à San Luis Potesi pour appuyer le général Mejia; mais celui-ci est obligé de se replier sur

San Felipe aussitôt que nous évacuons San Luis Potosi (23 décembre).

Progrès rapides des Dissidents. — En présence de notre mouvement général de retraite, les Dissidents font des progrès rapides; leurs forces s'accroissent subitement et nous pressent de tous côtés. Les troupes impériales sur lesquelles on compte pour maintenir le pays après notre départ sont débordées et obligées de se replier, et le gouvernement de l'empereur Maximilien paraît définitivement condamné. Bientôt les environs mêmes de Mexico et notre propre ligne de communication vont se trouver menacés, et de fréquents retours offensifs seront nécessaires pour tenir l'ennemi en respect.

Derniers engagements. — Dans la Huasteca le colonel Clinchant a été chargé d'appuyer les opérations des troupes autrichiennes sur Huauchinango (14 octobre); mais à son départ les Autrichiens doivent évacuer Pachuca (14 novembre) et se replient sur Tlaxcala.

Déjà Fragoso au mois d'octobre a poussé jusqu'à Cuautitlan, à quatre lieues de Mexico. Le 2 novembre un combat est nécessaire pour dégager Tlaxcala; le 11 novembre Jalapa capitule et Perote est évacué le 4 janvier.

Au mois de décembre Talpan, Texcoco, Chalco sont menacés; une colonne sort de Mexico pour dégager Toluca le 8 décembre; quinze jours plus tard une nouvelle colonne doit encore se porter rapidement sur ce point. L'audace de l'ennemi s'accroît chaque jour et, sur notre ligne de retraite même, à Soledad; il attaque un de nos convois.

Capitulation d'Oajaca. — Dans le sud Oajaca capitule le 30 octobre. Après ce succès Porfirio Diaz ne cherche pas à inquiéter la marche de nos colonnes. Tehuacan attaqué par Figueroa est dégagé le 11 décembre.

Dans les Terres-Chaudes, Tlacotalpan est évacué le 20 août et nos colonnes maintiennent avec peine l'ennemi dont les bandes arrivent aux environs de Medelin.

Situation en janvier 1867. — Au milieu du mois de janvier 1867 toutes nos troupes sont échelonnées de Mexico à la mer. Le général Marquez prend le commandement de Mexico; le général Mejia est aux environs de San Luis Potosi et doit opérer au nord; le général Miramon commande à l'ouest entre Zacatecas et Guadalajara.

Le dernier acte de cette tragédie va bientôt se jouer sous les murs de Queretaro.

II. — OPÉRATIONS DU 7e JUSQU'A SA CONCENTRANION A MEXICO (8 AOUT 1866-15 JANVIER 1867)

Le 2e bataillon occupe l'État de Zacatecas. — Le régiment réuni à Durango le 8 août ne va pas tarder à se séparer de nouveau. Les ordres du général de division prescrivent au lieutenant-colonel d'Albici de quitter Durango le surlendemain de l'arrivée du 1er bataillon, pour aller relever, à Sombrerete, Fresnillo et Zacatecas, le 95e de ligne qui doit exécuter un mouvement rétrograde.

En conséquence le 10 août 1866, le 2e bataillon et la 3e compagnie du 1er bataillon quittent Durango sous les ordres du lieutenant-colonel d'Albici, emmenant avec eux un convoi de malades évacués, les magasins de divers corps et un approvisionnement de vivres.

Les journées des 10, 11 et 12 sont employées à faire franchir à la colonne, sur deux chalands et quelques mauvaises barques, le rio de l'Arenal qui atteint une largeur de 3 à 400 mètres; le 12, toute la colonne est réunie sur la rive gauche de l'Arenal, le 13 elle arrive à La Puenta, le 14 une partie seulement peut bivouaquer sur les bords du rio de San Quintin : tout le convoi et une partie des troupes, arrêtés par l'état affreux des chemins, n'atteint ce point que le lendemain dans l'après-midi. Le 15 toute la colonne campe sur les hauteurs qui dominent la rive droite du rio de San Quintin, mais cette rivière profondément encaissée et grossie par les pluies est devenue complètement infranchissable. Ce n'est que le 18 au soir, que la colonne peut traverser le rio et bivouaquer sur la rive gauche; elle arrive le 22 à Sombrerete (19 La Bolsa, 20 Concepcion, 21 Lodomena).

La 3e compagnie du 1er bataillon et la 4e compagnie du 2e bataillon s'installent dans le réduit de Sombrerete; le reste du 2e bataillon arrive à Fresnillo le 27 (24 Las Cantunas, 25 Sauces, 26 Rancho Grande); les 1re et 5e compagnies du 2e bataillon s'y arrêtent, les quatre autres compagnies poussent jusqu'à Zacatecas où elles arrivent le 29 (28 La Galera) : le surlendemain le 95e quitte cette place avec le colonel Carteret.

L'ennemi menace l'État de Durango. — La retraite du régiment sur Durango et le départ du 2e bataillon pour Zacatecas enhardissent les Dissidents qui occupent successivement Noria, Padriseña, Cuencame, Santa Catalina, Porfias et cherchent à s'approcher de Durango en pillant les haciendas des environs.

La compagnie franche et la 4e compagnie du 1er bataillon se portent sur Sauceda (25-26 août) : la 4e compagnie doit occuper cette localité pour permettre à la compagnie franche d'opérer en toute liberté en avant de ce point et de couvrir le nord et le nord-est de l'État de Durango contre les entreprises des Dissidents.

La colonne Thoumini de la Haulle se porte sur Sauceda. — Ce mouvement n'arrête pas l'ennemi qui, d'après les avis reçus, réunit ses forces à Porfias. Le colonel Cottret juge nécessaire de former une colonne plus forte, destinée à arrêter les progrès de l'ennemi, sans trop s'éloigner de Durango. Il fait partir le 27 août les voltigeurs du 1er bataillon qui arrivent le 28 à Cacaria ou ils sont rejoints par le commandant Thoumini de la Haulle : celui-ci s'est porté le 28 sur Cacaria avec une colonne composée d'un escadron du 1er chasseurs d'Afrique, de 70 cavaliers mexicains aux ordres du commandant Macias et d'une pièce de montagne servie par des soldats français du 6e bataillon de Cazadores de Mexico. Toute la colonne arrive le 29 à Sauceda.

Le 31 août la 4e compagnie et onze voltigeurs restent à Sauceda; le reste de la colonne se porte par Santa Lucia dans la direction de Porfias, mais elle se trouve arrêtée par une rivière infranchissable et revient le même jour à Sauceda.

Le lendemain la colonne marche dans la direction de Papasquiaro que l'on dit menacé, pousse jusqu'à Magdalena, à onze lieues de Papasquiaro, par des chemins que les pluies ont rendus presque impraticables, et rentre à Sauceda le 4 septembre (1er Piños, 2 Magdalena, 3 Piños).

Affaire de Porfias. — Cependant les renseignements recueillis sur l'ennemi rendent de plus en plus nécessaire une marche sur Porfias. Le 5 septembre la 4e compagnie se replie sur Cacaria pour ne pas rester en l'air avec une rivière à dos, et tout le reste de la colonne va coucher le même jour à Santa Rosa; le 6, vers dix heures et demie du matin elle arrive à six kilomètres de Porfias. Au moment où la colonne va s'arrêter pour faire le café on aperçoit des cavaliers ennemis qui couronnent les hauteurs et masquent les abords du village : l'escadron de chasseurs d'Afrique se forme en colonne et se porte rapidement en avant, la ligne d'éclaireurs se retire lentement devant lui et démasque la cavalerie ennemie en bataille, présentant un effectif d'environ 350 chevaux.

Le capitaine Bischoff, commandant l'escadron du 1er chasseurs d'Afrique, charge vigoureusement cette cavalerie et l'oblige, après une résistance de quelques instants, à battre en retraite en gagnant les montagnes auxquelles est adossé le village de Porfias. Notre infanterie arrive en toute hâte et gravit en courant les Cerros qui la séparent de l'ennemi : dans ce terrain inextricable la cavalerie ne peut plus manœuvrer. Le commandant Thoumini de la Haulle fait occuper le village par les voltigeurs qui gardent avec eux la pièce de montagne et les bagages; avec la compagnie franche, l'escadron de chasseurs et la cavalerie mexicaine il continue la poursuite jusqu'à cinq heures et demie du soir, apercevant de temps en temps l'ennemi qu'il espère toujours atteindre. Enfin à la nuit tombante, après une marche précipitée de quatorze lieues sans repos, la colonne arrive à Santa Catalina; les hommes et les chevaux sont épuisés, il est imposible de pousser plus loin. L'ennemi s'est débandé et fuit de tous côtés.

Les chasseurs d'Afrique ont eu un maréchal des logis blessé d'un coup de lance à la gorge, 4 chevaux tués, 2 chevaux blessés et 2 morts de fatigue; l'ennemi a perdu 40 à 50 hommes tués, 50 à 60 blessés et un matériel assez considérable : 76 lances, 30 mousquetons, 15 fusils, 6 fusils de rempart, 2 sabres, 26 selles, des munitions de guerre, balles et biscaïens, 56 chevaux, 57 bœufs, 12 charrettes de fourrage etc., enfin on saisit les papiers et la correspondance de Marcos Guerrero, chef de la cavalerie.

L'infanterie de Gonzales Herrera qui devait rejoindre ce jour-là Santa Catalina, venant du Peñon blanco, s'enfuit dans toutes les directions à la nouvelle de la défaite infligée à la cavalerie. Le nord-est de Durango se trouve dégagé pour quelque temps.

Le lendemain la colonne quitte Santa Catalina, fouille les villages de Sauz et de Los Magueyes et rentre le 11 septembre à Durango.

Mouvements au nord de Durango. — La nécessité de surveiller le nord et le nord-ouest de Durango donne lieu à quelques mouvements de troupes pendant le mois de septembre.

Le 9 septembre, la 5e compagnie du 1er bataillon va renforcer la 4e compagnie à Cacaria.

Le 11, les grenadiers avec 25 cavaliers mexicains vont réoccuper Sauceda; le 13 la 1re compagnie se porte également sur ce point avec une pièce de montagne et prend à son passage à Cacaria la 5e compagnie; la 4e compagnie rentre à Durango; la 5e compagnie rentre à son tour le 23, elle est relevée par la 2e compagnie.

Enfin le 29 septembre le capitaine Haffner qui commande à Sauceda dirige une reconnaissance sur la route de Papasquiaro, pour surveiller la plaine, que des bandes ennemies parcourent jusqu'à Guatimape; il pousse jusqu'à Sauce, au nord de Papasquiaro, et rentre le 30 à Sauceda. Il est relevé par la compagnie franche et rejoint le bataillon à Durango.

L'ennemi menace Sombrerete. — Cependant l'attitude de l'ennemi au nord devient de plus en plus menaçante : ses forces augmentent à Papasquiaro sous les ordres de Pereyra et à San Juan del Rio sous ceux de Saldaña. La 4e compagnie se porte le 13 octobre à Sauceda pour renforcer ce poste.

Dans l'est de l'État de Durango, le danger est encore plus pressant. Depuis le mois d'août Auza a établi son quartier général à San Miguel Mesquital et s'est occupé avec la plus grande activité de l'organisation des forces dissidentes du Fresnillo et du Zacatecas; à la fin de septembre la plupart des chefs Dissidents reconnaissent son autorité et ses troupes bien organisées et bien armées sont évaluées à 2000 hommes. Vers le 10 octobre tous les avis font regarder comme imminente une tentative de toutes ces forces contre notre poste de Sombrerete.

Marche du colonel Cottret sur Sombrerete. — Le colonel Cottret organise en toute hâte une colonne dont il prend le commandement et qui se compose des deux compagnies d'élite du 1er bataillon, de deux compagnies du 6e bataillon de Cazadores, de l'escadron Bischoff, de 250 cavaliers mexicains du 2e régiment de cavalerie et de la section de 4 rayé, du lieutenant Glandu. Pendant l'absence de la colonne, les 2e et 4e compagnies du 1er bataillon se portent de Sauceda à Durango pour renforcer la garnison de cette place.

La colonne Cottret quitte Durango le 13 octobre et arrive le 16 à Sombrerete en se dirigeant à marches forcées par la route dite des haciendas, qui court au nord de la route impériale (13 Navacoyan, Arenal, la Punta; 14 Casa blanca, San Pedro Martyr, San Estevan; 15 rancho d'Ochoa, Mateo Gomez; 16 Sombrerete); elle a parcouru quarante-cinq lieues en soixante-douze heures.

L'ennemi abandonne son projet d'attaque sur Sombrerete et se rejette vers le sud pour occuper Nieves, El Fuerte et Rio Grande. Ne pouvant le poursuivre dans cette direction sans découvrir complètement Durango, le colonel Cottret se décide à reprendre le 18 octobre le chemin de cette ville en suivant la route impériale (18 Concepcion, 19 Bolsa, 20 Chaparone). Le 20 à sept heures du soir il apprend à Chaparone qu'une rencontre a eu lieu dans l'après-midi entre la cavalerie alliée du commandant Macias et un détachement ennemi; il se porte immédiatement sur San Pedro Martyr où il arrive à onze heures du soir, mais l'ennemi s'est éloigné et la colonne rentre à Durango (21 octobre Casa blanca et la Punta, 22 Durango).

Nouveaux progrès de l'ennemi : la colonne Cottret opère au nord et au nord-est de Durango. — Le mouvement des Dissidents autour de nos positions se resserre de plus en plus. Les forces de Pereyra ont quitté Papasquiaro pour opérer leur jonction à San Juan Del Rio avec celles de

Saldaña; Aranda descendu du Chihuahua avec un millier d'hommes et de l'artillerie rayée est déjà à Nazas où il s'est grossi de la troupe d'Arce qui l'attendait sur ce point. Ce mouvement de concentration menace directement le nord et le nord-est de Durango.

Le colonel Cottret repart de cette ville le lendemain de sa rentrée avec la même colonne augmentée de la 5e compagnie du 1er bataillon; il arrive le 24 octobre à Sauceda (23 San Antonio), y rallie la compagnie franche et repart le 26 par San Lucas pour aller bivouaquer à Cienegua. Le lendemain il se porte San Juan del Rio que l'ennemi abandonne en toute hâte à son approche, et il revient à Cienegua; le 28, la colonne est à Sauceda, le 29 au rancho d'Ocotlan. Dans la nuit du 29 au 30 octobre, à une heure du matin, le colonel Cottret part d'Ocotlan pour se jeter à droite sur la route du Nazas où il espère rencontrer les Dissidents : il arrive le 30 à Porfias sans avoir vu l'ennemi.

Le 31 octobre la colonne s'établit à Chorro et y reste en observation jusqu'au 4 novembre. La compagnie franche est dirigée en toute hâte le 31 octobre sur La Punta où se trouvaient la veille 300 cavaliers ennemis qui menaçaient Navacoyan; elle franchit en treize heures les cinquante kilomètres qui séparent Porfias de La Punta et séjourne sur ce point pour avoir des nouvelles des bandes ennemies. Celles-ci ayant toutes pris la direction de Cuencame, elle rallie la colonne à Chorro, le 4 novembre.

La colonne Cottret rentre le 7 novembre à Durango (5 Ocotlan, 6 Los Bastres).

Reconnaissances autour de Zacatecas et de Fresnillo. — Dans le Zacatecas également l'ennemi a fait de rapides progrès et devient pressant. Vers le milieu d'octobre Garcia de la Cadena, dont les bandes se sont grossies considérablement depuis deux mois, est complètement maître de la vallée de Colotlan et de toute la partie de la vallée de Tabasco qui s'étend au sud de Villa Nueva : cette dernière ville est elle-même sérieusement menacée.

Par ordre du général de Castagny les grenadiers du 2e bataillon, sous les ordres du capitaine Gérard, doivent faire, jusqu'à nouvel ordre, le service de compagnie franche et appuieront un mouvement en avant des troupes mexicaines, commandées par le préfet de Zacatecas; le but est de dégager Villa Nueva, mais en aucun cas la compagnie ne devra s'éloigner à plus de douze heures de Zacatecas.

Le capitaine Gérard part le 19 octobre. Villa Nueva ayant été attaquée dans la nuit du 19 au 20, la compagnie, qui a bivouaqué à Malpaso, se porte en avant le 20 : à son approche Garcia de la Cadeña se retire dans la direction de Tabasco. La compagnie s'arrête le 20 à Quemada, pousse le lendemain jusqu'à Villa Nueva et rentre à Quemada où elle séjourne du 23 au 25. Elle part le 26 pour aller renforcer la garnison de Fresnillo menacée d'une attaque (26 Jerez, 27 El Labadero, 28 Fresnillo); là elle est employée à pousser des pointes dans la direction de Salada et de Mesquite, et à éclairer les environs de la place par des reconnaissances journalières.

A la fin d'octobre on sait qu'Auza a concentré ses forces à Rio Grande où il a établi son quartier général et qu'il pousse des avant-postes jusqu'à Salada : tout fait présager une attaque à bref délai sur Fresnillo.

Départ de Durango. — L'évacuation du Mexique par les troupes françaises est précédée d'un mouvement de concentration de ces troupes sur Mexico : ce mouvement commence dans le courant du mois de novembre.

Le 13 novembre, toutes les troupes françaises présentes à Durango se mettent en marche sous les ordres du colonel Cottret qui remet le commandement supérieur au colonel mexicain Randon. Ces troupes comprennent la compagnie franche et le 1er bataillon du 7e moins la 3e compagnie détachée à Sombrerete, l'escadron Bischoff, la section d'artillerie Glandu, l'ambulance et les services administratifs. Les forces mexicaines laissées à Durango sous les ordres du colonel Randon évacuent la place deux jours après notre départ, et dès le 17 novembre Durango, est occupée par Pereyra, suivi de près par Aranda.

Evacuation de Sombrerete, Fresnillo et Zacatecas. — La colonne Cottret, suivie à un jour de marche par le colonel Randon, arrive le 19 à Sombrerete, où elle rallie la 3e compagnie du 1er bataillon et la 4e compagnie du 2e bataillon, le 24 à Fresnillo où les grenadiers et les 1re et 5e compagnies du 2e bataillon se joignent à elle, le 26 à Zacatecas où elle s'augmente des 2e, 3e compagnies et des voltigeurs du 2e bataillon et de la section de 12 rayé du lieutenant Laugel qui y tenaient garnison, sous les ordres du lieutenant-colonel d'Albici. Quelques heures après le départ de nos troupes, Sombrerete et Fresnillo sont occupés par les Dissidents.

L'itinéraire de la colonne Cottret est le suivant : 13 novembre Navacoyan, 14 La Punta, 15 Ojo de Agua de San Juan, 16 Chaparone, 17 Suchil, 18 Lodomena, 19 et 20 Sombrerete, 21 Arenal, 22 Sauces, 23 Rancho Grande, 24 Fresnillo, 25 Arroyo en Medio, 26 Zacatecas.

Le colonel Cottret séjourne à Zacatecas les 27 et 28 novembre afin de réunir et de laisser au colonel Randon tous les moyens de défense nécessaires pour tenir la position. Il quitte Zacatecas le 29 à sept heures du matin : le colonel Randon le suit presque immédiatement et Zacatecas est occupé dès l'après-midi par les forces d'Auza et de La Cadeña.

Le régiment rentre à Mexico, sauf la colonne Haffner qui occupe Aguas Calientes. — La colonne française arrive le 3 décembre à Aguas Calientes (29 novembre El Refugio, 30 San Francisco, 1er décembre San Antonio, 2 La Trinidad) : le colonel Randon et ses Mexicains y entrent deux heures après elle.

Le commandant Haffner reste à Aguas Calientes avec une colonne légère composée de la compagnie franche, du 1er bataillon, de l'escadron Bischoff et de la section d'artillerie Glandu. Le reste des troupes françaises part le 5 décembre sous les ordres du colonel Cottret et arrive le 27 décembre à Mexico où l'état-major du régiment et le 2e bataillon doivent séjourner jusqu'à nouvel ordre (5 décembre Peñuelas, 6 Encarnacion, 7 Miranda, 8 Lagos, 9 Lagunillas, 10 et 11 Leon, 12 Silao, 13 Irapuato, 14 Valticuilla, 15 Celaya, 16 Uatitschi, 17 et 18 Queretaro, 19 Sauces, 20 au 22 San Juan del Rio, 23 Arroyo Zarco, 24 San Francisco, 25 Tepeji del Rio, 26 Cuautitlan).

Cette colonne rentre à Mexico. — La colonne Haffner évacue le 17 décembre Aguas Calientes qui est occupé le soir même par Garcia de la Cadeña; elle arrive le 20 à Lagos, y séjourne jusqu'au 26, repart le 27, va coucher à Saucillo et arrive le lendemain à Leon où elle s'incorpore à la colonne du général de Castagny. Le 29 toutes les troupes françaises quittent Leon, laissant la position à la garde des troupes mexicaines alliées, sous les ordres du général Guttierez.

La colonne de Castagny arrive le 15 janvier à Mexico en suivant l'itinéraire ci-après : 29 décembre Magueyes, 30 Silao, 31 La Garida, 1er janvier 1867, Buena Vista, 2 Molino de Sarabia, 3 Celaya, 4 Apasco, 5 au 7 Queretaro, 8 Palo Alto, 9 San Juan del Rio, 10 Soledad, 11 Arroyo Zarco, 12 San Francisco, 13 Tepeji del Rio, 14 Cuautitlan).

Le 15 janvier tout le régiment est réuni à Mexico.

OPÉRATIONS DE LA COMPAGNIE FRANCHE

Reconnaissances sur Cauatlan et Santa Lucia. — La compagnie franche rentrée à Durango le 8 août avec la colonne Thoumini de la Haulle, prend le 20 la direction du nord pour observer la route de Chihuahua et protéger les haciendas qui se trouvent entre San Juan del Rio et Durango; elle arrive le 21 à Sauceda où elle apprend que pendant la nuit quelques individus évadés des prisons de Durango ont fait un pronunciamiento à Cauatlan et ont maltraité les autorités qui ont pris la fuite. Le capitaine Nottet part aussitôt pour Cauatlan, impose aux notables 1 000 piastres d'amende et revient à Sauceda le 22.

Le 23, un renseignement provenant de l'hacienda de Santa Lucia, l'informe que des bandes de la Laguna viennent d'arriver à Ocotlan et que dans une heure Santa Lucia sera attaquée : il part immédiatement pour cette hacienda et apprend à son arrivée, que les bandes se sont retirées à son approche.

La Compagnie se joint à la colonne Thoumini de la Haulle. — La compagnie séjourne à Santa Lucia les 24 et 25 août; le capitaine Nottet envoie une reconnaissance de cavalerie mexicaine, appuyée par une section de la compagnie franche, sur Ocotlan; mais les marais sont impraticables et tout passage est impossible. La compagnie revient le 26 à Sauceda que menace l'ennemi : celui-ci occupe San Juan del Rio et ses éclaireurs s'avancent jusque dans la plaine de Sauceda. En arrivant dans ce village on y apprend que les « peones » de l'hacienda de Guatimape se sont prononcés contre nous et veulent soulever ceux de Sauceda. Dans la soirée du même jour arrive la 4e compagnie du 1er bataillon envoyée pour renforcer le poste; enfin le 29 août la colonne Thoumini de la Haulle arrive à Sauceda.

A partir du 29 août la compagnie franche fait partie de

cette colonne et prend part avec elle à l'affaire de Porfias : elle y montre la vigueur et l'entrain d'une véritable troupe d'élite.

La compagnie rentre à Durango avec la colonne, le 11 septembre.

Pointe sur Nombre de Dios. — Le 20 septembre, elle part pour faire une reconnaissance dans la direction de Sombrerete et arrive à Navacoyan ; le 21 et le 22 elle est à La Punta, le 23 à Nombre de Dios. A son arrivée, le capitaine Nottet entend quelques cris séditieux, un de ses hommes est menacé d'un coup de couteau : le coupable est arrêté et fusillé séance tenante. L'ordre n'est plus troublé ; les renseignements sur le pays environnant sont plus rassurants : la compagnie rentre à Durango le 26 septembre.

Dernières opérations de la compagnie franche ; sa dissolution. — Le 1er octobre la compagnie se porte de nouveau sur Sauceda et y séjourne du 2 au 26 octobre, date à laquelle elle s'incorpore à la colonne Cottret dont elle suit les opérations.

Du 31 octobre au 4 novembre elle est détachée sur la Punta à la poursuite des bandes qui menacent Navacoyan ; le 6 novembre tandis que la colonne Cottret revient sur Durango, la compagnie va prendre position à Cacaria où elle séjourne jusqu'au 10 ; elle rentre le lendemain à Durango.

Enfin elle suit le mouvement de retraite du régiment jusqu'à Aguas Calientes où elle s'incorpore à la colonne légère du commandant Haffner : elle rentre à Mexico avec cette colonne le 15 janvier 1867.

Le 17 janvier, en exécution des ordres du maréchal, la compagnie franche est dissoute. Les officiers et les sous-officiers rentrent dans les compagnies dont ils étaient détachés, les caporaux et les soldats sont répartis entre les différentes compagnies du régiment.

CHAPITRE X

I. — Fin de l'expédition du Mexique (janvier-juin 1867).

Adieux du maréchal au corps expéditionnaire. — Embarquement des troupes françaises à Vera-Cruz. — Mort de Maximilien (19 juin 1867)

II. — Le 7e de ligne rentre en France.

Ordre général qui résume le rôle joué par le régiment. — Le 7e forme l'arrière-garde de Mexico sur Vera-Cruz. — Il s'embarque à Vera-Cruz (9 mars). — Arrivée en France (26 avril et 2 mai 1867).

I. — FIN DE L'EXPÉDITION DU MEXIQUE

Adieux du maréchal au corps expéditionnaire. — Par un ordre général en date du 1er février 1867, le maréchal Bazaine adresse en ces termes, ses adieux au corps expéditionnaire :

« Notre mission au Mexique étant terminée, S. M. l'Empe-
« reur nous rappelle en France.

« Pendant cinq ans nos aigles victorieuses ont plané sur le
« Nouveau Monde, du Golfe du Mexique à la mer de Cortez.
« Cette longue période de glorieux combats, de fatigues, de
« privations incessantes, a de nouveau fait briller les qua-
« lités militaires de notre nation. En outre, vous avez donné,
« en maintes circonstances, des exemples de conciliation et
« d'humanité, dans un pays que déchire une guerre civile
« d'un demi-siècle, malheureusement entretenue par l'aveu-
« glement et les rancunes des partis.

« Honneur à vous, officiers et soldats, d'avoir accompli à
« votre louange la mission que notre empereur a confiée à
« votre valeur; d'avoir dignement représenté les sentiments
« civilisateurs de la France. Vos hauts faits, il est inutile de

« les rappeler ici ; ils sont inscrits dans vos annales, ils sont « énumérés dans les adieux que j'adresse en particulier à « chaque corps.

« Honneur aussi à ces vaillants généraux qui ont si habi- « lement dirigé vos efforts ; à ces chefs expérimentés qui, « dans les différentes branches du service, génie, artillerie, « administration, santé des troupes, soins des animaux et « du matériel, ont si bien secondé nos projets et facilité nos « opérations.

« Au revoir, chers compagnons, partout où la sauvegarde « de la dynastie nationale napoléonienne, intimement liée « aux intérêts de la patrie, fera de nouveau appel à notre « dévouement. »

Au quartier général, à Mexico, le 1er février 1867.

Le Maréchal Commandant en chef,

Signé : Bazaine.

Embarquement des troupes françaises à Vera-Cruz. — Le 5 février, le maréchal quitte Mexico avec la dernière colonne ; il arrive le 16 à Orizaba, le 1er mars à Vera-Cruz. La marche rétrograde de l'armée française de Mexico à Vera-Cruz s'effectue en ordre et sans incident : nos troupes opèrent leur retraite par échelons et tiennent à distance les bandes dissidentes. Pour éviter le séjour dans Vera-Cruz, chaque colonne prend le chemin de fer à Soledad, arrive le soir dans le port et s'embarque le lendemain matin.

L'embarquement commencé le 16 février est terminé le 11 mars.

Mort de Maximilien. — Le 15 mai Maximilien est pris dans Queretaro où il était bloqué depuis le 6 mars : il est fusillé le 19 juin, ainsi que les généraux Miramon et Mejia.

Le 15 juillet le gouvernement républicain de Juarez est rétabli sur tout le territoire du Mexique.

II. — LE 7e DE LIGNE RENTRE EN FRANCE

Ordre général qui résume le rôle joué par le régiment. — Le maréchal commandant en chef adresse ses adieux au 7e de ligne par l'ordre général du 20 janvier 1867 qui résume de la façon suivante la part prise par le régiment aux opérations de la campagne :

« Au moment où le corps expéditionnaire va se dissoudre, « le maréchal veut rappeler au 7e de ligne les faits qui ont « marqué son passage au Mexique et lui adresser ses « adieux.

« Le 1er avril 1863 le 7e de ligne était à Vera-Cruz. Alors « en pleine activité, le siège de Puebla exigeait impérieuse-« ment l'arrivée d'approvisionnements de toutes sortes. « Escorter d'immenses convois, traverser un pays insurgé, « lutter contre toutes les difficultés naturelles et, aux « époques les plus mauvaises de l'année, contre les influences « si pénibles du climat, tel fut le début du 7e de ligne au « Mexique, mission ingrate, difficile, toute de dévouement « et d'abnégation, dont il sut s'acquitter avec la force morale « qui constitue les troupes d'élite.

« Puebla pris, le régiment resta réparti dans les Terres-« Chaudes sur la ligne d'opérations. En quelques mois le « climat lui faisait perdre plus du dixième de son effectif.

« Chargées d'arrêter les incursions des guerillas, quelques « compagnies du régiment obtenaient sur les bandes de « brillants succès. Au Paso de Ovejas le capitaine Sengel a « été cité à l'ordre de l'armée. La compagnie franche pour-« suivant activement l'ennemi au milieu d'un pays inextri-« cable, se distinguait au Cocuite.

« A la fin de juillet 1864, deux colonnes quittaient « Tehuacan, ayant pour mission de préparer les opérations « ultérieures contre Oajaca. L'une était commandée par le « général Brincourt, l'autre par le colonel Giraud. Cette « dernière colonne occupait Teotitlan et poussait des

« reconnaissances sur Tecomavaca. Elle établissait ses « avant-postes dans la direction de Los Cues, lorsqu'elle fut « attaquée à Ayotla et à San Antonio par plus de « 3.000 hommes. Cette troupe, profitant d'un pays très « couvert et très accidenté, avait pu dérober sa marche au « général Brincourt.

« A San Antonio, la compagnie Noyer, retranchée dans « l'église, résistait vigoureusement au choc : dégagée par la « compagnie de grenadiers, elle prenait aussitôt l'offensive. « A Ayotla, le capitaine Nottet repoussait avec succès des « forces supérieures.

« Perdant 200 morts, 50 prisonniers et près de 1000 dis- « persés, l'ennemi s'enfuyait démoralisé vers Oajaca. En « vain cherchait-il à tenir dans la position formidable de « l'Infernillo, un simple mouvement offensif du général « Brincourt l'obligeait à se retirer définitivement sur Oajaca « dont il craignait d'être coupé. Après avoir reconnu l'im- « possibilité d'une attaque de vive force contre cette ville, « les deux colonnes rentraient à Tehuacan (1).

« Appelé à Mexico, le régiment quittait Tehuacan en « septembre 1864, dégageait en octobre les environs de « Toluca et, se dirigeant en novembre vers Guanajuato et « Leon, occupait ces deux villes et quelques postes secon- « daires.

« Commandant supérieur d'Arroyo Zarco, le capitaine « Sengel poursuivait avantageusement plusieurs bandes et « dégageait la route. A la suite d'opérations très actives « contre Ugalde et Fragoso, la compagnie franche avait, le « 26 février 1865, un brillant engagement à Cuatchiti. Rejeté « derrière la Lerma, vers le Michoacan, l'ennemi revenait « sur ses pas et menaçait la Piedad et Zamora que délivrait

(1) En réalité nous aurions pu entrer tambours battants dans Oajaca après les affaires de San Antonio et de l'Infernillo, mais le maréchal se réservait de faire lui-même le siège de cette ville et il comptait lui donner un retentissement égal à celui de Puebla.

« bientôt une colonne légère sous les ordres du lieutenant-
« colonel d'Albici.

« Au 13 mai 1865, tout le régiment était à Durango. Une
« partie, escortant des convois, s'avançait au nord vers
« Papasquiaro et San Salvador, rencontrant partout les
« difficultés les plus grandes : routes défoncées, plaines inon-
« dées, torrents ou fleuves démesurément grossis.

« Une colonne, sous les ordres du chef d'escadrons d'état-
« major Billot, devait réoccuper Chihuahua. Dans ses rangs
« entrait un bataillon du 7e de ligne. Le lieutenant-colonel
« d'Albici, avec un autre bataillon, devait appuyer le mou-
« vement.

« Entrée à Chihuahua sans difficultés, la colonne Billot
« l'évacuait peu de temps après, en janvier 1866, et rejoignait
« la colonne d'Albici à Allende.

« Les deux colonnes, fusionnées en une seule, sous le
« commandement du lieutenant-colonel d'Albici, après avoir
« opéré quelque temps dans la Laguna, se divisaient de
« nouveau : le 1er bataillon, sous le commandement du chef
« de bataillon Thoumini de la Haulle, restait à Aviles;
« l'autre, sous le lieutenant-colonel d'Albici, occupait le
« Parral.

« En avril 1866, le colonel Cottret rejoignait au Parral le
« régiment dont il prenait le commandement. Abandonné
« peu de jours après, à la suite d'un mouvement général de
« retraite, le Parral était occupé par les forces dissidentes.
« Ces forces, dépassant Rio Florido, pouvaient inquiéter
« notre retraite. Le colonel Cottret résolut alors, par un
« mouvement offensif hardi, de forcer les bandes à s'éloigner
« de nos colonnes. Déconcerté complètement par une marche
« forcée de trois jours, l'ennemi perdant toute confiance
« s'enfuit en désordre vers Chihuahua.

« La colonne arrivait le 9 juin à San Salvador, passait le
« Nazas le 8 juillet, au moment d'une crue considérable du
« fleuve, s'établissait au Rodeo, d'où elle partait quelques

« jours après et entrait à Durango le 31 juillet. Le com- « mandant Thoumini, resté à Aviles, rejoignait le régiment « le 6 août.

« Enhardis par la crue des eaux qui rendait alors toute « action sérieuse impraticable, les Dissidents s'approchent « de Durango, pillant les haciendas environnantes. Afin de « les éloigner, le colonel Cottret envoie la compagnie « franche à la Sauceda, poste avancé d'où l'on peut observer « et défendre avec succès les abords de Durango. Cependant « l'ennemi, couvert par une plaine inondée et un canal « infranchissable, conservait toujours comme position le « village de Porfias. Le commandant Thoumini de la Haulle « feint alors un mouvement sur Papasquiaro où se trou- « vaient d'autres bandes, profite de ce temps pour faire « construire un pont et, revenant sur ses pas, traverse les « obstacles et tombe, le 6 septembre, sur Marcos Guerrero « qui essaie de se défendre à Porfias dans une bonne posi- « tion.

« L'ennemi perd 50 morts et 60 blessés; ses hommes « démoralisés s'enfuient à plus de quarante lieues.

« Changeant alors le lieu de ses rassemblements l'ennemi, « sous les ordres d'Auza, d'Aranda et de Saldaña, s'établit « à Nazas, San Miguel de Mesquital et Cuencame, menaçant « ainsi la faible garnison de Sombrerete avec des forces « considérables; 2 à 3.000 hommes semblent concerter « leurs mouvements pour l'attaque de cette ville.

« Le 13 octobre, le colonel Cottret quitte Durango, ne « laissant dans la ville que les forces suffisantes pour la « défendre. Se portant rapidement sur Sombrerete par une « route peu fréquentée, il parcourt quarante-cinq lieues en « soixante-douze heures. Les bandes déconcertées se replient « vers le nord, renonçant à tout mouvement offensif.

« L'éloignement passager de Durango avait enhardi les « bandes les plus rapprochées de la Sierra. Pour couvrir éga- « lement la ville de ce côté, le colonel se porte par la Sau-

« ceda sur San Juan de là Rio et delà sur Porfias. L'arrivée « d'ordres de retraite interrompt les opérations.

« Formant l'arrière-garde du corps expéditionnaire, la « colonne évacue Durango le 13 novembre, rallie sur son « passage les garnisons de Sombrerete, Fresnillo, Zacatecas, « poursuit sa marche en laissant un bataillon à Aguas Ca- « lientes et rentre à Mexico le 27 décembre.

« Telles sont les diverses opérations exécutées par le 7e de « ligne pendant les quatre années qu'il a passées au Mexique.

« Partout le 7e de ligne s'est fait remarquer par son « entrain, sa bonne tenue, sa discipline. Par sa valeur, il « conserve la glorieuse renommée si justement acquise sous « les murs de Sébastopol.

« Bientôt nous devons nous séparer. Mais, en quelque « pays que la guerre nous conduise, je serai heureux d'avoir « ce régiment sous mes ordres; je n'oublierai pas ses belles « et solides qualités. »

Au quartier général, à Mexico, le 20 janvier 1867.

Le Maréchal, Commandant en chef,

Signé : BAZAINE.

Le 7e forme l'arrière-garde de Mexico sur Vera-Cruz. — Le 1er février la plus grande partie du corps expéditionnaire a quitté Mexico; nos troupes sont échelonnées entre cette ville et Paso del Macho. Il ne reste à Mexico que les corps destinés à former l'arrière-garde : le 7e en fait partie.

Le 5 février les dernières troupes françaises évacuent Mexico avec le maréchal. La colonne est composée du 18e bataillon de chasseurs, des 7e et 95e de ligne, du 3e zouaves, de 6 escadrons de cavalerie et de 3 batteries; elle arrive à Puebla le 10 février (5 La Piedad, 6 Ayotla, 7 Rio Frio, 8 Puente de Tesmalucan, 9 San Bartolo).

Le 11 le maréchal quitte la colonne, escorté par le 3e zouaves. Les autres troupes, sous les ordres du général de Castagny, partent de Puebla le 16 et arrivent le 22 février à Orizaba (16 Amozoc, 17 Acacingo, 18 Palmar, 19 Cañada, 20 Aculcingo, 21 Tecamalucan) ; elles y campent jusqu'au 26.

Le 26 février le 7e quitte Orizaba avec le gros de la colonne commandée par le maréchal et arrive le même jour à Cordova. Le 1er bataillon du 7e et un peloton du 12e chasseurs à cheval, sous les ordres du colonel Cottret, restent à Cordova pour attendre l'arrivée de troupes mexicaines dirigées d'Orizaba sur Vera-Cruz; le 2e bataillon sous les ordres du commandant de Musset, qui a remplacé en septembre 1866 le commandant Thoumini de la Haulle nommé lieutenant-colonel du 95e, part de Cordova le 27 février avec le général de Castagny, et s'arrête le 1er mars à Palo Verde pour attendre l'arrivée du 1er bataillon (27 Atoyac, 28 Paso Ancho).

Le 1er bataillon et le peloton de cavalerie, partis de Cordova dans l'après-midi du 27, rejoignent le même jour le maréchal à Potrero, l'accompagnent le lendemain à Paso del Macho où ils séjournent les 1er et 2 mars, tandis que le maréchal se rend par la voie ferrée à Vera-Cruz pour surveiller l'embarquement des troupes.

Le régiment s'embarque à Vera-Cruz. — Le 3 mars le 1er bataillon se porte à Palo Verde où le régiment se trouve réuni; le lendemain le 7e gagne Soledad et prend, le 9 mars, le chemin de fer à destination de Vera-Cruz; il y est embarqué le jour même, l'état-major et le 1er bataillon sur le vaisseau le *Souverain* qui doit transporter le maréchal, le 2e bataillon sur le *Castiglione*.

Ces deux vaisseaux quittent la rade de Vera-Cruz le 12 mars et naviguent isolément.

Arrivée en France. — Le *Castiglione* relâche le 14 avril à Fayal (Açores) et arrive à Toulon le 26 avril; le 2e bataillon débarque le 26 au soir et campe, par mesure sanitaire, au fort Saint Elme jusqu'au 3 mai; il arrive le même jour par les voies ferrées à Aix-en-Provence, sa garnison.

Le *Souverain* relâche du 22 au 26 mars à La Havane, et du 17 au 18 avril à Fayal; il arrive à Gibraltar le 26 avril, en repart le 28 (1) pour Toulon où il arrive le 2 mai au soir.

Le 1er bataillon débarque le lendemain, campe au fort Saint Elme jusqu'au 7 mai et gagne Aix le même jour par les voies ferrées.

(1) Les officiers du 7e embarqués sur le *Souverain* ont été reçus à Gibraltar par les officiers anglais. Après leur avoir refusé trois fois l'autorisation de descendre à terre, le maréchal finit par accorder cette permission sous la réserve que les officiers seraient rentrés à bord pour le repas du soir. Réception des plus cordiales, dîner plantureux, champagne à profusion : on juge de la joie des convives pour lesquels, depuis quatre ans, la bonne cuisine était passée à l'état de légende. Quant aux Anglais, la vue de la médaille de Crimée, qui brille sur la poitrine d'un grand nombre de leurs hôtes, porte leur enthousiasme à son comble et ils ne veulent plus les laisser partir. Cependant la nuit arrive; le maréchal menace de faire lever l'ancre, il faut se séparer. Le lendemain le *Souverain* fait voile pour Toulon, salué au passage par les hurrahs des marins anglais, auxquels répondent nos acclamations, et par l'air national des deux pays.

CONCLUSION

Le 7e régiment d'infanterie a eu cette singulière fortune de prendre part aux expéditions qui ont coûté le plus de fatigues, exigé le plus d'abnégation et d'obscur dévouement, en échange desquels il n'a récolté que peu de lauriers.

C'est ainsi que, dès sa formation, sous la première République, il se bat aux Pyrénées où il ne rencontre aucun champ de bataille retentissant; en 1801 il est envoyé à Saint-Domingue; sous le premier Empire, il retourne en Espagne lutter contre un pays insurgé; sous le second Empire enfin, il fait l'expédition du Mexique où il retrouve les mêmes dangers, les mêmes fatigues, la même guerre d'embuscades et de partisans.

C'est cette expédition du Mexique que nous avons essayé de raconter ici dans tous ses détails en ce qui concerne le 7e. Nous avons respecté autant que possible l'ordre chronologique et groupé les faits de telle sorte qu'on pût suivre pas à pas les événements, qui se sont déroulés le plus souvent sur des théâtres d'opérations distincts.

Il nous reste à résumer la rude tâche accomplie par le 7e pendant ses quatre années de séjour au Mexique : ce sera la conclusion de ce travail.

Le 7e vient à peine de rentrer en France après un séjour de plus de deux années à Rome, lorsqu'il reçoit l'ordre du départ pour le Mexique (janvier 1863). Au moment où il débarque à la Vera-Cruz, le second siège de Puebla est en pleine activité : le régiment concourt au ravitaillement du corps de siège en escortant des convois de vivres, de munitions et de matériel à travers les Terres-Chaudes.

Jusqu'à la fin de l'année 1863, le 7e dirige, au nord et au sud de notre ligne de communications, de petites colonnes qui maintiennent les guérillas à distance. Maître de Puebla et de Mexico, le corps expéditionnaire prend pour objectifs les principaux rassemblements de troupes ennemies qui commencent à tenir la campagne. Le gros du régiment est à Orizaba; une reconnaissance dégage le défilé des Cumbres, une autre se porte sur Huatusco dont elle nettoie les environs, une troisième sur Zongolica et Tehuacan.

Après ce premier été passé dans les Terres-Chaudes, nos soldats sont complètement acclimatés; mais il ont payé un large tribut à la maladie : un détachement de plus de 300 hommes est déjà en route, venant de France, pour combler les vides faits dans nos rangs par la fièvre et le vomito.

A cette même époque se rattache la formation de la compagnie franche qui va jouer un rôle actif dans la suite des opérations.

L'arrivée de Maximilien au Mexique (mai 1864) est le signal d'un soulèvement général et le commencement des difficultés contre lesquelles le corps expéditionnaire va lutter pendant trois années.

Le 7e continue à protéger la ligne de communications et à étendre progressivement la zône de sûreté à droite et à gauche de cette ligne. Au sud, nous occupons Coxcatlan et nous dirigeons nos reconnaissances sur le rio Blanco; au nord, nous dégageons Coscomatepec et Paso de Orejas. Au mois de mai, une partie du régiment se porte sur Mexico; une fraction s'échelonne sur le passage de l'empereur Maximilien pour le préserver d'une attaque directe de la part de ses nouveaux sujets. La compagnie franche opère sur le rio Blanco et a un léger engagement à Cocuite.

Pendant la seconde moitié de l'année 1864, une partie du

régiment marche au sud, dans la direction de Oajacca, pour préparer une attaque ultérieure contre cette place. Le 10 août, deux compagnies, placées en avant-postes à San Antonio et à Ayotla, sont assaillies par des forces considérables que dirige Porfirio Diaz en personne : nos soldats se battent un contre dix, tiennent l'ennemi en respect pour donner le temps aux renforts d'arriver, puis reprennent l'offensive et rejettent l'ennemi dans la direction d'Oajacca.

Abandonnant alors le rôle de protection qui lui a été confié jusqu'à ce jour, tout le régiment se porte en avant de Mexico et prend une part active à la poursuite des Dissidents. Une colonne marche contre les bandes de Romero et de Castillo qui menacent Toluca, puis se reporte vers Guanajuato et Leon pour surveiller Pueblita et Regules. Celui-ci apparaît brusquement au sud de la Lerma : une fraction du 7e se lance à sa poursuite et le refoule dans les montagnes qui lui servent d'asile; un bataillon pousse jusqu'à San Luis Potosi. Pendant ce temps la compagnie franche opère autour de Queretaro et redouble d'efforts pour nettoyer d'ennemis la rive droite de la Lerma jusqu'aux montagnes de la Sierra Gorda.

Au commencement de l'année 1865, la défection de Fragoso, qui se joint à Valencia et à Ugalde, menace de nouveau notre ligne de communications avec Mexico et nécessite une nouvelle série d'efforts pour en éloigner les Dissidents : le 7e prend part à ces opérations et la compagnie franche atteint une des bandes ennemies à Cuatchiti le 25 février.

Déjà le mouvement de concentration sur Durango est commencé, lorsqu'une nouvelle levée de boucliers dans le Michoacan oblige le 7e à suspendre sa marche en avant. Nos colonnes se lancent de nouveau à la poursuite des Dissidents qui menacent Zamora; puis elles se rabattent au nord et reprennent le mouvement sur Durango où tout le régiment se trouve réuni le 13 mai : c'est la première fois depuis le commencement de la campagne. Le 7e pousse ses détachements jusqu'à Papasquiaro et San Salvador, sur le rio de Nazas, et assure, en arrière, la sécurité du pays jusqu'à Sombrerete.

Dans la deuxième moitié de l'année 1865 nous entrevoyons enfin le terme de cette longue expédition. Le 7e fait partie de la colonne Billot, chargée de pousser une pointe sur Chihuahua qui marque la limite de notre occupation dans le nord.

A la date du 1er janvier 1866, le régiment est échelonné depuis Durango jusqu'à Chihuahua, formant l'extrême avant-garde du corps expéditionnaire. La compagnie franche dirige une pointe au nord de cette dernière ville pour intimider Juarez : celui-ci, réduit à occuper Paso del Norte, sur la frontière même des Etats-Unis, attend impassible un retour de la fortune.

L'évacuation du Mexique est arrêtée en principe et notre armée va commencer son mouvement de retraite.

Du mois de février au mois d'août 1866, le 7e évacue Chihuahua, le Parral, San Salvador et se concentre à Durango où il se trouve réuni pour la seconde fois. Cette marche en retraite est accompagnée de nombreux retours offensifs de notre part : de grands efforts sont nécessaires pour maintenir le pays et réprimer les mouvements qui éclatent de toutes parts, notamment dans la laguna de Mapimi complètement soulevée par Gonzales Herrera.

A la nouvelle de notre prochain départ le pays se soulève de plus en plus et presse nos colonnes de tous côtés. Les troupes mexicaines nos alliées, organisées pour occuper le pays après nous, sont refoulées et n'essaient même pas de tenir. Le 7e maintient l'ennemi à distance par de fréquents et vigoureux retours offensifs : l'une de nos colonnes a une rencontre heureuse avec la cavalerie ennemie à Porfias (6 septembre 1866).

Enfin le 15 janvier 1867 le régiment est concentré à

Mexico où il attend l'ordre de se mettre en route sur Vera-Cruz, son port d'embarquement.

Telle a été cette expédition du Mexique où, dans une situation difficile, parce qu'elle était fausse, nos troupes ont vaillamment fait leur devoir et soutenu l'antique renom des armes françaises.

Au point de vue militaire, la résistance et finalement la victoire des Juaristes constituent une leçon qui vient confirmer celles de la guerre d'Espagne, de funeste mémoire, sous le premier Empire. La tactique des Dissidents a été celle de toutes les guerres de partisans. Leur mode d'action consistait à épier nos faibles colonnes et nos postes disséminés, pour tâcher de les surprendre, et à disparaître devant toute force ennemie un peu sérieuse. Très bien informés de tous nos mouvements, soutenus par la sympathie et la coopération ouverte ou cachée des populations, les Juaristes luttent avec une confiance qu'aucun revers ne peut abattre ; nos troupes ne sont maîtresses que du terrain qu'elles occupent : dès qu'elles l'abandonnent, l'ennemi en reprend possession et tout est à refaire. En cas de désastre ou de retraite forcée, les États-Unis offrent aux Juaristes un refuge assuré.

Enfin les Dissidents appliquent avec succès un des principes les plus sûrs et les plus connus de la guerre, la menace des communications. Les derrières d'une armée constituent toujours son point faible ; c'était surtout le cas de l'armée française reliée jusqu'au dernier moment à sa base maritime, Vera-Cruz, par une longue ligne de communications difficile à garder. Les Dissidents l'ont parfaitement compris : leurs menaces continuelles contre nos communications nous ont obligés à disséminer nos troupes ; à occuper un grand nombre de postes, à les relier, les éclairer à bonne distance, bref à distraire de nos effectifs des forces qui nous faisaient défaut pour les opérations militaires proprement dites.

Les principes de la guerre de partisans, appliqués avec intelligence, avec ténacité et, il faut bien l'ajouter, souvent sans scrupules, dans un pays qui se prête admirablement à ce genre de guerre, devaient amener tôt ou tard la victoire des Dissidents par l'usure de leurs adversaires. Déjà, sous le premier Empire, l'Espagne située à nos portes était venue à bout des vieux soldats de Napoléon; le Mexique, situé au-delà des mers, avec ses immenses déserts, sa population disséminée sur un territoire énorme, privé de bonnes voies de communications, hérissé de montagnes et de défilés, avec le caractère farouche de ses habitants épris d'aventures et de liberté et habitués à vivre de peu, le Mexique, dis-je, devait infailliblement user une armée qui ne pouvait réparer ses pertes et qui, au demeurant, se battait non pour ses foyers, mais uniquement par devoir et pour l'honneur du Drapeau.

Quant au rôle joué par le 7e de ligne pendant les quatre années de séjour au Mexique, il peut se résumer en quelques mots : des marches continuelles, des fatigues inouïes, des privations de toute sorte et quelques brillantes affaires de détail. Rappelons ici ce que disait du régiment un bon juge en pareille matière, le général Brincourt, qui le voyait à l'œuvre : « ... Il a conservé au Mexique sa brillante tenue de France, son entrain et sa gaîté; il s'est bronzé le cœur et la face dans les Terres-Chaudes... Ses soldats arpentent de gaîté de cœur les immenses plaines du Mexique. Ils iront, si l'on veut, jusqu'au bout du Nouveau-Monde, se soutenant l'un l'autre par l'esprit de camaraderie, de subordination, d'ordre et de discipline qui les anime. » C'est cette discipline constante, cet esprit de dévouement et de sacrifice qui ont permis au 7e de ligne de soutenir sans défaillance pendant quatre années un rôle difficile et ingrat au Mexique.

Nous avons cru devoir retracer fidèlement toutes les marches, toutes les opérations exécutées par le régiment, en entrant dans tous les détails : itinéraires suivis, fractions de troupes qui composaient les colonnes, nouvelles de l'ennemi, missions à remplir, ordres et contre-ordres etc.. On peut ainsi se rendre compte de la somme d'efforts imposée à chaque fraction tous les jours.

A ceux qui trouveraient ce récit trop circonstancié nous répondrons que les mémoires de cette nature sont précieux pour l'historien militaire et sont indispensables à celui qui veut se faire une idée exacte des opérations d'une campagne. Que ne possédons-nous aujourd'hui, sur chacune des grandes guerres de la Révolution et de l'Empire, des documents précis et détaillés, indiquant jour par jour, pour chacun de nos régiments, l'emplacement occupé par les différentes fractions du corps, leur mission, ce qu'on savait de l'ennemi, les ordres reçus, le détail des opérations, les incidents de toute nature!

En lisant ce récit, nos anciens camarades du 7e de ligne, les trop rares survivants du Mexique, se rappelleront leurs jeunes années et l'époque heureuse où ils parcouraient les solitudes du Nouveau-Monde, insouciants du danger et pleins de confiance dans l'étoile de la France.

Quant aux officiers de la jeune génération qui soutiennent si dignement la vieille réputation du 7e, ils puiseront dans la lecture de ces pages un nouveau motif d'aimer leur régiment et d'admirer leurs aînés, dont ils sauront se rendre dignes le jour où le Drapeau du 7e, celui de Fleurus et de Sébastopol, flottera de nouveau sur les champs de bataille.

INDEX ALPHABÉTHIQUE

des noms de personnes citées, avec renvoi aux pages du texte.

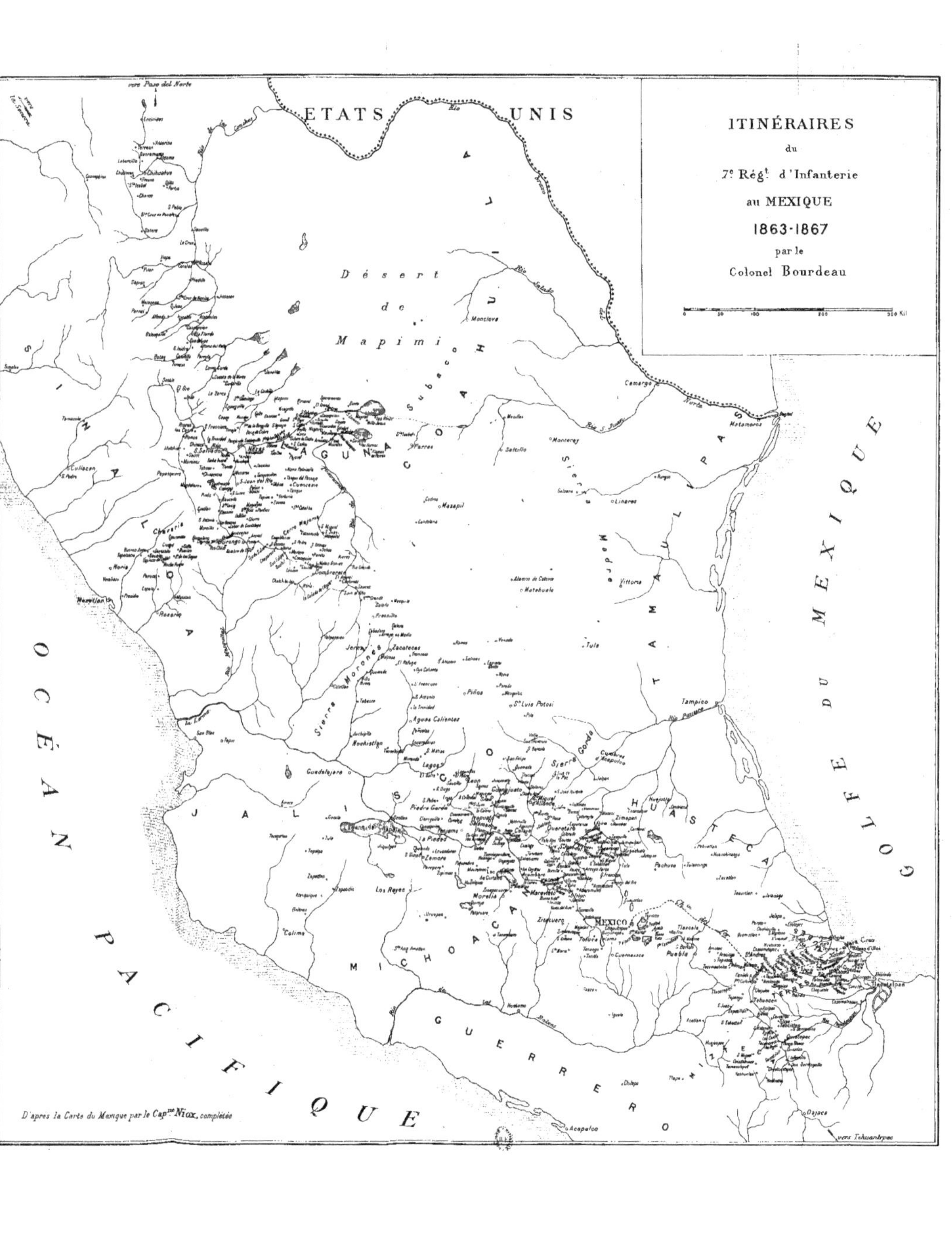
ITINÉRAIRES
du
7e Régt d'Infanterie
au MEXIQUE
1863-1867
par le
Colonel Bourdeau
0 50 100 200 300 Kil
ETATS UNIS
Désert de Mapimi
COAHUILA
SINALOA
DURANGO
TAMAULIPAS
JALISCO
MICHOACAN
GUERRERO
OCÉAN PACIFIQUE
GOLFE DU MEXIQUE
Chihuahua
Monclova
Monterey
Saltillo
Parras
Matamoros
Camargo
Culiacan
Mazatlan
Rosario
Durango
Zacatecas
Mazapil
Matehuala
Vittoria
Tula
Tampico
St Luis Potosi
Aguas Calientes
Guadalajara
Lagos
Guanajuato
Queretaro
Morelia
Los Reyes
Colima
MEXICO
Puebla
Tlascala
Toluca
Cuernavaca
Pachuca
Jalapa
Orizaba
Vera Cruz
Tehuacan
Oajaca
Acapulco
vers Paso del Norte
vers Tehuantepec
D'apres la Carte du Mexique par le Cap^ne Niox, complétée

TABLE DES MATIÈRES

PREMIÈRE PARTIE

LA GUERRE AU MEXIQUE

CHAPITRE I

COUP D'ŒIL SUR LE PAYS ET LES HABITANTS A L'ÉPOQUE DE L'EXPÉDITION.

CHAPITRE II

ORGANISATION DES COLONNES EXPÉDITIONNAIRES

CHAPITRE III

SUBSISTANCES ET RAVITAILLEMENT

CHAPITRE IV

DE L'OCCUPATION DES POSTES

CHAPITRE V

EMPLOI DE LA FORTIFICATION PASSAGÈRE

DEUXIÈME PARTIE

JOURNAL DE MARCHE DU 7e DE LIGNE

CHAPITRE I

CHAPITRE II

CHAPITRE III

CHAPITRE V

I. Opérations du corps expéditionnaire de janvier a avril 1865.

II. Opérations du 7e, de janvier 1865 a son départ pour Durango (fin mars).

CHAPITRE VI

I. Opérations générales d'avril a juillet 1865.

II. Marche du 7e sur Durango et opérations contre Regules (de fin mars au 1er juillet 1865).

CHAPITRE VII.

CHAPITRE VIII

CHAPITRE IX

I. Marche en retraite du corps expéditionnaire (août 1866-janvier 1867).

II. Opérations du 7e jusqu'à sa concentration a Mexico (8 août 1866-15 janvier 1867).

CHAPITRE X

I. Fin de l'expédition du Mexique. (janvier-juin 1867).

II. Le 7e de ligne rentre en France.

Paris. — Imprimerie R. Chapelot et Cie.

www.ingramcontent.com/pod-product-compliance
Ingram Content Group UK Ltd.
Pitfield, Milton Keynes, MK11 3LW, UK
UKHW021056220726
13924UKWH00005B/2118

9 782019 932602